過去問 ダイレクトナビ

上・中級公務員試験

日本史

JN078197

資格試験研究会◎編

実務教育出版

「過去問ダイレクトナビ」
刊行に当たって

　　実務教育出版に寄せられる公務員試験受験者からの感想や要望の中には
「問題と解説が離れていると勉強しづらい！」
「書き込みできるスペースがほしい！」
「どこが誤りなのかをもっとわかりやすく示してほしい！」
というものが数多くあった。

　　そこで，これらの意見を可能な限り取り込み，
「問題にダイレクトに書き込みを加えて，
解答のポイントを明示する」
というコンセプトのもとに企画されたのが，この「過去問ダイレクトナビ」
シリーズである。

「過去問ダイレクトナビ」のメリット

★ 問題の誤っている箇所を直接確認できるうえ、過去問からダイレクトに知
　識をインプットできる。

★ すでに正文化（＝問題文中の誤った記述を修正して正しい文にすること）
　してあるので、自ら手を加えなくてもそのまま読み込める。

★ 完全な見開き展開で問題と解説の参照もしやすく、余白も多いので書き
　込みがしやすい。

★ 付属の赤いセルシートを使うと赤色部分が見えなくなるので、問題演習
　にも使える。

……このように，さまざまな勉強法に対応できるところが，本シリーズの特
長となっている。

　　ぜひ本書を活用して，あなたなりのベストな勉強法を確立してほしい！

　　　　　　　　　　　　　　　　　　　　　　　　資格試験研究会

試験名の表記について

- 国家総合職・国家Ⅰ種 ……… 国家公務員採用総合職試験，旧国家公務員採用Ⅰ種試験
- 国家一般職・国家Ⅱ種 ……… 国家公務員採用一般職試験［大卒程度試験］，
  旧国家公務員採用Ⅱ種試験
- 国家専門職・国税専門官 …… 国家公務員採用専門職試験［大卒程度試験］，
  旧国税専門官採用試験
- 裁判所 ……………………… 裁判所職員採用総合職試験，
  裁判所職員採用一般職試験［大卒程度試験］
  （旧裁判所事務官採用Ⅰ・Ⅱ種試験，
  旧家庭裁判所調査官補採用Ⅰ種試験を含む）
- 地方上級 …………………… 地方公務員採用上級試験（都道府県・政令指定都市・特別区）
- 市役所 ……………………… 市役所職員採用上級試験（政令指定都市以外の市役所）
- 警察官 ……………………… 大学卒業程度の警察官採用試験
- 消防官 ……………………… 大学卒業程度の消防官・消防士採用試験

本書に収録されている「過去問」について

❶ 平成9年度以降の国家公務員試験の問題は，人事院等により公表された問題を掲載している。地方公務員試験の一部（東京都，特別区，警視庁，東京消防庁）についても自治体により公表された問題を掲載している。それ以外の問題は，受験生から得た情報をもとに実務教育出版が独自に編集し，復元したものである。

❷ 問題の論点を保ちつつ問い方を変えた，年度の経過により変化した実状に適合させた，などの理由で，問題を一部改題している場合がある。また，人事院などにより公表された問題も，用字用語の統一を行っている。

❸ 本シリーズは，「問題にダイレクトに書き込みを加えて，解答のポイントを明示する」というコンセプトに合わせて問題をセレクトしている。そのため，計算問題や空欄に入る語句を選ぶ形式の問題などは，ほとんど収録されていない。

知識分野で捨て科目を作る前に要チェック！

　平成24年度に国家公務員の試験制度が変更され，「国家Ⅰ種」は「国家総合職」に「国家Ⅱ種」は「国家一般職」のように試験名の表記が変更された。その際，教養試験は**「基礎能力試験」**という名称に変更され，知識分野の出題数がそれまでより減っている。

　しかし，これは選択解答から**必須解答に変更**されたもので，知識分野のウエートが下がったとはいえない。捨て科目を作ると他の受験生に差をつけられてしまう可能性がある。**いたずらに捨て科目を作らず**に各科目のよく出るポイントを絞って，集中的に押さえることで得点効率をアップさせよう。

本書の構成と使い方

本書の構成

　過去に上・中級の公務員試験に出題された問題を分析し，重要なテーマから順に，セレクトして掲載した。それぞれの問題は見開きで構成されており，左のページには問題の本文とそのポイントなどを示し，右のページには解説とメモ欄を配置している。
日本史の出題範囲と重なる日本の思想，文学・芸術の問題を追加収録
巻頭には最新の問題を掲載！

問題タイトル

問題の内容を端的に表している。

試験名と出題年度

この問題が出題された試験名と，出題された年度。ページ下部には試験名インデックスもついている。
試験の名称表記については3ページを参照。

科目名と問題番号

カコモンキー

本シリーズのナビゲーター。難易度によって顔が変わる!?

●日本史036

明治時代の教育・文化

明治時代の教育・文化に関する記述として，妥当なのはどれか。

令和3年度
地方上級

1 政府は，1872（明治5）年に教育令を公布し，同年，小学校令によって6年間
　　　　　　　　　　　　学制　　　　　　　　　　　　　　1886年　　　　　　4年間
の義務教育が定められた。
→1890年小学校令改正で義務教育明確化

2 過去問ナビゲートページ

3 芸術の分野において，岡倉天心やフェノロサが日本の伝統的美術の復興のために努力し，1887（明治20）年には，官立の東京美術学校が設立された。

4 1890（明治23）年，教育に関する勅語が発布され，教育の基本として，国家主義的な教育方針を排除し，民主主義教育の導入が行われた。
忠君愛国が学校教育の基本であることを強調

5 絵画の分野において，洋画ではフランスに留学した横山大観らが印象派の画風
　　　　　　　　　　　　　　　　　　　　　　　黒田清輝
を日本に伝え，日本画では黒田清輝らの作品が西洋の美術に影響を与えた。
　　　　　　　狩野

問題文中の
赤色部分について

補足説明
→
正文化できない箇所の誤りの理由や，正しい記述への注釈など。

重要語句・キーワード
絶対に覚えておきたい用語。

誤り部分
正しい記述は，その下に赤字で示している。

要チェック箇所
正誤判断のために重要な部分。

妥当な内容の
選択肢

基本的には正答を示しているが，混乱を避けるため「妥当でないものを選べ」というタイプの問題では，妥当な選択肢4つに印がついている。

付属の赤シート

赤シートをかぶせると，赤字で記されている部分が見えなくなるので，実際に問題を解いてみることも可能。
自分なりの書き込みを加える際も，赤色やピンク色のペンを使えば，同様の使い方ができる。

使い方のヒント

　選択肢はすでに正文化してあるので，過去問を読み込んでいくだけで試験に出たピンポイントの知識をダイレクトに習得できる。問題演習をしたい場合は，赤色部分が見えなくなる付属の赤シートを使えばよい。わざわざ解説を見るまでもなく，赤シートを外すだけで答え合わせができる。

　さらに，問題に自分なりの書き込みを加えたり，右ページのメモ欄を使って重要事項をまとめたりしてみてほしい。それだけで密度の濃い学習ができると同時に，試験前までには本書が最強の参考書となっているだろう。

　また，使っていくうちに，問題のつくられ方・ヒッカケ方など「公務員試験のクセ」もだんだんわかってくるはずだ。本書を使うことで，あらゆる方向から骨の髄まで過去問をしゃぶりつくせるのだ。

解　説

テーマ名
近代国家の成立

テーマは出る順＆効率的に学べる順に並んでいる。

難易度 ★★　重要度 ★★

難易度と重要度

この問題の難しさと，内容の重要度を★で表示。

難易度 ★ ☆ ☆ 　比較的易しい
　　　 ★★ ☆ 　標準レベル
　　　 ★★★ 　難しい

重要度 ★ ☆ ☆ 　たまに出る
　　　 ★★ ☆ 　よく出る
　　　 ★★★ 　最頻出問題

1 学校制度の変遷を想定する。
　1872年，学制が公布され国民皆学教育の建設をめざした。1886年の小学校令によって尋常小学校〔**A**　　　〕年を義務教育とした。

2 文芸思潮と作家名が結びつくことがポイント。
　1885年，坪内逍遥は「小説神髄」を発表し，文学の独立と〔**B**　　　〕主義を唱えた。日清戦争前後にはロマン主義文学がさかんとなり，北村透谷らの雑誌〔**C**　　　〕がその拠点となった。

3 正しい。フェノロサは日本美術を高く評価し，伝統美術の復興を唱え，〔**D**　　　〕とともに東京美術学校の設立に尽力した。

4 教育に関する勅語（教育勅語）の特徴を考える。
　教育の指導原理を示した教育勅語は，忠君愛国や儒教的道徳思想に基づいて，天皇制の強化を図ったものである。

5 日本画・西洋画の代表的な画家の識別が重要。
　西洋画は高橋由一が開拓し，浅井忠による明治美術会やフランスで学んだ黒田清輝らの〔**E**　　　〕の結成によりさかんになった。

解説

さらなる理解を促すべく，選択肢ごとに内容を補足して説明している。
※解説中の空欄
解説中の重要語句を中心に空欄をつくってあるので，穴埋め式の学習もできるようになっている。答えはPointの下に記してある。

解説・書き込みページ

🔑 Point

☐ 1907年に義務教育は6年間に延長された。

☐ 日清戦争前後はロマン主義，日露戦争前後は自然主義が文壇の主流となった。

☐ 1887年に日本画・彫刻・美術工芸の3科からなる東京美術学校を設立，1896年に西洋画科などが増設された。

☐ 教育勅語の原案は元田永孚・井上毅らが起草した。

☐ フェノロサに認められた日本画家に狩野芳崖・橋本雅邦らがいる。

A：4，**B**：写実，**C**：文学界，**D**：岡倉天心，**E**：白馬会

メモ欄

使い方は自由。穴埋めの答えを右側に記して使いやすくするもよし（キーワードが際立つ効果がある），自分なりに補足知識を書き記してみてもいいだろう。

Point

この問題のポイントとなる知識を短くまとめたもの。「出る選択肢」として覚えよう。

上・中級公務員試験
過去問ダイレクトナビ 日本史 目次

日本史

テーマ	No.	内容	出題年度	出題された試験	難易度	重要度	ページ
幕藩体制	001	江戸幕府の支配体制	29	国家総合職	★★☆	★★★	16
	002	江戸幕府の支配体制	30	警察官	★★☆	★★★	18
	003	江戸時代初期の幕府統治	29	地方上級	★★☆	★★★	20
	004	近世前期の対外関係	15	市役所	★☆☆	★★☆	22
	005	江戸時代の産業	14	地方上級	★★☆	★★☆	24
	006	享保の改革	24	地方上級	★★☆	★★★	26
	007	寛政の改革	11	警察官	★☆☆	★★★	28
	008	江戸幕府の政策	27	国家専門職	★★☆	★★★	30
	009	江戸時代の政治・経済	18	市役所	★★★	★★★	32
	010	江戸幕府の政治	R元	警察官	★★☆	★★★	34
	011	江戸幕府の対外政策	23	警察官	★★☆	★★☆	36
	012	幕藩体制の動揺	23	地方上級	★★☆	★★★	38
	013	元禄文化	22	国家Ⅱ種	★★☆	★★☆	40
	014	化政文化	18	地方上級	★☆☆	★★★	42
	015	江戸時代の学問	21	地方上級	★☆☆	★★☆	44
	016	江戸時代の学問	17	地方上級	★☆☆	★★☆	46
近代国家の成立	017	開国の影響	3	国税専門官	★★☆	★★★	48
	018	幕末の政治・社会	20	国家Ⅱ種	★★☆	★★★	50

テーマ	No.	内容	出題年度	出題された試験	難易度	重要度	ページ
近代国家の成立	019	幕末史	21	国家Ⅰ種	★★☆	★★★	52
	020	明治維新以降の日本	17	警察官	★★☆	★★★	54
	021	明治初期の政策	26	地方上級	★★☆	★★★	56
	022	明治政府の殖産興業政策	16	地方上級	★★★	★★☆	58
	023	自由民権運動	6	国家Ⅰ種	★★☆	★★★	60
	024	明治期の議会	16	国家Ⅱ種	★☆☆	★★☆	62
	025	大日本帝国憲法下の政府と政党	23	国家Ⅱ種	★★☆	★★☆	64
	026	明治時代の政治	30	国家専門職	★★☆	★★★	66
	027	明治時代の政治	R元	国家総合職	★★☆	★★★	68
	028	条約改正	22	国税専門官	★★☆	★★★	70
	029	日清・日朝関係	10	地方上級	★★☆	★★★	72
	030	明治時代の対外関係	22	国家Ⅰ種	★★☆	★★☆	74
	031	明治時代の外交	21	消防官	★☆☆	★★☆	76
	032	明治前半の政治・外交	21	国家Ⅱ種	★☆☆	★★★	78
	033	明治後期の政治・外交	21	国家Ⅰ種	★★☆	★★☆	80
	034	産業革命	18	地方上級	★☆☆	★★★	82
	035	明治時代の社会運動	R元	消防官	★☆☆	★★☆	84
	036	明治時代の教育・文化	R3	地方上級	★★☆	★★☆	86
鎌倉時代	037	鎌倉幕府の政治体制	27	警察官	★★☆	★★☆	88
	038	鎌倉時代史	14	国家Ⅰ種	★★★	★★★	90
	039	鎌倉時代史	21	地方上級	★★☆	★★★	92
	040	鎌倉時代の将軍・執権	6	地方上級	★☆☆	★★★	94
	041	鎌倉時代の文化	19	地方上級	★☆☆	★★☆	96
	042	鎌倉仏教	15	警察官	★☆☆	★★★	98
	043	鎌倉中期～南北朝の内乱	4	国税専門官	★★☆	★★★	100
律令国家	044	律令制度の成立	11	国税専門官	★★☆	★★★	102
	045	飛鳥・奈良時代	R3	裁判所	★☆☆	★★☆	104
	046	遣隋使・遣唐使	17	警察官	★★☆	★★☆	106
	047	奈良時代	22	国家Ⅱ種	★★☆	★★★	108
	048	奈良時代の文化	R元	地方上級	★★☆	★☆☆	110
	049	平安初期の政治	23	警察官	★★☆	★★★	112
	050	平安時代	15	地方上級	★☆☆	★★★	114

※テーマの並び順について
本書は，試験によく出題されている重要なテーマから先に学んでいくことを基本にしており，そこに学びやすさの観点を加えた独自の並び順となっている。

テーマ	No.	内容	出題年度	出題された試験	難易度	重要度	ページ
文化史	076	古代〜近世の文化	24	国家一般職	★★☆	★★☆	166
	077	古代〜近世の文化	25	地方上級	★☆☆	★★☆	168
	078	教育史	17	国家Ⅱ種	★★☆	★★★	170
	079	仏教史	15	地方上級	★★★	★★★	172
現代史	080	終戦直後の占領政策	22	警察官	★★☆	★★★	174
	081	GHQの政策	R元	警察官	★★☆	★★★	176
	082	戦後の日中関係	10	国税専門官	★★☆	★★☆	178
	083	戦後の対外政策	11	地方上級	★★★	★★☆	180
	084	戦後の日本	17	国税専門官	★★★	★★☆	182
近現代史（通史）	085	明治〜昭和前期の政治	23	国家Ⅰ種	★★☆	★★☆	184
	086	明治〜昭和初期における政党	28	裁判所	★★☆	★★★	186
	087	明治〜昭和の外交	30	国家総合職	★★☆	★★☆	188
	088	20世紀前半の動向	29	国家一般職	★★☆	★★★	190
	089	近代日本の経済	27	裁判所	★★☆	★★★	192
	090	近現代史全般	18	国家Ⅰ種	★★★	★★☆	194
政治史	091	近代以前の政治	30	地方上級	★☆☆	★★☆	196
	092	武士の歴史	24	国家総合職	★★☆	★★☆	198
	093	朝廷と武士の関係	28	国家専門職	★★★	★★★	200
	094	政変の歴史	23	国家Ⅱ種	★★☆	★★☆	202
	095	争乱史	24	地方上級	★★☆	★★☆	204
社会経済史	096	租税史	R2	地方上級	★★☆	★★★	206
	097	荘園の発達	26	警察官	★☆☆	★★☆	208
	098	民衆の一揆・抵抗	R2	国家専門職	★★☆	★★★	210
	099	交通の歴史	25	国家専門職	★★☆	★★☆	212
	100	貨幣史	26	国家総合職	★★☆	★☆☆	214

思想, 文学・芸術

※ 日本史の出題範囲と重なる日本の思想，文学・芸術の問題を追加収録している。

テーマ	No.	内容	出題年度	出題された試験	難易度	重要度	ページ
東洋思想（日本の思想家）	101	神道	30	警察官	★★☆	★☆☆	218
	102	江戸時代の学問の発達	R元	裁判所	★☆☆	★★☆	220
	103	江戸時代の思想家	28	地方上級	★★☆	★★★	222
	104	江戸時代末期～昭和時代の思想家	29	警察官	★☆☆	★★☆	224
	105	近代の思想家	R2	国家専門職	★★☆	★★★	226
	106	近代の思想家	29	裁判所	★★★	★★★	228
	107	近代の思想家	26	地方上級	★★☆	★★★	230
	108	近代の思想	28	国家一般職	★★☆	★★☆	232
日本古典文学	109	中世の日本文学	30	警察官	★★☆	★★☆	234
日本近現代文学	110	日本の作家	R元	地方上級	★★☆	★★☆	236
	111	ノーベル賞	30	地方上級	★★☆	★☆☆	238
日本の美術・芸能	112	日本の伝統芸能	28	地方上級	★★☆	★★☆	240
	113	絵画および画家	15	国税専門官	★★☆	★★☆	242
	114	江戸時代の芸術家	24	地方上級	★★☆	★★☆	244
	115	日本の作曲家	R2	地方上級	★★★	★☆☆	246

日本史 の出題の特徴

出題の状況

日本史は，ほとんどすべての試験で出題されている。出題数は1～2問というのが一般的である。

出題される内容

日本史の出題は「古代」「中世」「近世」「近代・現代」，さらに「テーマ別通史」に大別される。ただし「古代」が出題されることは少ない。最頻出テーマは江戸時代で，最近は明治時代～現代史の出題が増えている。

出題範囲は広いものの，過去に1度も出題されたことのないような奇抜なテーマはほとんどないので，過去問学習が有効な対策となる。

問題の形式

文章の正誤を問うオーソドックスな形式が多く，本書で行っているような「正文化」が有効である。長文の一部に下線を引いてその正誤を尋ねたり，その下線に関連した事項について設問を作るような形式の問題もあるが，それらも結局は「文章が正しいかどうか」を問うものなので「正文化」が有効である。

試験別に見た特徴

地方上級（全国型等）では20世紀が毎年出題されており，その中には第二次世界大戦後の出題も多い。国家総合職ではテーマ別通史がコンスタントに出題されており，なかでも外交，文化，仏教，教育，土地制度といったテーマが多い。

科目レーダー

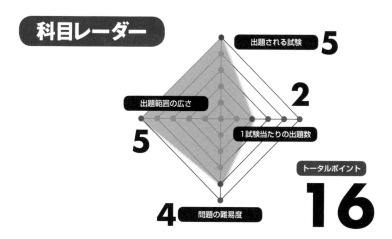

出題される試験 **5**

2

出題範囲の広さ

5

1試験当たりの出題数

トータルポイント

16

4 問題の難易度

思想の出題の特徴

出題の状況

思想は，国家公務員試験ではどの試験でも出題されているが，地方公務員試験では年度によっては出題されないこともある。特に市役所B日程・C日程では近年出題がない。

出題数は1問というのが一般的である。

出題される内容

思想家とその思想の特色・キーワードを組み合わせる問題が多い。西洋の近現代思想と日本の思想の出題が多い。

日本の思想では福沢諭吉，中江兆民，内村鑑三など出題される思想家はある程度限られているので，過去問を解くことが有効な対策となる。

問題の形式

文章の正誤を問うオーソドックスな形式が多く，本書で行っているような「正文化」が有効である。

試験別に見た特徴

国家一般職（旧国家Ⅱ種）では西洋の近代思想と江戸時代以降の日本思想の出題が多い。国家専門職（国税専門官）は1問の中で幅広い思想家を取り上げるため，たとえば1問で西洋の近代思想から現代思想まで含めて出題することがある。

科目レーダー

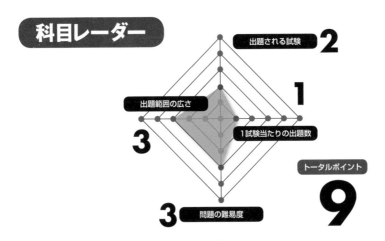

出題される試験 **2**

1

1試験当たりの出題数

出題範囲の広さ **3**

3 問題の難易度

トータルポイント **9**

文学・芸術 の出題の特徴

出題の状況

文学・芸術は，国家公務員試験では23年度まではどの試験でも出題されていたが，24年度になってから出題がなくなった。地方公務員試験では年度によっては出題されないこともある。特に市役所B日程では近年出題がない。

出題数は1問というのが一般的である。

出題される内容

文学・芸術はその名のとおり「文学」と「芸術」に大別できる。「文学」は日本の近代文学（明治時代から第二次世界大戦前）の出題が多く，江戸時代以前や戦後，また世界の文学についての出題は少ない。「芸術」は絵画，彫刻などの美術が出題の中心で，日本の美術よりも世界の美術のほうがやや多い。そのほかには音楽や映画などが出題されることもある。

出題の範囲は思いのほか広いので，学習に当たっては頻出のテーマに絞る必要がある。そのためには過去問を使った学習をしながらも，常に出題の頻度を意識する必要がある。

問題の形式

「文学」では文章の正誤を問うオーソドックスな形式が多く，本書で行っているような「正文化」が有効である。

「芸術」では，絵画を示してその絵や作者について尋ねたり，文中の空欄に適語を挿入させる問題などが出題されるが，それらも「記述が正しいかどうか」を問うものが多いので「正文化」が有効である。

試験別に見た特徴

文学・芸術は，これまで出題に特徴のあった国家公務員試験での出題がなくなった。地方公務員試験では，毎年出題が決まっているわけではないが，東京都は文学・芸術のジャンルを問わず日本のものが出題されることが多い。また，警察官（5月型）は日本と東洋・西洋がほぼ交互に出題されており，警視庁は日本の文学が出題の中心である。

科目レーダー

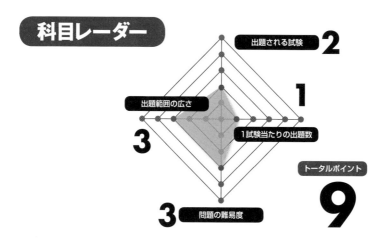

出題される試験 **2**

出題範囲の広さ **3**

1試験当たりの出題数 **1**

問題の難易度 **3**

トータルポイント **9**

江戸幕府の支配体制

江戸幕府の支配体制に関する記述として最も妥当なのはどれか。

平成29年度 国家総合職

1 幕府の常設の統治機構として，政務全体を統轄する大老，大老を補佐する老中，
→常設ではない（臨時の最高職）
大名を監督する大目付，旗本や政務全般を監察する目付，寺社を管轄する寺社
御家人
奉行，江戸市街を支配する町奉行などの役職が置かれ，大老及び老中には親藩
大老・老中などの要職には
大名が，その他の役職には譜代大名が就任した。　　　譜代大名，その他の役職に
は旗本

2 幕府の地方機関として，主に西国大名の監督に当たる京都守護職が置かれた。
京都所司代
また，幕府の直轄領は天領と呼ばれて勘定奉行が支配し，現地に郡代・代官が
置かれた。天領の石高は幕府成立当初には全国の石高の半分近くあったが，そ
400万石（17世紀末）⇒全国総石高約3000万石
の後度重なる災害や凶作により収量が大幅に減少し，幕府の財政基盤弱体化の
原因となった。

3 幕府は，天皇に禁裏御料，公家に公家領を認め，一部の朝廷儀式や神事の再興
を認めるなど，伝統的な権威を維持させて保護した。その一方で，独自に政治
的な行動をしたり大名に利用されたりしないよう，禁中並公家諸法度を発布し
て朝廷内部の秩序を定めるとともに天皇・公家の生活や行動を規制し，京都所
司代を置いて監視させた。

4 石高10万石以上の領地を与えられた武家は大名と呼ばれ，徳川氏との関係で
1万石
親藩，譜代，外様に区別された。大名は将軍により転封（国替），減封（領地
てんぽう　　　　　げんぽう
削減），改易（領地没収）の処分を受けることがあったが，江戸時代初期は幕
藩体制の安定化のため改易はほとんど行われず，第8代将軍徳川吉宗による将
多く
軍権力の強化とともに頻繁に行われるようになった。
減少した

5 第5代将軍徳川綱吉の時代に参勤交代の制度が定められ，大名は親藩，譜代，
第3代将軍徳川家光
外様の別，江戸からの距離にかかわらず3年おきに国元と江戸を往復し，江戸
1年（原則として）
に藩邸を構えて人質として妻子を住まわせることが義務付けられた。また，大
名は，江戸城などの修築や河川工事の手伝いを命じられることがあり，多額の
→普請役
支出を強いられた。

1 大老は臨時の最高職。

常置ではなく非常の時に置かれた大老は，酒井・井伊など10万石以上の譜代大名から選任された。幕府の政務を総括する常置の最高職である【Ⓐ　　　】は，2万5000石以上の譜代大名から4〜5名が選任され，月番制で勤務した。

2 京都所司代と京都守護職の区別がポイント。

1600年，関ヶ原の戦い後，朝廷の監察や西国大名の監視にあたる【Ⓑ　　　】を設置した。

3 正しい。天皇の領地である禁裏御料を保障する一方で，【Ⓑ　　　】を置いて監視させた。1615年には，【Ⓒ　　　】を制定して朝廷運営の基準を明示し，天皇や公家の生活・行動を規制する体制をとった。

4 改易が多い時期を考える。

大名は領地を没収する改易や領地を削減する減封などの処分を受けることがあったが，家康から家光の時代にこれらの処分が多かった。広島藩主【Ⓓ　　　】は幕府に無断で城の修築を行ったために改易になっている。

5 参勤交代の内容を確認する。

大名は，将軍から領知を認めてもらうかわりに，知行高に応じて一定数の兵馬を常備し，戦時に出陣する【Ⓔ　　　】や江戸城などの修築や河川の工事などの普請役（お手伝い）を負担した。

Point

- ☐ 大老・老中などの要職は譜代大名が就任した。
- ☐ 京都守護職は幕末に京都の治安維持のために，京都所司代の上に設置した。
- ☐ 2代将軍徳川秀忠が1615年に禁中並公家諸法度を制定した。
- ☐ 大名は1万石以上の領地を与えられた将軍直属の武家。
- ☐ 大名の義務として，軍役・参勤交代・普請役（お手伝い）などがあった。

Ⓐ：老中，Ⓑ：京都所司代，Ⓒ：禁中並公家諸法度，Ⓓ：福島正則，Ⓔ：軍役

江戸幕府の支配体制

江戸幕府に関する記述として，
最も妥当なのはどれか。

平成30年度
警察官・改

1 大名は将軍との親疎関係で親藩・譜代・外様に分けられ，これらの大名の配置
にあたっては，有力な外様は監視の目的から要所に配置された。
<u>遠隔地</u>

2 幕府の職制は徳川家光の頃までに整備され，臨時の最高職である大老，政務を
統轄する老中，老中を補佐し旗本を監督する若年寄などが置かれた。

3 幕府は大名を厳しく統制するため御成敗式目を制定し，大名に国元と江戸とを
<u>武家諸法度</u>
~~3年~~交代で往復させる参勤交代を義務付けた。
1年

4 幕府は公事方御定書を制定して，朝廷統制の基準を明示し，さらに六波羅探題
<u>禁中並公家諸法度</u>　　　　　　　　　　　　　　　　　　　　京都所司代
らに朝廷を監視させたほか，摂家に朝廷統制の主導権を持たせた。

5 幕府は寺請制度を設けて宗門改めを実施し，仏教への転宗を強制するなどして，
~~仏教以外の宗教をすべて禁圧した。~~
→神道・修験道・陰陽道などは仏教に準じて容認

国家総合職　国家一般職　国家専門職　裁判所　地方上級　市役所　**警察官**　消防官

1 関ヶ原の戦い前後に，徳川家に臣従した外様大名を要地に配置するはずがないので誤りと判断できる。

大名は徳川家との親疎関係により，徳川氏一門の【Ⓐ　　】，古くから徳川家の家臣であった【Ⓑ　　】，関ヶ原の戦い前後に徳川家に従った【Ⓒ　　】に分けられる。

2 正しい。江戸幕府の最高職の大老は常置ではなく，通常は老中が政務を統轄し，【Ⓓ　　】が老中を補佐した。一般政務は寺社奉行・町奉行・勘定奉行の三奉行があたり，大目付は大名を，目付は【Ⓓ　　】の下で旗本・御家人を監察した。

3 御成敗式目は鎌倉幕府が制定した最初の武家法。

3代将軍徳川家光は1635年に武家諸法度を発布し，諸大名に法度の遵守を命じた。その中で，大名は国元と江戸を1年交代で往復する【Ⓔ　　】を義務付け，大名の妻子は江戸に住むことが強制された。

4 公事方御定書は裁判の基準を示した成文法。

江戸幕府は表面的には朝廷に敬意をはらったが，諸大名が朝廷に接近することを恐れ，朝廷が独自の力を持たないように，【Ⓕ　　】を制定するなど，天皇・皇族・公家に厳しい統制を加えた。

5 寺請制度の目的を考える。

幕府が禁止したキリスト教や日蓮宗不受不施派を信仰させないために，民衆は檀那寺の檀家となり，身分証明である【Ⓖ　　】を受けた。

Point

- [ ] 親藩・譜代大名は要地に，外様大名は遠隔地に配置した。
- [ ] 江戸幕府の役職には原則として数名の譜代大名・旗本がつき，月番交代で政務を扱った。
- [ ] 1635年，寛永の武家諸法度で参勤交代を制度化した。
- [ ] 京都所司代は朝廷や西国大名の監察を行った要職。

Ⓐ：親藩，Ⓑ：譜代大名，Ⓒ：外様大名，Ⓓ：若年寄，Ⓔ：参勤交代，Ⓕ：禁中並公家諸法度，
Ⓖ：寺請証文

江戸時代初期の幕府統治

江戸時代初期の幕府の統治に関する記述として，妥当なのはどれか。

平成29年度
地方上級

1 3代将軍徳川家光の頃には，将軍と諸大名との主従関係が~~揺らぎ始め~~，強力な
　　　　　　　　　　　　　　　　　　　　　　　　　　　　　確立
領主権を持つ将軍と大名とが土地と人民を統治する~~惣領制が弱体化した~~。
　　　　　　　　　　　　　　　　　　　　　　幕藩体制が確立

2 ~~キリシタン大名の有馬晴信と小西行長~~は，幕府がキリスト教徒を弾圧したこと
　　天草四郎時貞を首領とする3万人余りの領民　　　島原城主松倉氏と天草領主寺沢氏
に反発し，1637年に島原の乱を起こしたが，翌年鎮圧され，~~有馬と小西の藩~~
　　　　　　　　　　　　　　　　　　　　　　　　　　　　松倉氏と寺沢氏
は領地を没収された。

3 島原の乱の鎮圧後，幕府はポルトガル船の来航を禁止し，平戸のオランダ商館
を長崎の出島に移し，外国貿易の相手をオランダや中国などに制限した。

4 徳川家光は，寛永の~~御成敗式目~~を発布し，大名に国元と江戸とを~~3年交代で~~往
　　　　　　　　　武家諸法度　　　　　　　　　　　　　　　1年（原則）
復する参勤交代を義務付け，大名の妻子は江戸に住むことを強制された。

5 幕府の職制は，~~徳川家康~~が将軍となると~~直ちに整備され~~，~~五大老と呼ばれる重~~
　　　　　　　　徳川家光　　　　　　　　　　　　　　　　　老中
臣が政務を統轄し，勘定奉行等の~~五奉行~~が幕府の財政や裁判等の実務を執り行
　　　　　　　　　　　　　　　三奉行
い，これらの役職には，~~原則として有力な外様大名が就いた~~。
　　　　　　　　　　　　　　老中・若年寄・寺社奉行など要職は譜代大名，
　　　　　　　　　　　　　　勘定奉行・町奉行などは旗本

難易度 ★★☆　重要度 ★★★

1 惣領制は中世武士団内の血縁的結合のことで時期が異なる。

3代将軍徳川家光の頃に，将軍と諸大名との主従関係を基盤とし，将軍（幕府）と大名（藩）が，全国の土地と人民をそれぞれが統治する【Ⓐ　　　】体制が確立した。

2 島原の乱はキリシタン農民の起こした一揆。

島原城主松倉氏と天草領主寺沢氏が苛酷な年貢を課し，厳しいキリシタン弾圧をしたことから，1637年【Ⓑ　　　】を首領とする3万余りの農民が原城跡に立てこもる事件が起こったが，翌年鎮圧された。

3 正しい。1639年【Ⓒ　　　】船の来航を禁止し，2年後，平戸のオランダ商館を長崎の出島に移した。

4 御成敗式目は鎌倉幕府が制定。

1635年，3代将軍徳川家光は【Ⓓ　　　】を制定した。これにより大名は原則として1年おきに1年間，江戸で役務につく【Ⓔ　　　】が義務付けられた。

5 幕府の職制が整うのは3代将軍徳川家光の頃。

徳川家光は，年寄を【Ⓕ　　　】とし重要政務を担当させ，これを補佐する若年寄に旗本らを統制させた。さらに【Ⓖ　　　】・勘定奉行・町奉行の三奉行が政務を分担した。役職は複数の人物が任命され，1カ月交代で政務を行い，重要事項は評定所で合議した。

Point

☐ 島原の乱は領主の苛酷な年貢の取り立てと厳しいキリシタン弾圧に対抗したキリシタン農民の一揆。

☐ 1624年にスペイン船，1639年にポルトガル船の来航を禁止した。

☐ 寛永の武家諸法度で参勤交代を制度化した。

☐ 老中や若年寄など要職は譜代大名から任命された。

☐ 寺社奉行・勘定奉行・町奉行を三奉行という。

Ⓐ：幕藩，Ⓑ：益田（天草四郎）時貞，Ⓒ：ポルトガル，Ⓓ：武家諸法度，Ⓔ：参勤交代，
Ⓕ：老中，Ⓖ：寺社奉行

近世前期の対外関係

近世のわが国と外国との関係に関する
次の記述のうち，妥当なものはどれか。

平成15年度
市役所

1 南蛮貿易では，銀が主要な輸入品であり，日本からは工芸品などが輸出された。
生糸　　　　　　　　　　　　　　　　　　　　　　銀

2 織豊政権は，キリスト教を保護し，長崎を教会領として寄進した。
大村純忠

3 江戸時代初期，生糸を独占していた中国に対抗するため，特定の商人に生糸を
ポルトガル
一括購入させる制度がつくられた。

4 清とは鎖国中でも長崎の出島で貿易が行われた。清からの輸入品は生糸，絹織
物，書籍で，日本からの輸出品は銀，銅，海産物であった。

5 徳川家光の時代に，朝鮮と琉球との国交を断って，鎖国が完成した。
スペインとポルトガル

解説

難易度 ★☆☆　重要度 ★★☆

1 南蛮貿易の輸出品は銀，輸入品は中国産生糸。輸出品と輸入品の区別には注意したい。

東洋に進出した【**A**　　　　】や【**B**　　　　】との間で中継貿易が行われた。これを南蛮貿易といい，貿易と布教活動を一体化させてきた。

2 織田信長はキリスト教を保護し，豊臣秀吉はキリスト教を制限したので誤りとわかる。

大村純忠が長崎を教会領に寄進したことをきっかけに，豊臣秀吉は【**C**　　　　】を出して宣教師の国外追放を命じた。

3 南蛮貿易を独占していた国を考えれば判断できる。

1604 年に徳川家康は【**D**　　　　】を定め，特定商人に中国産の輸入生糸の一括購入・販売をさせることで，【**B**　　　　】の暴利を防いだ。

4 正しい。長崎貿易において，清国から【**E**　　　　】・絹織物を輸入し，日本から【**F**　　　　】・銅を輸出した。

5 鎖国体制下でも朝鮮からは通信使が，琉球からは慶賀使・謝恩使が来日したことから誤りと判断できる。

徳川家光は，【**A**　　　　】船・【**B**　　　　】船の来航を禁止して，【**G**　　　　】商館を長崎出島に移して鎖国を完成させた。

Point

□ ポルトガル・スペインとの貿易である南蛮貿易では銀を輸出し，中国産の生糸を輸入した。

□ 豊臣秀吉はバテレン追放令を出して宣教師の国外追放を命じたが，貿易は奨励したので禁教政策は不徹底だった。

□ 糸割符制度は生糸貿易で利益を貪るポルトガルに対抗して徳川家康が定めた制度である。のちに中国・オランダにも適用している。

□ 1624 年にスペイン船，1639 年にポルトガル船の来航を禁止して鎖国を完成させた。

A：スペイン，**B**：ポルトガル，**C**：バテレン追放令，**D**：糸割符制度，**E**：生糸，**F**：銀，**G**：オランダ

江戸時代の産業

江戸時代の産業に関する記述として，
妥当なのはどれか。

1 製塩業では，潮の干満を利用する入浜法から，浜辺に堤防を築いて塩田を作る
揚浜法にかわって生産量が増大し，立地条件に恵まれた瀬戸内海沿岸の製塩は
十州塩として知られた。

2 鉱山業では，領主の奨励と技術の進歩により，金の産出量が増大したが次第に
減少し，かわって足尾や別子などで銀の産出量が増加し，急増する貨幣需要に
（銅）
応えた。

3 織物業では，麻や木綿の織物は，農村家内工業として各地で生産されるように
なったが，絹織物は，高度な技術のいる高機を京都の西陣が独占していたため
地方では生産されなかった。
（桐生・足利で生産）

4 商業では，蔵屋敷に集められた年貢米や産物を保管し，売却をまかせられた蔵
元や掛屋が成長し，江戸では旗本や御家人の俸禄米を取り扱う札差が繁栄した。

5 海運業では，東廻り海運が陸奥荒浜から江戸に至り，東北諸藩の米や海産物な
（幕領の米）
どを運び，西廻り海運が下関から大坂を経て江戸に至り，酒や油などを運んだ。
（出羽）（下関海峡）（大坂）（東北諸藩の米，
蝦夷地・東北
の物資）

1 揚浜法と入浜法を入れ替えた選択肢。紛らわしいので注意。

古代から中世は海水をくみあげ塩田にまき，乾燥させて濃厚な海水をつくる【Ⓐ　　　　　】が行われていたが，江戸時代には潮の干満を利用する【Ⓑ　　　　　】が発達した。

2 足尾や別子は銅山で有名なので誤りとわかる。

17世紀後半は金銀の産出量が減り，銅の産出量が増加した。

3 京都西陣で発達した絹織物の技術は江戸後期には東日本の山沿いに伝わったので誤りとわかる。具体的な事例が出れば簡単に判断できる。

18世紀半ばになると，西陣から高機の技術が北関東に伝わり，【Ⓒ　　　　　】や【Ⓓ　　　　　】でも絹織物が生産された。

4 正しい。蔵屋敷に集められた年貢米を【Ⓔ　　　　　】という。これを保管・売却したのが蔵元，売却代金を扱ったのが掛屋である。江戸では【Ⓕ　　　　　】が旗本・御家人の代理として蔵米の受取・売却をした。

5 江戸時代の商人河村瑞賢が整備した東廻り・西廻り海運の航路を覚えていれば判断がつく。正確に選択肢を読むことが大切になる。

河村瑞賢は，陸奥から津軽海峡を経由して江戸に至る東廻り海運や，【Ⓖ　　　　　】から下関を経て【Ⓗ　　　　　】に至る西廻り海運を整備した。

🔑 Point

- ☐ 製塩業は瀬戸内海沿岸を中心に，古代から中世は揚浜法，近世は入浜法が行われた。

- ☐ 17世紀後半に金銀の産出量が減少し，かわって銅の産出量が増加する。

- ☐ 高級絹織物である京都西陣で用いた高機の技術は北関東に伝わる。

- ☐ 蔵物の保管・売却を行うのが蔵元，売却代金を扱うのが掛屋，旗本・御家人の蔵米の換金をする金融業者が札差である。

- ☐ 東廻り海運は陸奥から津軽海峡を経て江戸に，西廻り海運は出羽から下関海峡を経て大坂に至る航路である。

Ⓐ：揚浜法，Ⓑ：入浜法，Ⓒ：足利，Ⓓ：桐生，Ⓔ：蔵物，Ⓕ：札差，Ⓖ：出羽，Ⓗ：大坂

享保の改革

享保の改革に関する記述として，妥当なのはどれか。

1 徳川吉宗は，武家諸法度を改定して，大名に１年おきに国元と江戸とを往復さ
　　　徳川家光
せる参勤交代を義務づけることにより，将軍の権威強化を図った。

2 徳川吉宗は，困窮する旗本や御家人を救済するため棄捐令を出し，各地に米や
　　　松平定信
雑穀を蓄える社倉・義倉を設けさせた。

3 徳川吉宗は，農村の振興を図るため，定職をもたないものが農村に帰ることを
　　　松平定信
奨励する旧里帰農令及び人返しの法を出した。
　　　　　　　人返しの法は水野忠邦の天保の改革

4 徳川吉宗は，法令や裁判の判例を集大成し，公事方御定書を編纂して裁判や刑

罰の基準を定めた。

5 徳川吉宗は，朱子学を正学として湯島聖堂の学問所で朱子学以外の講義を禁止
　　　松平定信
し，漢訳洋書の輸入制限を強化した。
　　　吉宗が漢訳洋書の輸入禁止を緩和している

1 参勤交代の制度化は3代将軍徳川家光の時代。

大名は原則として江戸と国元を【**A**　　　　　】年交代で往復し，大名の妻子は江戸に居住した。

2 棄捐令は寛政の改革・天保の改革で出された法令。

寛政の改革の棄捐令は，旗本・御家人の救済のために札差に対する【**B**　　　　】年以前の借金の帳消しを命じ，天保の改革の棄捐令では借金の半額帳消しを命じている。

3 旧里帰農令と人返しの法の相違点がポイント。

老中松平定信は天明の飢饉で荒廃した農村の再建を図るため，都市に出てきた農民に対して農村に帰ることを奨励する【**C**　　　　】を出した。

4 正しい。江戸町奉行に登用された大岡忠相は，法令や判例を集大成した【**D**　　　　】を編纂し，裁判の基準を定めた。

5 寛政異学の禁は寛政の改革。

老中松平定信は，朱子学を正学として，【**E**　　　　】で朱子学以外の儒学の学派を講義することを禁ずる寛政異学の禁を定めた。

Point

- □ 参勤交代による往復の費用や江戸藩邸の維持費など大名の負担は重く，財政窮乏の一因となった。
- □ 寛政の改革では備荒貯蓄政策として，囲米を実施して農村に社倉・義倉を設置した。
- □ 寛政の改革の旧里帰農令は帰村を奨励し，天保の改革の人返しの法は帰村を強制した。いずれも飢饉で荒廃した農村の人口確保を図った政策である。
- □ 享保の改革で公事方御定書が編纂され，裁判の基準が明確になった。
- □ 徳川吉宗は実学を奨励し，キリスト教関係以外の漢訳洋書の輸入を認めた。

A：1，**B**：6，**C**：旧里帰農令，**D**：公事方御定書，**E**：聖堂学問所

寛政の改革

松平定信が「寛政の改革」でとった諸政策に当たらないものはどれか。

平成11年度
警察官

❶ 社倉や義倉を各地に設けて，米穀の貯蔵（囲米）を勧め，江戸では，町人が負担している町費を町ごとに節約させ，節約した分の7分（70%）を積み立てておいて火災や飢饉のときの救済に当てた。

❷ 旗本・御家人を救済するために，彼らに対する札差の貸金を帳消しにする棄捐令を出した。

❸ 江戸石川島に人足寄場という収容所を設け，浮浪者や無宿人を収容して治安の維持を図るとともに職業訓練を行った。

❹ 1790年には，聖堂学問所では朱子学だけを教えて，それ以外の学問を禁じ，役人の登用試験も朱子学に限った。

5 町の庶民の声を聞くために，評定所の前に目安箱を置いて投書させたが，ある町医者の投書により小石川薬園（現，東京大学植物園）の中に貧困者のための施療病院として養生所を設けた。➡享保の改革

1 正しい。寛政の改革の目的の一つに天明の飢饉で荒廃した農村の再建がある。農村に[**Ⓐ**　　　　]・[**Ⓑ**　　　　]を設けて飢饉に備える一方で，江戸では町費の節約を命じ，節約分の7割を町会所に積み立てさせ，その利子を困窮者救済資金とする[**Ⓒ**　　　]を実施した。

2 正しい。寛政の改革では，旗本・御家人の救済のために，6年以前の借金を札差に破棄させる[**Ⓓ**　　　　]を出した。

3 正しい。松平定信は江戸石川島に[**Ⓔ**　　　　]を設け，浮浪人・無宿人を強制的に収容し，江戸の治安維持および職業指導・教化を図った。

4 正しい。朱子学の官学としての地位回復を図るために寛政異学の禁を出し，[**Ⓕ**　　　　]で朱子学以外の儒学諸派の講義を禁止した。

5 目安箱は8代将軍吉宗が設置した庶民用の投書箱のことである。三大改革の政策の区別は重要。
8代将軍吉宗は，評定所の門前に目安箱を設置して庶民の意見を聞き，貧民の医療施設である[**Ⓖ**　　　　]を設けたり，江戸町火消制度を整備した。

Point

- [ ] 飢饉対策として囲米を実施し，農村で社倉・義倉が設置され，都市では七分積金が行われた。

- [ ] 旗本・御家人の救済のために棄捐令を出し，札差からの借金を帳消しとした。

- [ ] 江戸の治安対策として石川島の人足寄場に無宿人を強制的に収容し，職業指導を行った。

- [ ] 朱子学を正学とし，聖堂学問所での朱子学以外の儒学諸派の講義を禁止した。

- [ ] 8代将軍吉宗は目安箱を設置し，その投書をもとに小石川養生所を設けた。

Ⓐ：社倉，Ⓑ：義倉，Ⓒ：七分積金，Ⓓ：棄捐令，Ⓔ：人足寄場，Ⓕ：聖堂学問所，Ⓖ：小石川養生所

江戸幕府の政策

江戸幕府が行った政策に関する記述として最も妥当なのはどれか。

平成27年度
国家専門職

1 ~~新井白石~~は，~~正徳の治~~において，大名から石高1万石について100石を臨時に
　徳川吉宗　　享保の改革
幕府に献上させる**上げ米**を実施し，その代わりに参勤交代の江戸在住期間を半
減させる政策を行おうとしたが，~~大名らに反対されて実施できなかった。~~
　　　　　　　　　　　　　　　　　　実施（1722年）→廃止（1731年）

2 徳川吉宗は，享保の改革において，繰り返し大火に見舞われた江戸の消火制度
を強化するために，町方独自の町火消を組織させるなど，積極的に江戸の都市
政策を行った。また，改革の末期には，それまでの幕府法令を集大成した~~武家~~
~~諸法度を初めて制定した。~~
御触書寛保集成を編纂

3 田沼意次は，印旛沼・手賀沼の大規模な干拓工事を始めるなど，新田開発を積
極的に試みた。また，最上徳内らを蝦夷地に派遣して，その開発やロシア人と
の交易の可能性を調査させた。その後，徳川家治が死去すると老中を罷免され，
失脚した。

4 松平定信は，寛政の改革において，困窮する旗本・御家人を救済するために，
米の売却などを扱う札差に貸金を放棄させる~~相対済し令~~を出した。また，~~蘭学~~
　　　　　　　　　　　　　　　　　　　　　棄捐令　　　　　　　　　　朱子学
を正学とし，湯島聖堂の学問所で~~蘭学~~以外の講義や研究を禁じた。
　　　　　　　　　　　　　朱子学

5 ~~水野忠邦は，天保の改革において，~~幕府財政の行き詰まりを打開するために，
　田沼意次（18世紀後半）
年貢増徴だけに頼らず，民間の商業資本を積極的に利用しようとした。そして，
都市や農村の商人・職人の仲間を株仲間として広く公認し，運上や冥加など営
業税の増収をめざした。

国家総合職　国家一般職　国家専門職　裁判所　地方上級　市役所　警察官　消防官

1 上げ米の制は享保の改革。

　財政不足を補うことを目的に、大名から 1 万石につき【Ⓐ　　　　　】石の割合で米を上納させる上げ米を実施した。代償として参勤交代の江戸在府期間を半減した。

2 武家諸法度は大名統制の基本法。

　8 代将軍徳川吉宗の命令により、評定所が 1615 年以降の法令を集大成した御触書寛保集成を編纂した。

3 正しい。田沼意次は蝦夷地の開発やロシアとの交易を計画して【Ⓑ　　　　　】らに北方の調査を行わせたがこれらは実現しなかった。また新田開発にも力を入れ、印旛沼・手賀沼の干拓事業に着手したが、完成にはいたらなかった。

4 相対済し令は享保の改革。

　松平定信は、旗本・御家人の窮乏を救うために【Ⓒ　　　　　】を出して札差への債務を破棄させた。また【Ⓓ　　　　　】を正学として、聖堂学問所での【Ⓓ　　　　　】以外の学派の講義を禁止する寛政異学の禁を出した。

5 商業資本を積極的に利用する政策を行ったのは田沼意次。

　幕府財政を再建するため、都市や農村の商工業者らに【Ⓔ　　　　　】の結成をすすめ、営業の独占を認めるかわりに運上・冥加を上納させ増収を図った。

Point

☐ 上げ米は 1722 年に実施され、1731 年に廃止された。

☐ 享保の改革で公事方御定書を編纂して裁判や刑罰の基準を定めた。

☐ 工藤平助は蝦夷地の開発やロシアとの交易を説いた『赤蝦夷風説考』を田沼意次に献上した。

☐ 寛政の改革の棄捐令は、札差に 6 年以前の貸金を破棄させ、それ以前のものは低利年賦返済とした。

☐ 田沼意次は株仲間を積極的に公認し、運上・冥加を徴収した。

Ⓐ：100、Ⓑ：最上徳内、Ⓒ：棄捐令、Ⓓ：朱子学、Ⓔ：株仲間

江戸時代の政治・経済

**江戸時代に関する次の記述のうち,
妥当なものはどれか。**

平成18年度
市役所

1 ~~武家諸法度~~によって大名に米を幕府に献上させ, 幕府財政を安定させるととも
上げ米の制（享保の改革）
に, ~~幕藩体制が完了した。~~

2 8代将軍徳川吉宗は享保の改革を行い, ~~商業を活発にするため倹約令を廃止す~~
財政再建   定める
~~る~~とともに, ~~株仲間を積極的に認めた。~~
　　　　　　　　➡吉宗は物価抑制のため公認。田沼時代に
　　　　　　　　　営業税増収のため積極的に奨励（公認）

3 江戸時代には交通が発達し, 17世紀後半には~~角倉子以~~によって <u>西廻り海運</u>,
河村瑞賢
<u>東廻り海運</u>が確立された。

4 大塩平八郎の乱後, 老中の水野忠邦は天保の改革を行い, 農民を規制するため
~~慶安の触書~~を出して, 農民の出稼ぎを禁じた。
　人返しの法

⑤ 幕末の攘夷運動に対し, <u>幕府は朝廷と協力体制をとるため, 公武合体を行った。</u>

国家総合職　国家一般職　国家専門職　裁判所　地方上級　**市役所**　警察官　消防官

1 大名が幕府に米を献上したのは上げ米の制。武家諸法度は大名統制の基本法。制度・法令の内容は重要。

2代将軍秀忠が公布した1615年の武家諸法度（元和令）で，新規築城の禁止などが規定され，3代将軍家光の武家諸法度（寛永令）で，参勤交代が制度化された。

2 徳川吉宗が株仲間を公認し，田沼意次が株仲間を積極的に奨励した。

8代将軍吉宗が公認した同業者組合である株仲間を田沼意次は [**Ⓐ**　　　　　]・[**Ⓑ**　　　　　　] を徴収するために積極的に奨励・公認した。

3 角倉了以は河川の整備をした朱印船貿易家。河村瑞賢は沿岸航路の整備をした材木商。

角倉了以は保津川・高瀬川の水路を開いた。また，河村瑞賢は東北日本海沿岸より津軽海峡を経由して江戸に至る [**Ⓒ**　　　　　]，日本海沿岸の出羽酒田を起点に下関を経て大坂に至る [**Ⓓ**　　　　　] を整備した。

4 慶安の触書は農民生活を規制した触書である。

老中水野忠邦は，天保の改革で農村人口を確保するため，農民の出稼ぎを禁止し，江戸に流入した農民の帰村を強制した [**Ⓔ**　　　　　] を出した。

5 正しい。1862年，老中安藤信正が推進した公武合体政策として，孝明天皇の妹 [**Ⓕ**　　　　] が14代将軍家茂に嫁いだ。

🔑 Point

- [ ] 2代将軍秀忠は大名統制の基本法である武家諸法度を公布，以後，将軍の代替わりごとに公布され，3代将軍家光の時，参勤交代が制度化された。

- [ ] 株仲間は徳川吉宗が公認し，田沼意次が運上・冥加を徴収するために積極的に奨励・公認，水野忠邦が解散を命じた。

- [ ] 角倉了以は高瀬川の水路を開き，河村瑞賢は東廻り海運・西廻り海運を整備した。

- [ ] 老中水野忠邦は人返しの法を出して農民の帰村を強制した。

- [ ] 老中安藤信正の公武合体政策として和宮降嫁が実現した。

Ⓐ：運上，Ⓑ：冥加，Ⓒ：東廻り海運，Ⓓ：西廻り海運，Ⓔ：人返しの法，Ⓕ：和宮

日本史010 江戸幕府の政治

江戸幕府に関する記述として，
最も妥当なのはどれか。

令和元年度
警察官

1 初代将軍家康は，大名を統制するために武家諸法度を制定し，これに従わなか
　　　　　　　　　　　　　　　　　　　　　⤷2代将軍徳川秀忠の時代 (1615)
った豊臣秀頼を滅ぼした。
　　⤷原因は方広寺鐘銘事件

2 3代将軍家光の時代には慶安の変が発生し，これをうけて家光は，末期養子の
　　3代将軍家光の死後　　　　　　　　　　　　　　　　　家綱
禁を緩和するなど，武断政治から文治政治への転換を図った。

3 5代将軍綱吉は，勘定吟味役荻原重秀を登用し，財政再建のため貨幣改鋳を行

ったが，物価の騰貴を引き起こし，人々の生活を圧迫した。

4 8代将軍吉宗は，困窮した旗本や御家人を救済するために相対済し令を出し，
　　老中松平定信　　　　　　　　　　　　　　　　　　　棄捐令
札差などに借金を帳消しにさせた。
　　　⤷6年以前

5 15代将軍慶喜は，大政奉還で将軍が廃止されたことにより政治の実権こそ失
　　　　　　　　　　⤷王政復古の大号令で幕府廃止
ったが，その後の小御所会議では内大臣に任命され，新政府の立ち上げに尽力
　　　　　　　　　　　　　　　　　　辞任決定
した。

解説　難易度 ★★☆　重要度 ★★★

1 大坂冬の陣後に最初の武家諸法度を発布。

1615年，2代将軍徳川秀忠の時代，【Ⓐ　　　　】の起草による最初の武家諸法度が発布された。

2 4代将軍徳川家綱の治世に武断政治から文治政治へ転換。

由井正雪の乱（慶安の変）をきっかけに，徳川家綱は改易の減少を図るため，【Ⓑ　　　　】を緩和し，殉死や大名の家臣を人質にとることを禁止した。

3 正しい。17世紀後半，幕府財政が破綻すると，勘定吟味役荻原重秀の建議により貨幣改鋳を行い，慶長金銀より大幅に品質を落とした【Ⓒ　　　　】を鋳造し，改鋳差益を出して幕府収入とした。しかし，貨幣価値の下落により物価が高騰し，人々の生活を圧迫した。

4 相対済し令と棄捐令の区別がポイント。

享保の改革の【Ⓓ　　　　】は，金銭貸借に関する訴訟は評定所では受理せず，当事者同士の解決を図り，寛政の改革の【Ⓔ　　　　】は，6年以前の借金を札差に破棄させた法令である。

5 小御所会議で徳川慶喜の内大臣辞任・幕府領の一部返納を決定。

1867年10月14日大政奉還がなされると，12月9日【Ⓕ　　　　】が出され，幕府・摂政・関白が廃止され，総裁・議定・参与からなる三職を置いて新政府が樹立した。

🗝Point

☐ 武家諸法度（元和令）には，文武両道の奨励・居城補修の許可制・新規築城の禁止・大名の婚姻の許可制などが規定されている。

☐ 慶安の変を契機に武断政治から文治政治へ転換。

☐ 元禄金銀の鋳造により貨幣価値が下がり，物価が上昇する。

☐ 棄捐令は寛政の改革・天保の改革で出されている。

☐ 小御所会議の決定が戊辰戦争の原因となる。

Ⓐ：金地院崇伝，Ⓑ：末期養子の禁，Ⓒ：元禄金銀，Ⓓ：相対済し令，Ⓔ：棄捐令，
Ⓕ：王政復古の大号令

江戸幕府の対外政策

江戸幕府の対外政策に関する記述として，妥当なのはどれか。

平成23年度
警察官

1 1792 年，ロシア大使ラクスマンが漂流民高田屋嘉兵衛らを伴って根室に来航
　　　　　　使節　　　　　　　　　　大黒屋光太夫
し，通商を要求したが，幕府は異国船打払令により撃退した。
　　　　➡拒否　　　　異国船打払令は 1825 年に発令

2 ロシアの接近により，幕府が蝦夷地政策を本格化させる中，1798 年，近藤重蔵・
最上徳内に千島列島を調査させ，翌年東蝦夷地を直轄地とした。

3 1808 年，オランダ軍艦モリソン号が長崎付近に来航したが，幕府は前年に発
　　　　　　イギリス軍艦フェートン号が長崎に乱入，食料などを奪う　　　1806 年
令された薪水給与令により，食料などを与え退去させた。

4 林子平の『海国兵談』に賛同した幕府は，海防政策を強化するため，1809 年，
　　　　　　　　　　　　　人心をまどわすとして林子平を処罰
間宮林蔵に樺太を調査させ，樺太が島であることを確認した。

5 1811 年，ロシア軍艦艦長レザノフらを国後で捕らえ，箱館・松前に監禁する
　　　　　　　　　　　ゴローウニン
事件が起こると，ロシアも幕府御用商人大黒屋光太夫を捕らえた。
　　　　　　　　　　　　　　　高田屋嘉兵衛

1 列強の接近と幕府の対応策の関連性がポイント。

1792年，ロシア使節ラクスマンが根室に来航し，漂流民[**Ⓐ**　　　]らを送還するとともに通商を求めたが，幕府は鎖国を祖法として拒否した。

2 正しい。1798年，[**Ⓑ**　　　]は千島列島を調査し，択捉島に「大日本恵登呂府」の標注をたてた。

3 船の名称と国籍の組合せ，来航地に着目。

1808年，イギリス軍艦[**Ⓒ**　　　]がオランダ商船を捕獲するため長崎港に侵入する事件がおこった。

4 林子平は，寛政の改革の思想・出版統制で処罰されている。

1808年，[**Ⓓ**　　　]が樺太から大陸の黒竜江河口を探検し，樺太と大陸の間に海峡があることを確認した。

5 レザノフは1804年，長崎に来航し通商を要求したロシア使節。

1811年，国後島に上陸したロシアの艦長ゴローウニンを捕らえ抑留すると，翌年ロシアは報復として淡路の商人[**Ⓔ**　　　]を捕らえたが，結局両者は交換され事件は解決した。

🔑 Point

- [ ] ロシア船がたびたび来航すると文化の撫恤令を出し，イギリス船が日本近海に出没すると異国船打払令という強硬政策に転換した。

- [ ] 田沼時代に最上徳内が蝦夷地を，18世紀末に近藤重蔵が千島列島を，19世紀初めに間宮林蔵が樺太を調査した。

- [ ] フェートン号はイギリスの軍艦で長崎に乱入，モリソン号はアメリカの商船で相模の浦賀と薩摩の山川で攻撃を受ける。

- [ ] 1792年，ロシア使節ラクスマンは根室に，1804年，ロシア使節レザノフは長崎に来航し通商を求めるが，いずれも幕府は拒否している。

- [ ] 大黒屋光太夫は伊勢の船頭で漂流しラクスマンに送還される。高田屋嘉兵衛は淡路の商人でロシアに捕らえられる。

Ⓐ：大黒屋光太夫，Ⓑ：近藤重蔵，Ⓒ：フェートン号，Ⓓ：間宮林蔵，Ⓔ：高田屋嘉兵衛

幕藩体制の動揺

寛政の改革から幕末までに関する次の
記述のうち，妥当なものはどれか。

1 ~~ロシア使節のラクスマンやレザノフが通商を求めて相次いで来航すると~~，幕府
 フェートン号事件をきっかけにイギリス船がたびたび日本近海に出没すると
 は，~~清国・オランダを含めてすべての外国船を撃退することを命じた~~異国船打
 　　　清国は対象外，オランダは長崎以外では対象となる
 払令（無二念打払令）を出した。

2 寛政期には諸藩でも藩政改革が行われ，~~岡山藩の池田光政や加賀藩の前田綱紀~~
 　　　　　　　　　　　　　　　熊本藩の細川重賢　　米沢藩の上杉治憲
 など名君と呼ばれた藩主が出て，藩専売制の強化などに成果を上げた。

3 化政文化と呼ばれる江戸時代後期の文化は，江戸を中心とした町人文化が最盛
 期を迎え，~~井原西鶴の浮世草子や松尾芭蕉の『奥の細道』~~などが出版された。
 　　　　　元禄時代

4 天保の改革では断固たる倹約令が出され，高価な菓子や料理などは禁止され，
 江戸三座を浅草に移転させ，人情本作家の為永春水を処罰するなど厳しく取り
 締まった。

5 ペリーとの間に結んだ日米和親条約では，神奈川と箱館が開港されて，アメリ
 　　　　　　　　　　　　　　　　　　　下田
 カ船が要求する食料・薪水を~~商人から買うことが認められた~~。
 　　　　　　　　　　　私的取引は認められていない

解 説 難易度 ★★★ 重要度 ★★★

1 異国船打払令が出された背景を考える。

[**A**] 事件をきっかけにイギリス船がしばしば出没すると異国船打払令を出して清国・オランダを除いて外国船を撃退することを命じた。

2 池田光政や前田綱紀は江戸前半の名君。

熊本藩の[**B**]は蠟の専売を実施し，藩学時習館を設立した。また米沢藩の[**C**]は米沢織を奨励するなど殖産興業政策を実施し，藩学興譲館を再興した。

3 元禄文化と化政文化の識別がポイント。

元禄時代，井原西鶴が出て現実をありのままにみつめ，人間の愛欲や金銭欲などを描く[**D**]の作品を残し，松尾芭蕉はさび・しおりなどに示される蕉風俳諧をうちたてた。

4 正しい。老中[**E**]は厳しい倹約や風俗の取り締まりを実施し，人情本作家為永春水や合巻作家柳亭種彦を処罰した。

5 日米和親条約と日米修好通商条約の内容の区別がポイント。

1854 年，下田・箱館の開港，薪水・食料の供給，難破船の救助，一方的な[**F**]のアメリカへの付与などを内容とする日米和親条約を締結して開国した。

Point

- ☐ ロシア使節ラクスマン，レザノフと相次いで来航すると，幕府は文化の撫恤令を出した。

- ☐ 17 世紀，岡山藩主池田光政は陽明学者熊沢蕃山を，加賀藩主前田綱紀は朱子学者木下順庵を招き，文教政策に力を入れた。

- ☐ 江戸時代は，上方の豪商を中心に栄えた元禄文化と，江戸の町人文化の気風を表現した化政文化がある。

- ☐ 寛政の改革で洒落本作家山東京伝や黄表紙作家恋川春町を，天保の改革で人情本作家為永春水や合巻作家柳亭種彦を処罰した。

- ☐ 1858 年の日米修好通商条約で神奈川・長崎・新潟・兵庫の開港，居留地内での自由貿易を取り決め，翌年から貿易を開始した。

A：フェートン号，**B**：細川重賢，**C**：上杉治憲，**D**：浮世草子，**E**：水野忠邦，**F**：最恵国待遇

元禄文化

元禄文化に関する記述として最も妥当なのはどれか。

平成22年度
国家Ⅱ種

1 古典の研究では，山鹿素行が『万葉集』を文献学的方法で研究して『万葉代匠
　契沖
記』を著し，後の国学の基礎を築いた。また，荻生徂徠は『源氏物語』『枕草子』
　　　　　　　　　　　　　　　　　　　　　北村季吟
の研究を行い，幕府の歌学方に任ぜられた。

2 井原西鶴は，仮名草子を発展させて，浮世草子と呼ばれる本格的な小説を書き，
町人のあいだに広く読まれた。近松門左衛門は，『国性（姓）爺合戦』など歴
史的な事柄を扱った時代物のほか，『曽根崎心中』など現実の事件に取材した
世話物を人形浄瑠璃や歌舞伎の脚本に書いた。

3 松尾芭蕉は，各地を旅し，武士の保護を受けつつ連歌を地方に広めた。その作
風は俳諧連歌と呼ばれ，『新撰菟玖波集』は芭蕉とその弟子の秀作を編集した
蕉風俳諧　　　　　　『猿蓑』
ものである。また，宗祇は，形式にとらわれない自由さをもつ正風連歌を確立
　　　　　　　　山崎宗鑑の説明
し，『犬筑波集』を編集した。

4 歌舞伎は，喜劇的で風刺性が強く，能の幕間に演じられて庶民のあいだで人気
　　　　　　　　　　　　　　　　　狂言の説明
を博した。当初は女性や若者による舞踊が中心であったが，風俗を乱すとして
取締りを受けてから役者は男性のみとなり，上方に市川団十郎，江戸に坂田藤
十郎らの名優が出た。

5 土佐光起は，美人・役者・相撲などの都市の風俗を描く浮世絵の版画を始めた
　　　　　　　　　　　　　　　　　　　　　　　　　　菱川師宣のこと
ことが評価され，幕府の御用絵師となった。また，尾形光琳は住吉派を興し，
　　　　　　　朝廷　　　　　　　　　　　　　　　住吉如慶・具慶
形式化して衰えた狩野派に代わって朝廷の絵師となった。
　　　　　　　　　　　　　　　　幕府

1 著作と著者の組合せがポイント。

幕府歌学方の［**Ⓐ**　　　］は『源氏物語湖月抄』を，［**Ⓑ**　　　］は『万葉代匠記』を著して国学勃興の基礎を築いた。

2 正しい。井原西鶴は［**Ⓒ**　　　］の作者として『好色一代男』などを，近松門左衛門は人形浄瑠璃や歌舞伎の脚本家として『曽根崎心中』などの作品を残した。

3 文化人の時代やジャンルの識別をつける。

松尾芭蕉は俳諧を芸術的に大成し蕉風俳諧を確立し，俳諧紀行文『［**Ⓓ**　　　］』などを残している。

4 歌舞伎役者の活躍した場所に着目。

野郎歌舞伎が定着すると，上方では［**Ⓔ**　　　］が和事を得意とし，江戸では［**Ⓕ**　　　］が荒事を得意とした。

5 浮世絵を創始したのは菱川師宣とすぐに判断できる。

土佐光起は土佐派を復興し宮廷絵所預となり，住吉如慶は住吉派を興して子の具慶は幕府御用絵師となる。

🔑 Point

☐ 北村季吟は５代将軍徳川綱吉の時代の歌学方として古典の研究を行った。

☐ 契沖は『万葉代匠記』を著し国学勃興の先駆者となる。

☐ 井原西鶴は浮世草子の作家として，近松門左衛門は脚本家として元禄時代に数多くの作品を残した。

☐ 松尾芭蕉は蕉風俳諧を確立した。

☐ 上方では坂田藤十郎が和事を，江戸では市川団十郎が荒事を得意として人気を博した。

Ⓐ：北村季吟，**Ⓑ**：契沖，**Ⓒ**：浮世草子，**Ⓓ**：奥の細道，**Ⓔ**：坂田藤十郎，**Ⓕ**：市川団十郎

化政文化

化政文化に関する記述として，
妥当なのはどれか。

平成18年度
地方上級

1 化政文化は，~~上方~~を中心として開花した文化であり，~~田沼時代~~に最盛期を迎え
　　　　江戸　　　　　　　　　　　　　　　文化・文政期（大御所時代）
た。

2 化政文化の担い手は，~~町人ではなく公家や学者~~であり，化政文化の気風は，~~道~~
　　　　　　　　　　　江戸の町人
~~徳的~~で~~禁欲的~~な傾向が強かった。
享楽的

③ 葛飾北斎は，風景版画を制作し，代表的な作品として，「富嶽三十六景」がある。
　　　　　　　　　　　　　　　　　　　　　　　　　　　　ふがく

4 ~~式亭三馬~~は，勧善懲悪を説いて歴史小説を著し，代表的な作品として，~~『雨月~~
　　滝沢馬琴
~~物語』~~がある。
『南総里見八犬伝』

5 平田篤胤は，~~神道~~を排除することを主張して書物を著し，代表的な作品として，
　　あつたね　　　儒教・仏教
~~『解体新書』~~がある。
『古史徴』『古史伝』

国家総合職　国家一般職　国家専門職　裁判所　**地方上級**　市役所　警察官　消防官

解説　難易度 ★☆☆　重要度 ★★☆

1 文化・文政期は徳川家斉の大御所時代。

化政文化は文化・文政期を最盛期とする18世紀末から19世紀前半の文化である。

2 文化は，時期・担い手・特徴の区別が大切である。化政文化はより広い層の町人が文化の担い手である。

化政文化は，[**A**　　　　]を中心とする町人文化で，洒落や通を好み，享楽的・退廃的な傾向が見られた。

3 正しい。鈴木春信が[**B**　　　　]を創始して浮世絵の黄金時代を迎えた。美人画の[**C**　　　　]，役者絵の[**D**　　　　]，風景画の葛飾北斎や歌川(安藤)広重らが活躍をした。

4 江戸時代の戯作者と作品が結びつくことが大切。読本は勧善懲悪の趣旨で書かれた文章主体の小説である。

滑稽本では[**E**　　　　]の『浮世風呂』，読本では[**F**　　　　]の『雨月物語』や[**G**　　　　]の『南総里見八犬伝』がある。

5 国学者平田篤胤は復古神道を創始する。

平田篤胤は[**H**　　　　]没後の門人で，復古神道を始めて，幕末の尊王攘夷運動に影響を与えた。

Point

□ 化政文化は文化・文政期を中心とする江戸の町人文化で，享楽的・退廃的傾向を特徴とする。

□ 錦絵の風景画が流行し，葛飾北斎は「富嶽三十六景」を，歌川(安藤)広重が「東海道五十三次」を描いた。

□ 勧善懲悪を趣旨とした文章主体の読本作家として，『雨月物語』の上田秋成や『南総里見八犬伝』の滝沢馬琴が活躍した。

□ 復古神道を開き，儒教や仏教を排斥した平田篤胤は『古史徴』『古史伝』を著した。

A：江戸，**B**：錦絵，**C**：喜多川歌麿，**D**：東洲斎写楽，**E**：式亭三馬，**F**：上田秋成，
G：滝沢馬琴，**H**：本居宣長

江戸時代の学問

江戸時代における学問に関する記述として，妥当なのはどれか。

平成21年度
地方上級

1 近江聖人とよばれた中江藤樹は，幕府の御用学者となった林羅山とともに朱子
学派を形成し，その思想は門下の熊沢蕃山に引き継がれた。
　　　　　　　　　　　　　　　　　　　　　　中江藤樹は陽明学者

2 山崎闇斎は，神道と儒学とを融合させた垂加神道を提唱し，わが国における陽
明学派の始祖となった。
日本陽明学の祖は中江藤樹　　山崎闇斎は朱子学（南学）に属する

3 新井白石は，朱子学や陽明学を批判し，論語などの古典を原典に忠実に解釈し
　　荻生徂徠
ようとする古文辞学を提唱し，『古史通』を著した。
　　　　　　　　　　　　　　　『政談』

4 塙 保己一は，幕府からの援助を受けて和学講談所を設け，『群書類従』を編纂
した。

5 幕府の天文方となった渋川春海（安井算哲）は，西洋の太陽暦をもとにして貞
　　　　　　　　　　　　　　　　　　　　元の授時暦
享暦をつくるとともに，蕃書調所において洋書の翻訳を行った。
　　　　　　　　　蕃書調所の設置は1856年

解説

難易度 ★☆☆　重要度 ★★☆

1 陽明学は知行合一を強調，時世批判の傾向が強く幕府に圧迫された学問。朱子学は封建教学として幕府が重用した。

[**A**　　　　]は日本陽明学の祖で，近江聖人と呼ばれた。その弟子の[**B**　　　　]は岡山藩主池田光政に仕えたが，『大学或問』を著して幕政を批判し，下総の古河に幽閉された。

2 日本陽明学の祖は中江藤樹，山崎闇斎は朱子学者。

朱子学者の山崎闇斎は，会津藩主保科正之に江戸で献策し，神道と朱子学を融合した[**C**　　　　]を提唱した。

3 朱子学者木下順庵の弟子新井白石は，正徳の治を推進，儒学・歴史・国文・地理など多方面にも優れた業績を残した。

[**D**　　　　]は古文辞学を創始し，江戸に蘐園塾を開いた。また8代将軍吉宗の諮問に答えて『政談』を著し，武士土着論を説いた。

4 正しい。[**E**　　　　]は賀茂真淵の弟子となり，1793年に和学講談所を設立して，『群書類従』を編纂した。

5 渋川春海は5代将軍綱吉の時代の天文方，蕃書調所は19世紀中頃の洋書翻訳局。時期の識別がポイントとなる。

渋川春海（安井算哲）は，宣明暦に誤差が生じたので，元の授時暦を参考に天文観測で得た知識を加味して[**F**　　　　]を作成した。

Point

- □ 林羅山は朱子学者で，初代将軍家康から4代将軍家綱の侍講として，法令や外交文書の作成など幕政に参与した。
- □ 中江藤樹は日本陽明学の祖で，藤樹書院を開き近江聖人と呼ばれた。
- □ 山崎闇斎は谷時中の弟子で，会津藩主保科正之に献策した。また神儒融合の垂加神道を創始した。
- □ 荻生徂徠は古文辞学を始め，江戸に蘐園塾を開き，『政談』を著した。
- □ 塙保己一は賀茂真淵の弟子で，和学講談所を設立し『群書類従』を著した。
- □ 天文方の渋川春海は貞享暦を作成した。

A：中江藤樹，**B**：熊沢蕃山，**C**：垂加神道，**D**：荻生徂徠，**E**：塙保己一，**F**：貞享暦

江戸時代の学問

江戸時代の学問に関する次の記述のうち、妥当なものはどれか。

平成17年度
地方上級

1 『古事記』や『日本書紀』を研究する国学は『古事記伝』を著した~~本居宣長~~に
『創学校啓』 荷田春満
よって始められた。本居宣長の影響を受けた平田篤胤は~~『大日本史』~~を著し、
『古史徴』『古史伝』
尊王攘夷運動に影響を与えた。

❷ 蘭学を学んだ前野良沢や杉田玄白らは『ターヘル＝アナトミア』を翻訳した『解体新書』を公刊し、伊能忠敬は幕府の命で正確な地図である『大日本沿海輿地全図』の作成にあたった。

3 林子平はその著書『海国兵談』で鎖国を批判したため、幕府によって処罰され
た。この事件は~~蛮社の獄~~と呼ばれているが、学者の高野長英、渡辺崋山は鎖国
蛮社の獄は高野長英・渡辺崋山を処罰した事件
を~~支持し~~、幕府に~~保護された~~。
批判した 処罰された

4 鎌倉時代に上下の秩序を重視する朱子学が導入され、江戸幕府は禅僧の藤原惺
窩に学んだ林羅山を登用することで、朱子学を発展させたが、朱子学は江戸末
期には~~禁止された~~。
禁止されていない

5 山鹿素行は朱子学を批判して~~日本陽明学~~を説き、伊藤仁斎は『論語』などの原
聖学
典批判によって古典を学ぶ古義学を唱え、~~『聖教要録』~~を著した。荻生徂徠は
『論語古義』
古典に直接触れる古文辞学を提唱し、経世済民の重要性を説いた。

国家総合職　国家一般職　国家専門職　裁判所　**地方上級**　市役所　警察官　消防官

解 説 　×月○日　難易度 ★ 　重要度 ★★

1 著作に着目。『大日本史』は水戸藩編纂の歴史書なので国学と関係のないことは明らかである。

日本古来の精神を解き明かす国学は，17世紀後半に [**Ａ**　　　　] が『創学校啓』を著し，18世紀末には本居宣長が，[**Ｂ**　　　　] の教えを受け，『古事記伝』を著した。

2 正しい。前野良沢や杉田玄白らは，西洋医学の解剖書『ターヘル＝アナトミア』の翻訳である『[**Ｃ**　　　　]』をまとめた。

3 林子平の処罰と蛮社の獄の時期を考えれば，無関係とわかる。

林子平は18世紀末に『[**Ｄ**　　　　]』を著して処罰され，高野長英や渡辺崋山は19世紀に [**Ｅ**　　　　] 事件を批判して蛮社の獄で処罰された。

4 朱子学は寛政異学の禁で正学となることから，より重視されたと考えられる。

鎌倉時代に伝わった朱子学は，江戸時代に藤原惺窩に学んだ [**Ｆ**　　　　] をはじめとする林家によって幕府の重要な学問として発展，寛政の改革で官学化され重視された。

5 山鹿素行は古学者。文化人の事績の区別が判断のポイントとなる。

[**Ｇ**　　　　] は『論語』など原典を学ぶ古義学を唱え，『論語古義』を著した。荻生徂徠は政治・経済にも関心を示し，幕藩体制維持のために『政談』を著して武士の土着の必要性を説いた。

Point

□ 平田篤胤は本居宣長没後の門人で復古神道を始め，幕末の尊王攘夷運動に影響を与えた。

□ 18世紀後半，前野良沢・杉田玄白らは『解体新書』を訳述した。19世紀初め，杉田玄白は訳述作業の苦心談である『蘭学事始』を著した。

□ 林子平は寛政の改革で，高野長英・渡辺崋山は蛮社の獄で処罰された。

□ 上下の身分秩序を重んじる朱子学は封建社会を維持するための教学として幕府・藩に援用された。

Ａ：荷田春満，**Ｂ**：賀茂真淵，**Ｃ**：解体新書，**Ｄ**：海国兵談，**Ｅ**：モリソン号，**Ｆ**：林羅山，**Ｇ**：伊藤仁斎

開国の影響

江戸時代末期における開国にかかわる経済・政治への影響に関する次の記述のうち，妥当なものはどれか。

平成3年度
国税専門官

1 諸外国との貿易は開港以降横浜にその中心が移ったが，~~これまでわが国の貿易を独占してきたオランダ~~，中国が貿易額の多くを占め，国内の製糸業，養蚕業

イギリス

が発展することとなった。

2 輸出の急増によって国内の消費物資が欠乏したほか，金の流出を防止するために行った貨幣改鋳が経済を混乱させ，下級武士や庶民の生活を苦しめたため幕府の開国策を批判する空気が高まった。

3 開港直後の貿易は生糸・茶などを中心とした輸出が綿織物・毛織物などの輸入を上回り，~~外貨が潤沢となり庶民の生活が豊かになったことで~~，幕府の開国策

国内の物価上昇により庶民の生活は苦しくなった

を歓迎する空気が~~高まった。~~

高まっていない

4 大老井伊直弼は~~日米和親条約~~，日米修好通商条約を締結したが，これらの条約

老中阿部正弘の時

は最恵国待遇，領事裁判権などの不平等条項を含んでおり，わが国はこの改正
に開国後ほぼ~~20年~~を必要とした。

36年

5 老中阿部正弘は開国に当たって諸大名や幕臣に意見を求め，朝廷に報告するなど挙国一致でことに当たり，さらに開国後この体制を強化するため~~公武合体政~~

老中安藤信正の時

~~策を推進した。~~

解説

難易度 ★★☆　重要度 ★★★

1 最大の貿易相手国は開国に積極的だったアメリカではなく，イギリスであった。

1859年から始まった貿易の輸出入額は【Ⓐ　　　　　】港が圧倒的に多く，取引相手国はイギリスが中心であった。

2 正しい。金銀の交換比率は外国で1対15，日本では1対5と差があったため，多量の金貨が海外に流出した。幕府は金貨の品位を引き下げた【Ⓑ　　　　　】を鋳造したが物価高騰に拍車をかけた。

3 輸出超過であったことから，品不足が起こり国内の物価が上昇したことがわかれば誤文と判断できる。

日本からは【Ⓒ　　　　　】・茶が輸出され，【Ⓓ　　　　　】・【Ⓔ　　　　　】が輸入されたが，貿易は大幅な輸出超過となり，品不足などから国内の物価が上昇した。

4 日米和親条約に領事裁判権の規定はない。

日米和親条約は老中【Ⓕ　　　　　】の時に調印され，領事裁判権の承認など不平等な内容を含む日米修好通商条約は大老【Ⓖ　　　　　】の時に締結された。

5 幕府内で公武合体運動を行ったのは老中安藤信正である。

大老【Ⓖ　　　　　】の暗殺後，老中安藤信正は幕府の権威回復のため，【Ⓗ　　　　　】降嫁を実現するなど公武合体に努めたが，【Ⓘ　　　　　】で失脚した。

Point

- ☐ 開国後の貿易は，貿易港は横浜，相手国はイギリスが中心である。
- ☐ 金銀比価の違いから金貨が大量に流出したため，金貨の品質を引き下げた万延小判を鋳造した。
- ☐ 日米修好通商条約に規定された領事裁判権の撤廃は日清戦争開戦直前の1894年に実現している。
- ☐ 老中安藤信正は，和宮降嫁を実現して公武合体運動を推進したが坂下門外の変で失脚した。

Ⓐ：横浜，Ⓑ：万延小判，Ⓒ：生糸，Ⓓ：綿織物，Ⓔ：毛織物，Ⓕ：阿部正弘，Ⓖ：井伊直弼，
Ⓗ：和宮，Ⓘ：坂下門外の変

幕末の政治・社会

幕末の政治・社会に関する記述として最も妥当なのはどれか。

平成20年度
国家Ⅱ種

1 アヘン戦争で清がイギリスに敗れたことが日本に伝わると，老中水野忠邦を中心とする幕府は，異国船打払令を出して鎖国政策を強化し，長崎に入港する清・

天保の薪水給与令　　　　　　　　　　緩和　　異国船打払令の内容
オランダ以外の外国船をすべて撃退することを命じた。

2 1853年に来航して日本の開国を要求したアメリカ東インド艦隊司令長官ペリーは，翌年，再び来航し幕府に対して条約の締結を強硬にせまり，日米修好通

　　　　　　　　　　　　　　　　　　　　　　　　日米和親条約
商条約を結んだ。この条約では，横浜に領事の駐在を認めること，アメリカに

　　　　　　　　　　　下田
一方的な最恵国待遇を与えることなどが取り決められた。

3 幕府が勅許を得られないまま欧米諸国との通商条約に調印したため，幕府に対する非難や開国に反対する運動が高まる一方で，開国の必要性を説き，開国・

　　　　　　　　　　　　　　　　　　　　　天皇尊崇思想と外国人排斥思想
貿易を肯定的に受け止めようとする尊王攘夷論も現れた。

❹ 大老井伊直弼が桜田門外の変で暗殺された後，老中安藤信正は，朝廷と幕府との融和によって政局を安定させようとして公武合体策を進め，孝明天皇の妹である和宮を将軍家茂の夫人に迎えることに成功したが，坂下門外の変で傷つけられ失脚した。

5 欧米との通商条約に基づき，横浜港などが開港されて貿易が始まったが，開港直後は，綿織物を中心とする輸出額が輸入額を上回り，織物を扱う江戸の問屋

　　　　　生糸　　　　　　　　　　　　　　　　　　　　　生糸
を中心に，既存の特権的な流通機構が勢いを増した。

　　　　　　　　　　　　　　崩壊した

解説 　難易度 ★★ ★　重要度 ★★★

1 イギリス船が日本近海に出没すると外国船の撃退を命じた。
アヘン戦争で清国が敗北すると, 老中【**Ⓐ**　　　　　】は異国船打
払令を撤回し,【**Ⓑ**　　　　　】を出し再び緩和政策をとった。

2 ペリーと結んだ日米和親条約では, 箱館・下田の開港が規定されて
いることから, 領事の駐在場所は明らかである。
ペリーと日米和親条約を結び, 下田・箱館の開港, 領事駐在の許可,
片務的【**Ⓒ**　　　　　】の承認などを取り決め, 約200年にわたる
鎖国体制が崩壊した。

3 攘夷とは外国人を排除する考えを示しているので開国・貿易の肯定
と相反する。
天皇尊崇思想と外国人排斥思想とが幕藩体制の動揺と外国の圧迫と
いう危機に際して結合し,【**Ⓓ**　　　　　】という思想が形成された。

4 正しい。井伊直弼暗殺後, 老中【**Ⓔ**　　　　　】は孝明天皇の妹和
宮を将軍家茂の夫人として迎える公武合体政策を推進した。

5 輸出に生産が追いつかず, 在郷商人が開港地に直送したので流通機
構が崩れ物価が高騰した。
幕府は, 物価統制を理由に貿易統制を図り, 雑穀・水油・蠟・呉服・
生糸は江戸の問屋を経由して開港場に送ることを命じた
【**Ⓕ**　　　　　】を出したが, 在郷商人などの反対で効果があがらな
かった。

Point

□ 幕府はイギリス船の出没を受けて異国船打払令, アヘン戦争の結果に
　対して天保の薪水給与令を出した。

□ ペリーと日米和親条約を結んで開国した日本は下田に領事の駐在を認
　めた。

□ 桜田門外の変で井伊直弼が暗殺され幕府独裁が終わり, 安藤信正が公
　武合体政策を推進した。

□ 在郷商人が横浜などで外国商人と直取引を行ったことで, 従来の流通
　機構が崩壊し, 江戸では品不足・物価高騰がおこった。

Ⓐ:水野忠邦, Ⓑ:天保の薪水給与令, Ⓒ:最恵国待遇, Ⓓ:尊王攘夷(論), Ⓔ:安藤信正,
Ⓕ:五品江戸廻送令

幕末史

江戸時代末期に関する記述として
最も妥当なのはどれか。

1 幕府は，1854年，ペリーが率いるアメリカ合衆国の艦隊の威力に屈して，同
国の船が必要とする燃料や食料を供給すること，下田，箱館の2港を開くこと
などを内容とする日米和親条約を結んだ。ついで幕府はイギリス，ロシア，オ
ランダとも同様の和親条約を結んだ。

2 アメリカ合衆国の圧力や朝廷による開国への強い要請により，幕府は1858年
〈孝明天皇は攘夷の考えをもつ〉
に日米修好通商条約を結び，外国との貿易が行われるようになった。日本から
└▶無勅許
は主に綿織物などの繊維製品が輸出されたが，外国からは鉄砲などの軍需品が
　　　生糸　　　　　　　　　　　　　　　　　　　　毛織物・綿織物
輸入され，貿易は大幅な輸入超過となり，また，国内では物価が騰貴した。
　　　　　　　　　　　輸出超過

3 大老井伊直弼は，公武合体の政策をとり孝明天皇の妹の和宮を将軍徳川家茂の
　　　　　　　　　　老中安藤信正
正室に迎えたが，これが尊皇攘夷論者の反感を招き，桜田門外の変で暗殺され
　　　　　　　　　　　　　　　　　　　　　　　　坂下門外の変　　　失脚した
た。この後，幕政の中心となった老中の安藤信正は，公武合体の政策を放棄す
　　　　　　　　　　　　　　　島津久光　　 └▶雄藩中心　　　推進する
るとともに，幕府を批判する公家や大名を厳しく処罰した。
　　　　　　　　　　　文久改革を行う

4 土佐藩の坂本龍馬らの仲介で軍事同盟を結んだ薩摩藩と長州藩は，京都に攻め
　　　　　　　　　　 └▶1866年
上り禁門の変を起こし，会津藩などの親幕府勢力を駆逐した。幕府はこの後，
　　　禁門の変は1864年，長州 VS 薩摩・会津
人材の登用を積極的に行うとともに徳川斉昭らの有力大名を幕政に参加させる
　　　　　　　　開国前後の安政改革の内容
などして勢力の回復を図った。

5 将軍徳川慶喜は，イギリスの強力な援助を受けて第一次，第二次の長州征討を
　　徳川家茂　　　　　　外国の援助は受けていない　 └▶成功
行ったが失敗し，幕府の権威は完全に失墜した。このような状況の中，慶喜は，
朝廷や倒幕勢力である薩摩藩や長州藩による大政奉還の要請を受け入れ，260
　　　　　　　　　　　　　　土佐藩
年以上にわたった江戸幕府は滅亡した。

解説

難易度 ★★☆ 重要度 ★★★

1 正しい。老中阿部正弘はペリーと [**A**] を締結し，下田・箱館の開港，領事駐在の許可，燃料・食糧の供給などを規定した。このあと，イギリス・ロシア・オランダとも同様の条約に調印している。

2 大老井伊直弼は，朝廷の勅許なしに日米修好通商条約に調印している。貿易品の区別もポイントとなる。

日米修好通商条約を締結した翌年から貿易が開始された。日本は [**B**]・茶・蚕卵紙を輸出し，[**C**]・綿織物・武器などを輸入したが，当初は大幅な輸出超過となり，国内の品不足から物価が上昇した。

3 大老井伊直弼は幕府独裁を，老中安藤信正は公武合体政策を推進した。

[**D**] で井伊直弼が暗殺されたあと，老中安藤信正は孝明天皇の妹和宮を将軍家茂の正室に迎えるなど公武合体政策を推進したが，[**E**] で失脚した。

4 幕末史の展開がカギになる。一つ一つの事件の内容にも注意。

長州藩は [**F**] で薩摩藩・会津藩に敗れた。これを機に幕府の第一次長州征伐を受けると同時に，四国艦隊下関砲撃事件もおこり，尊王攘夷は衰退した。やがて敵対関係にあった薩摩藩・長州藩が倒幕を目的に薩長連合を成立させた。

5 第二次長州征伐は将軍家茂の死をきっかけに撤兵している。

前土佐藩主山内豊信が公議政体論に沿った大政奉還の策を将軍徳川慶喜に建策，これを受け入れた徳川慶喜は 1867 年 10 月 14 日，大政奉還の上表を提出した。

Point

☐ 日米和親条約で下田・箱館を開港し約200年にわたる鎖国体制が崩壊した。

☐ 開港直後の貿易は生糸等の輸出が毛織物・綿織物等の輸入を上回り，品不足が生じ物価が高騰した。

☐ 安政の大獄など幕府独裁を行った大老井伊直弼が暗殺されると，老中安藤信正が和宮降嫁を実現するなど公武合体を推進した。

☐ 禁門の変に敗れた長州藩は，第一次長州征伐・四国艦隊下関砲撃事件にも敗れ尊王攘夷は衰退した。

A：日米和親条約，**B**：生糸，**C**：毛織物，**D**：桜田門外の変，**E**：坂下門外の変，**F**：禁門の変

明治維新以降の日本

明治維新以降の日本に関する記述として，妥当なものはどれか。

平成17年度
警察官

1 明治維新により，士農工商の封建的身分制度が撤廃され四民平等の世となった。

また，華族，農民，商工民の3族籍による戸籍法も制定された。
　　　士族，平民

2 徴兵の詔勅，告諭に基づき，国民皆兵を目指す徴兵令を公布し，18歳以上の
　　　　　　　　　　　　　　　　　　　　　　　　　　　　　　満20歳
男子を徴兵する統一的な兵制が立てられた。

3 清国との両属関係にあった琉球を，日本領とする方針をとり，1872年に琉球
藩を置き，1879年には沖縄県の設置を強行した。

4 イギリスの学制に倣い，統一的な学制が公布されたが，当時の国民生活に合わ
　　　フランス
なかったこともあり，後に大学令公布によって改正された。
　　　　　　　　教育令　　　　　　　　廃止

5 警察制度が整備され，1872年に東京警視庁が設置された。その翌年，東京警
視庁は，兵部省に置かれていた警保寮とともに，新設された司法省の管轄機関
　　　　司法省　　　　　　　　　　　　　　　　　　　　　　内務省
となった。

1 士農工商の身分制度が改定され，武士や農民・職人・商人は何と呼ばれたか。

公卿・大名は［**Ⓐ**　　　　　］，武士は［**Ⓑ**　　　　］，農工商は［**Ⓒ**　　　　　］とし，戸籍法を制定して壬申戸籍を作成した。

2 徴兵年齢に着目する。

1872 年の徴兵告諭によって，翌年徴兵令が公布され，満［**Ⓓ**　　　　　］歳以上の男子は 3 年間の兵役に服する統一的な兵制が確立した。

3 正しい。日清両属関係にあった琉球に対して，1872 年に琉球藩を設置した日本政府は，1879 年に軍隊を派遣し［**Ⓔ**　　　　　］を強行した。

4 学制はどの国の学校制度を模範としたものか。また，大学令の公布は原敬内閣の政策なので大正時代。

1872 年，国民皆学をめざし［**Ⓕ**　　　　　］の学区制をとり入れた統一的な学制が公布されたが，当時の国民生活にあわなかったので，1879 年，［**Ⓖ**　　　　　］の公布によって廃止された。

5 明治時代に治安維持を担当した官庁はどこか。

司法省の中に設置されていた全国の警察事務の統括機関である警保寮は，1873 年に設置された［**Ⓗ**　　　　　］省に移された。

🔑 Point

- ☐ 封建的身分制度が撤廃され，四民平等の世となり，華族・士族・平民の 3 つの族籍による戸籍が編成された。

- ☐ 1872 年の徴兵告諭によって，翌年徴兵令が公布され統一的な兵制が確立した。

- ☐ 1872 年に琉球藩が設置され，1879 年に琉球処分が断行された。

- ☐ 1872 年の学制はフランスを手本に国民皆学をめざしたが，1879 年にアメリカの自由教育を参考にした教育令が公布された。

- ☐ 1873 年に設置された内務省は地方行政・治安警察・殖産興業などを担当した官庁である。

Ⓐ：華族，Ⓑ：士族，Ⓒ：平民，Ⓓ：20，Ⓔ：琉球処分，Ⓕ：フランス，Ⓖ：教育令，Ⓗ：内務

明治初期の政策

明治政府の初期の政策に関する記述として，妥当なのはどれか。

平成26年度
地方上級

1 政府は，殖産興業を進めるため，先に設置した内務省に軍需工場や鉱山の経営，
　　　　　　　　　　　　　　　　　　　　　　　工部省
鉄道・通信・造船業などの育成にあたらせ，続いて設置した工部省に軽工業の
　　　　　　　　　　　　　　　　　　　　　　　　　　内務省
振興，内国勧業博覧会の開催を行わせた。

2 政府は，新貨条例を定めて円・銭・厘を単位とする新硬貨を発行するとともに，
国立銀行条例を定めて全国に官営の国立銀行を設立し，そのうちの第一国立銀
　　　　　　　　　　　　　国立銀行は民間銀行
行を日本初の中央銀行に指定して唯一の紙幣発行銀行とした。
　　　1882年設立の日本銀行の説明

3 政府は，西欧にならった近代的な軍隊の創設を目指して徴兵令を公布したが，
平民は徴兵の対象には含まれず，武士の身分を失い生活に困窮していた士族の
国民皆兵，満20歳の男子に3年間の兵役義務
うち，満20歳以上の男子のみが徴兵の対象とされた。

④ 政府は，土地の売買を認め，土地所有者に地券を発行するとともに，課税の基
準を収穫高から地価に改め，地価の一定割合を地租として土地所有者に金納さ
せることにより，安定的な財源の確保を図った。

5 政府は，民間による鉄道の敷設を奨励したため，日本鉄道会社により新橋・横
　　　　　　　　　　　　　　　　　　　　　工部省が中心
浜間に日本で初めての鉄道が敷設されたほか，東海道線をはじめとする幹線鉄
　　　　　　　　　　　　　　　　　　　　　官営鉄道
道の多くが民営鉄道として敷設された。
➡ 1881年日本鉄道会社設立。1886年から民間鉄道会社が次々に設立。
　 1889年民営鉄道営業キロ数 ＞ 官営鉄道営業キロ数

解説

難易度 ★★　重要度 ★★★

1 工部省と内務省の識別がポイント。

1870 年設置の【**Ⓐ**　　　　】は鉱工業・鉄道を監督し，1873 年設置の【**Ⓑ**　　　　】は農畜産業や製糸・紡績業の保護・育成にあたった。

2 国立銀行はアメリカの制度を模範とした民間銀行。

【**Ⓒ**　　　　】が中心となって国立銀行条例を定めて，民間資金を利用して兌換紙幣の発行を図ったが，うまく機能しなかった。

3 明治政府は国民皆兵による近代的な軍隊の創設をめざした。

1872 年に【**Ⓓ**　　　　】，1873 年に【**Ⓔ**　　　　】を公布して，満 20 歳に達した男子に兵役を課したが，多くの免役規定があり，実際に兵役を負担したのは貧農の次男以下が多かった。

4 正しい。1873 年，【**Ⓕ**　　　　】を公布して，地価の 3 ％を地租として土地所有者が金納税するとした。しかし，農民負担は江戸時代と変わらなかったので，各地で地租改正反対一揆がおこり，1877年，地租を 2.5 ％に引き下げた。

5 東京・神戸間の東海道線は官営。

1881 年に設立された【**Ⓖ**　　　　】が成功し，1886 年から民営鉄道設立のブームがおきた。1889 年には官営の東海道線が全通したが，営業キロ数では民営が官営を上回った。

🔑 Point

- [ ] 初代工部卿に伊藤博文，初代内務卿に大久保利通が就任した。

- [ ] 国立銀行はアメリカのナショナルバンクの制度を参考として，国法により設立が認められた民間銀行のこと。

- [ ] 近代的軍制度は大村益次郎が構想をたて，山県有朋が実現した。

- [ ] 1877 年に地租は 2.5 ％に引き下げられたが，1898 年には 3.3 ％に引き上げられた。

- [ ] 1872 年，工部省が中心となりイギリスの技術を導入して新橋(東京)・横浜間に最初の鉄道を開通させた。

Ⓐ：工部省，Ⓑ：内務省，Ⓒ：渋沢栄一，Ⓓ：徴兵告諭，Ⓔ：徴兵令，Ⓕ：地租改正条例，Ⓖ：日本鉄道会社

明治政府の殖産興業政策

明治政府の殖産興業政策に関する記述として，妥当なのはどれか。

平成16年度
地方上級

1 政府は，蝦夷地を北海道と改称して直ちに国の機関として北海道庁を置いたが，
開拓使
大規模な開拓を進めるため，北海道庁を廃して北海道開発庁を設置し，屯田兵制
開拓使は1882年廃止。北海道庁は1886年に，北海道開発庁は1950年に設置
度を設けた。

2 政府は，軍事工場を直接経営する一方，民間の近代産業の育成のため，軽工業
の分野は官営とせず，政商と呼ばれる大事業家に富岡製糸場などの模範的な工場
官営とする　　　　　富岡製糸場は官営
を設立させた。

3 政府は，新貨条例を定め，円・銭・厘を単位に新硬貨を鋳造し，金本位制の確
立を目指したが，当時の貿易は銀貨が中心であり，貨幣制度は，事実上，金銀
複本位制であった。

4 政府は，国立銀行条例を定め，条例制定の翌年，渋沢栄一が中心となって中央銀
↪1872年，渋沢栄一が中心　　　　1882年　松方正義
行として日本銀行を設立し，金兌換による兌換銀行券を発行した。
銀　　　　　　1885↪1886年，政府発行紙幣の
銀兌換開始

5 政府は，事実上の必要から，鉄道整備をすべて官営事業で行うこととし，鉄道
↪1906年
国有法を制定した後，新宿・立川間にわが国初の鉄道を開設した。
新橋(東京)・横浜間　　　　1872年

解 説 _{月 日}

難易度 ★★★　重要度 ★★

1 時間的な概念を問う選択肢である。北海道開発庁は太平洋戦争後に設置された役所なので時期が違う。

明治政府は 1869 年に蝦夷地を北海道と改称して【Ⓐ　　　　】を設置した。さらに 1874 年，開拓使次官黒田清隆の提案により【Ⓑ　　　　】制度を設けた。

2 明治政府は官営工場を設立することで殖産興業政策を推進したことから誤文とわかる。

明治政府は輸出の中心であった生糸生産に力を入れ，1872 年群馬県に【Ⓒ　　　　】を設け，技術の導入と工女の養成にあたった。

3 正しい。明治政府は 1871 年に【Ⓓ　　　　】を制定し金本位制の確立をめざしたが，アジア諸国との貿易で銀貨が用いられたので，実際は金銀複本位制にとどまった。

4 大蔵卿松方正義の財政政策の一環として兌換制度が確立する。

1882 年に大蔵卿松方正義が中心となって【Ⓔ　　　　】を設立し，1885 年には銀兌換銀行券が発行され，銀本位制を採用した。

5 民間鉄道中心に鉄道が発展し，1906 年の鉄道国有法制定により 90%が国有となった。

鉄道事業はイギリスの技術を導入し，工部省が中心となって【Ⓕ　　・　　】間に最初の鉄道を開通させた。

Point

- ☐ 1869 年に蝦夷地は北海道と改称され，開拓使が設置された。
- ☐ 明治政府は殖産興業政策を推進し官営の製糸工場・紡績工場を設立。
- ☐ 1871 年，新貨条例を制定し，円・銭・厘の十進法を採用して金本位制の確立をめざしたが，実際は金銀複本位制であった。
- ☐ 1872 年，渋沢栄一を中心に国立銀行条例を制定し，民間資金による兌換制度の確立を図った。
- ☐ 大蔵卿松方正義は，緊縮財政を推進して不換紙幣の整理に努め，日本銀行を設立，1885 年に銀本位制を採用した。
- ☐ 1872 年，新橋（東京）・横浜間に最初の鉄道が開通する。
- ☐ 1906 年，鉄道国有法が制定され主要幹線の国有化が図られた。

Ⓐ：開拓使，Ⓑ：屯田兵，Ⓒ：富岡製糸場，Ⓓ：新貨条例，Ⓔ：日本銀行，Ⓕ：新橋（東京）・横浜

自由民権運動

自由民権運動に関する記述として正しいものは，次のうちどれか。

平成6年度
国家Ⅰ種

1 自由民権運動は，征韓論に~~反対~~して下野した板垣退助，~~大隈重信~~らが中心とな
　　　　　　　　　　　　主張　　　　　　　　　　　　　　　　　　後藤象二郎
って始まり，藩閥専制政府を批判して国会開設を説くものであったが，~~政権獲~~
　　　　　　　　　　　　　　　　　　　　　　　　　　　　政権獲得運動ではない
~~得運動の面も強く，民衆参加のない士族中心の要求運動であった。~~
のちに豪農・農民も参加

2 自由民権運動の~~第一歩~~として，国会期成同盟は~~国会開設建白書~~を提出したが，
　　　　　　　　　1874年，民撰議院設立の建白書が第一歩　　　国会開設請願書
~~大久保利通，江藤新平~~らの政府の中心人物は，時期尚早としてこれを~~無視~~する
　　伊藤博文　　　　　　　　　　　　　　　　　　　　　　　　　　　却下
とともに，集会条例や治安警察法を公布して運動の取締りを図った。
　　　　　　　　　　1900年公布

❸ 自由民権運動が高まりを見せた頃，北海道開拓使官有物払下げ事件が起こり政
変に発展したが，このとき民権派は政府と政商の結託を攻撃するとともに国会
開設の必要を高唱し，政府は10年後の国会開設を公約した。

4 西南戦争後の自由民権運動は，~~佐賀の乱などの反乱事件に発展することが多か~~
　　　　　　　　　　　　　　　　武力反抗から言論反抗に転換
~~った~~が，国会開設の勅諭が発せられ国会開設の時期が決定すると，~~学習や宣伝~~
　　　　　　　　　　　　　　　　　　　　　　　　　　　　　　　激化事件
~~など言論活動が中心となり，政府による弾圧も弱まったため武力反抗は激減し~~
　　　　　　　　　　　　　　　　　　　　強まる中で民権運動は挫折した
~~た。~~

5 国会開設の確約を得たことにより，自由民権運動は当初の目標を達成して~~終息~~
　　　　　　　　　　　　　　　　　　　　　　　　　　　　　　終息していない
~~し~~，運動の中心であった愛国社が~~解散される~~とともに，国会開設に備えて~~漸進~~
　　　　　　　　　　　　　　　1880年，国会期成同盟となる　　　　　　　急進的
的な自由党，~~急進的な立憲帝政党~~が結成された。
　穏健的　　　立憲改進党

国家総合職　国家一般職　国家専門職　裁判所　地方上級　市役所　警察官　消防官

1 民権運動は士族民権→豪農民権→農民民権と展開したので誤文。

征韓論に敗れて下野した [**Ⓐ**   ] や [**Ⓑ**   ] らが
民撰議院設立の建白書を提出したことから士族中心の民権運動が始
まるが，のちに豪農や農民も運動に参加する。

2 民権運動は民撰議院設立の建白書提出に始まる。治安警察法は社会・
労働運動を規制した法律で，民権運動とは無関係である。

1880 年，愛国社が改称した [**Ⓒ**] が国会開設請願書を提
出すると，政府は [**Ⓓ**] を制定して運動を取り締まった。

3 正しい。民権運動が高揚する中で，[**Ⓔ**] がおこり，これ
を批判した参議大隈重信が罷免となると，政府は 10 年後の国会開設
を公約した。

4 西南戦争が最後の士族の反乱。以後武力反抗していた士族は言論反
抗に転換したことがわかれば判断できる。

国会開設の勅諭が出された後，福島事件・加波山事件・[**Ⓕ**]
と激化事件が相次ぎ，政府の弾圧も強まり民権運動は挫折していった。

5 民権派の政党である自由党・立憲改進党，政府系の政党である立憲
帝政党それぞれの特徴に着目する。

[**Ⓐ**] がフランス流の急進的自由主義を唱える自由党を，
[**Ⓖ**] がイギリス流の穏健的議会主義を唱える立憲改進党
を結成すると，政府は福地源一郎に保守的な立憲帝政党を結成させた。

Point

- ☐ 征韓論争に敗れて下野した板垣退助を中心に民撰議院設立の建白書を
提出し民権運動が始まる。

- ☐ 民権運動は士族民権→豪農民権→農民民権と展開する。

- ☐ 国会開設請願運動がおこると，政府は集会条例を制定して取り締まった。

- ☐ 明治十四年の政変で大隈重信が参議罷免となった後，国会開設の勅諭
が出され，1890 年の国会開設が決定された。

- ☐ 福島事件・秩父事件など農民を中心に民権運動が急進化する中で政府
の弾圧を受けて運動は挫折する。

- ☐ 板垣退助が急進的な自由党，大隈重信が穏健的な立憲改進党，福地源
一郎が政府系の立憲帝政党を結成した。

Ⓐ：板垣退助，**Ⓑ**：後藤象二郎，**Ⓒ**：国会期成同盟，**Ⓓ**：集会条例，**Ⓔ**：開拓使官有物払下げ事件，
Ⓕ：秩父事件，**Ⓖ**：大隈重信

**明治期の議会に関する記述として
最も妥当なのはどれか。**

平成16年度
国家Ⅱ種

1 明治政府は，憲法制定のため，~~皇族や華族と国民による選挙で選ばれた者を議~~
　　　　　　　　　　　　❷枢密院設置（草案の最終審議のため）
~~員とする特別な議会を設け~~，そこで~~議員全員の賛成をもって明治憲法を成立さ~~
憲法制定のために議会は設けていない　　　└明治憲法は欽定憲法である
せた。この憲法制定のための議会は，憲法に基づく議会ができると~~貴族院とな~~
　　　　　　　枢密院　　　　　　　　　　存続（天皇の最高諮問機関）
~~った。~~

2 明治期においては，衆議院議員選挙の選挙権は，~~華族・士族・平民といった身~~
　　　　　　　　　　　　直接国税15円以上を納入する満25歳以上の男子
~~分や，戸主・長男かそれ以外かといった家制度における地位によって制限され~~
ていた。そのため，当時の有権者は全人口の~~20%~~を少し超える程度にすぎな
　　　　　　　　　　　　　　　　　　1%
かった。

3 政府は，衆議院議員選挙に際して，警察などを動員して，民党の候補者の選挙
運動を暴力的に妨害するなど，選挙干渉を全国的に行った。その結果，~~第1回~~
　　　　　　　　　　　　　　　　　　　　　　第2回総選挙の時
~~総選挙，第2回総選挙とも，政府を支持する吏党が圧倒的な議席数を確保した。~~
　　　　　　反政府派である民党が過半数

4 日清戦争が近づくと，~~戦争反対・軍事費削減を主張した民党が国民の支持を獲~~
　　　　　　　　　反戦を主張していない
得し，衆議院の過半数の議席を確保した。議会においても，民党は~~反戦を主張~~
　　　　　　　　　　　　　　　　　　　　　　　　　　主張していない
し，政府の提出した予算案は，軍艦の建設費用などの軍事費が~~大幅に削減され~~
　　　　　　　　　　　　　　　　　　　　　　　大幅な削減はなかった
~~た。~~

❺ 大隈重信を首相，板垣退助を内務大臣とし，陸・海軍大臣のほかはすべて憲政
党員で組織したわが国最初の政党内閣（隈板内閣）が成立したが，旧自由党系
と旧進歩党系の対立もあって，短期間で瓦解(が かい)した。

解 説

難易度 ★☆☆　重要度 ★★☆

1 大日本帝国憲法は欽定憲法である。

憲法草案の最終審議をするために設置された【**A**　　　　】は，憲法制定後，天皇の最高諮問機関として存続した。

2 明治期の衆議院議員選挙は身分・家の制度による制限ではなく，財産制限選挙である。

1889 年に制定された衆議院議員選挙法によると，選挙権は直接国税【**B**　　　　】円以上を納入する満【**C**　　　　】歳以上の男子と規定されており，全人口比 1.1％にすぎなかった。

3 選挙干渉が行われたのは最初の議会解散後の第 2 回総選挙の時。

第 2 回総選挙では，内相【**D**　　　　】の激しい選挙干渉にもかかわらず，民党勢力が過半数の議席を獲得した。

4 民党は「民力休養・経費節減」をスローガンに掲げて軍事費削減を主張したが，戦争の是非を問うたものではない。

日清戦争開戦直前までの初期議会は，「民力休養・経費節減」を唱える民党と【**E**　　　　】の立場をとる藩閥政府が対立，第一議会から第四議会は軍事予算削減，第五・六議会は条約改正問題が争点となる。

5 正しい。大隈重信の進歩党と板垣退助の自由党が合同して【**F**　　　　】が結成され，日本で最初の政党内閣である隈板内閣が成立するが，わずか 4 か月で崩壊した。

🔑 Point

- ☐ 憲法草案の審議をするために設置された枢密院は天皇の最高諮問機関として憲法制定後も存続した。

- ☐ 第 1 回の総選挙は，直接国税 15 円以上を納める満 25 歳以上の男子の投票による財産制限選挙であった。

- ☐ 第 2 回総選挙では品川弥二郎内務大臣による選挙干渉があった。

- ☐ 初期議会では，超然主義の立場をとる藩閥政府と「民力休養・経費節減」を主張する民党が対立した。

- ☐ 隈板内閣は陸・海軍大臣を除くすべての閣僚が憲政党の党員で構成された日本最初の政党内閣である。

A：枢密院，**B**：15，**C**：25，**D**：品川弥二郎，**E**：超然主義，**F**：憲政党

大日本帝国憲法下の政府と政党

大日本帝国憲法（明治憲法）下での政府と政党の対立に関する記述として最も妥当なのはどれか。

平成23年度
国家Ⅱ種

1 憲法発布直後，黒田清隆首相は，政府の政策は政党の意向に左右されてはならないという超然主義の立場を声明していたが，わが国で初めての衆議院議員総選挙では，旧民権派が大勝し，第一回帝国議会では，立憲自由党など反藩閥政府の立場をとる民党が衆議院の過半数を占めた。

2 第一回帝国議会が開かれると，山県有朋首相は，満州を「利益線」としてその
　　　　　　　　　　　　　　　　　　　　　　　朝鮮
防衛のために軍事費を拡大する予算案を提出したが，政費節減・民力休養を主
張する民党に攻撃され，予算案を成立させることができず，衆議院を解散した。
　　　　　　　　　　　立憲自由党の一部を買収し予算案を成立させた

3 日清戦争の前後にわたり，政党は一貫して政府の軍備拡張に反対していたが，
　　　　　　　　直前まで
第３次伊藤博文内閣が地租増徴案を議会に提出したことを機に，政府と政党の
　　　　　　　　　　　　　　　　　　　　➡否決
対立が激化した。これに対し，政党側は合同して衆議院に絶対多数をもつ憲政
党を結成したため，伊藤内閣は退陣し，かわってわが国で初めての政党内閣で
ある犬養毅内閣が成立した。
　　第１次大隈重信内閣

4 初の政党内閣は内部分裂によりわずか４か月で倒れ，かわって第２次山県内閣
が成立した。山県内閣は，政党の弱体化を機に，政党の力が軍部に及ぶのを阻
むために軍部大臣現役武官制を廃止する一方で，文官任用令を改正し，主に高
　　　　　　　　　　　　　　　　　　　　　　制定
等文官試験の合格者から任用されていた高級官吏の任用資格規定を廃止して自
　　　　　　　　　　　　　　　　　　　　　　　　　　　　　拡大
由任用とした。
自由任用を制限した

5 日露戦争後，藩閥勢力が天皇を擁して政権独占を企てているという非難の声が
高まり，桂太郎や清浦奎吾らの政党人を中心に「閥族打破・憲政擁護」を掲げ
　　　犬養毅　　尾崎行雄
る第一次護憲運動が起こった。当時の西園寺公望内閣は，治安維持法を制定し
　➡第３次桂太郎内閣の時　　　　　　　　　　　　1925年，護憲三派内閣
それを鎮圧しようとした。　　　　　　　　　　　　が制定

解説　難易度 ★★　重要度 ★★

1 正しい。初期議会では【**A**　　　　　】の立場をとる藩閥政府と「民力休養・経費節減」を主張する民党が対立した。

2 当時の日本は朝鮮に進出し，清国と対立していたので「利益線」は朝鮮を示すことは明らか。
第一回帝国議会で軍備増強予算の成立を図る第1次山県有朋内閣は，「民力休養・経費節減」を要求する民党と対立したが，【**B**　　　　　】の一部を買収して予算案を成立させた。

3 日清戦争後，藩閥政府と政党は提携している。
第3次伊藤博文内閣提出の地租増徴案を自由党・進歩党が否決し，両党が合同して【**C**　　　　】を結成した。伊藤内閣が退陣すると最初の政党内閣である第1次大隈重信内閣が成立した。

4 第2次山県有朋内閣は，政党抑制政策をとった。
山県有朋首相は，文官任用令を改正し政党員が高級官僚になれないように規定し，【**D**　　　　】を定めて，政党の力が軍部に及ばないようにした。

5 第一次護憲運動は第3次桂太郎内閣に対する倒閣運動。
立憲政友会の【**E**　　　　】・立憲国民党の【**F**　　　　】が「閥族打破・憲政擁護」を掲げ第一次護憲運動を展開，国民運動に発展した結果，第3次桂太郎内閣は退陣した（大正政変）。

Point

☐ 初期議会は藩閥政府と民党が軍事予算や条約改正問題で対立した。

☐ 日清戦争後，第2次伊藤博文内閣は自由党と，第2次松方正義内閣は進歩党と提携した。

☐ 第2次山県有朋内閣は政党を抑えるために文官任用令を改正し，軍部大臣現役武官制を制定した。

☐ 「閥族打破・憲政擁護」を掲げた第一次護憲運動は第3次桂太郎内閣倒閣運動。「普選断行・貴族院改革」を掲げた第二次護憲運動は清浦奎吾内閣倒閣運動。

A：超然主義，**B**：立憲自由党，**C**：憲政党，**D**：軍部大臣現役武官制，**E**：尾崎行雄，**F**：犬養毅

明治時代の政治

明治時代の政治に関する記述として最も妥当なのはどれか。

1 政府は，版籍奉還により旧藩主を旧領地の知藩事に任命し藩政に当たらせた。その後，政府は薩摩・長州・土佐の3藩の兵から成る御親兵によって軍事力を固めた上で廃藩置県を行った。これにより藩は廃止され府県となり，知藩事に代わって中央政府が派遣する府知事や県令が地方行政に当たることとなった。

2 西郷隆盛を中心とした鹿児島士族らによる反乱である西南戦争が起こると，こ
　　　　　　　　　　　　　　　　　　　　　　　　　➡1877年
れに続き，佐賀の乱や萩の乱などの士族の反乱が全国各地で頻発した。政府は
　　　　　　➡1874年　　➡1876年
これらの反乱を長期間にわたる攻防の末に鎮圧したが，その後，兵力不足を痛
感した政府は国民皆兵を目指す徴兵令を公布した。
　　　　　　　　　　　　➡1873年

3 大隈重信は，開拓使官有物払下げ事件が起こると，これをきっかけにして明治
　　　➡明治十四年の政変で下野
十四年の政変を主導して伊藤博文らを中心とする藩閥勢力に大きな打撃を与え
　　　　　　　　　　➡伊藤博文を中心とする薩長政権確立
た。大隈重信は，その後，下野し，国会開設に備え，フランスのような一院制
　　　　　　　　　　　　　　　　　　　　　　　イギリス　　　　　二院制
の導入と主権在民を求める立憲改進党を設立した。
　　　　君民同治

4 第1回衆議院議員総選挙においては，立憲自由党や立憲改進党などの民党は大
　　➡1890年　　　　　　　　　　　　　　　　　　　　　　　　　　　勝利
敗し，その勢力は衆議院の過半数にはるかに及ばない結果となり，民党は政府
　　　　　　　　　　　　　　　　を超える
と激しく対立していった。また，この選挙結果に不満を持った民党の支持者ら
　　　　　　　　　　　　　　　➡松方財政の影響で困窮した農民・自由党左派
は，福島事件や秩父事件を起こした。
　　➡1882年　　➡1884年

5 日露戦争で我が国が勝利すると，山県有朋内閣は軍事力の更なる拡大を目指し
　日清戦争　　　　　　　　　　　　　　　政党の力が軍部に及ぶのをはばむため
軍部大臣現役武官制を定めるとともに，治安警察法を公布して政治・労働運動
の規制を強化した。その後，シーメンス事件と呼ばれる汚職事件の責任をとっ
　　　　　　　　　　➡1914年，第1次山本権兵衛内閣
て退陣した山県有朋は立憲政友会を結成し，伊藤博文が率いる軍部・官僚・貴
　　　　　　伊藤博文
族院勢力と対立した。

解 説

難易度 ★★☆　重要度 ★★★

1 正しい。明治政府は版籍奉還により，旧藩主を知藩事に任命し，藩政を主導させた。その後，御親兵という軍事力を背景に[**Ⓐ**　　]を断行し，知藩事は罷免され，新たに中央から府知事・県令が派遣された。

2 不平士族の反乱は佐賀の乱→萩の乱→西南戦争の順に展開。
1873年に[**Ⓑ**　　]が公布され，満20歳の男子は3年間兵役に服するとし，国民皆兵制度の確立を目指した。しかし，大幅な免役条項を認めており，血税一揆など民衆の抵抗を受けた。

3 明治十四年の政変の内容に着目する。
1881年の[**Ⓒ**　　]をきっかけに，伊藤博文が大隈重信を参議罷免として政界から追放すると，国会開設の勅諭を出し，1890年の国会開設を公約した。

4 初期議会は民党が過半数を占める。
日清戦争開戦前の議会は，超然主義の立場をとり軍備拡張を図る藩閥政府と「[**Ⓓ**　　]」を唱える民党が対立。第1議会から第4議会は軍事予算，第5・6議会は条約改正問題が争点となる。

5 シーメンス事件で総辞職したのは第1次山本権兵衛内閣。
日清戦争後，最初の政党内閣である第1次大隈重信内閣が成立するが，4か月で崩壊した。第2次山県有朋内閣は文官任用令を改正し，[**Ⓔ**　　]を定めて政党の抑制を図った。

Point

□ 廃藩置県により国内の実質的な政治的統一が完了。

□ 西南戦争が最後の士族の反乱。以後武力反抗していた士族は言論反抗に転換。

□ 明治十四年の政変で大隈重信が罷免となり，薩長政権が確立。

□ 明治期の藩閥政府は，政党を無視する超然主義の立場をとった。

□ 伊藤博文が憲政党に伊藤派の官僚を加えて立憲政友会を結成。

Ⓐ：廃藩置県，Ⓑ：徴兵令，Ⓒ：開拓使官有物払下げ事件，
Ⓓ：民力休養・経費節減，Ⓔ：軍部大臣現役武官制

明治時代の政治

明治時代における我が国の政治に関する記述として最も妥当なのはどれか。

令和元年度
国家総合職・改

1 政府は，江戸時代以来の身分制度を廃止する四民平等の政策を採る一方，廃刀
　　　　　　　　　　　　　　　　　　　　　　　廃藩置県・徴兵令
令で職を失った士族には家禄を与える士族授産を行った。士族は，軍人や警官
　　特権　　　　　　　　　　　　　秩禄処分
になった者もいたが，岩崎弥太郎など，家禄を元手に新たに商売を始める者も
　　　　　　　　　　　　↳政商
おり，次々に成功を収めた。そのため，政府は，家禄を与える必要がなくなっ
　　　没落する士族が多い（士族の商法）
たとして，家禄の支給を廃止した。
　　↳これにより困窮した士族に士族授産を行った

2 民撰議院設立の建白書が提出されたことを契機に自由民権運動が高まると，政
府によって国会開設の勅諭が出され，漸進的に立憲国家を実現していくことと
　　　　↳1881年
なった。伊藤博文は国会開設に向けて立憲改進党を組織し，私擬憲法と呼ばれ
　　　　大隈重信
る憲法草案を作った。その後，漸次立憲政体樹立の詔が出されると，枢密院で
　　　　　　　　　　　　　　　　　↳1875年
この草案の審議を重ねた。
↳元老院で憲法草案「日本国憲按」作成（1876～80年）

3 政府は，貴族院の設立に備えるため，従来の華族や功臣に対して爵位を与える
華族令を制定した。また，太政官制を廃止し，総理大臣を中心とする内閣制度
を創設した。なお，宮中と政府を区別する原則により，宮内省は内閣の外に置
かれた。

4 日清戦争の戦費調達のために不換紙幣を乱発したため，政府は財産難となった。
　西南戦争
これを乗り切るため，大蔵大臣であった松方正義は徹底した緊縮財政を実行し，
不換紙幣の整理を行った。また，日本銀行を設立し，紙幣発行権を一本化し，
金本位制を整えたが，激しいインフレーションを招き，生活に困窮した農民ら
銀本位制（1885）　　　　　　　デフレーション
が結成した困民党が武装蜂起する秩父事件が発生した。
　　　　　　　　　　　　　　↳1884年

5 列強との条約改正を終えた政府は，列強に倣った法治国家を樹立すべく，ドイ
　↳1911年　　　　　　　　　　　　　　　　　　　　フランス
ツ人学者を顧問に，法典の編纂を進めた。初めに工場法が公布されると，民法・
　　　　　　　　　　　　　　　↳1911年
商法・刑事訴訟法などが続いて公布されたものの，我が国の家族制度や商習慣
にドイツ系の民法は合わないとする民法典論争が起き，施行が延期された。そ
　　フランス
の後，民法は，フランス法を手本に修正され，施行された。
　　　　　ドイツ

1 士族解体の過程を考える。

1876年に金禄公債証書を発行して華士族の秩禄を全廃した。小禄の士族は公債の額は少なく，官吏や巡査などに転職できなかった多くの士族は生活に困窮したので，政府は事業資金の貸付など【Ⓐ　　　】の道を講じたが，あまり効果は上がらなかった。

2 立憲改進党を結成したのは大隈重信。

1881年，【Ⓑ　　　】をきっかけに，伊藤博文が大隈重信を政界から追放し，国会開設の勅諭を出して10年後の国会開設を公約した。翌年，大隈重信は穏健的な議会主義を唱える立憲改進党を結成した。

3 正しい。1885年に内閣制度が創設されると，【Ⓒ　　　】省を内閣の外に，天皇の常侍輔弼の任に当たる【Ⓓ　　　】を宮中に置き，宮中と府中の別を明確にした。

4 松方財政はデフレ政策。

大蔵卿松方正義は，緊縮財政を推進し，不換紙幣の整理を進めて，1882年に【Ⓔ　　　】を設立した。また，1885年に銀兌換銀行券を発行し，銀本位制を採用した。

5 史実の正確な時期設定をする。

フランス人法律顧問【Ⓕ　　　】が起草した民法が日本の家族制度の美風をそこなうとして民法典論争がおこり，施行が延期され，ドイツ流に改正されて施行された。

Point

- ☐ 1876年に秩禄処分が行われ，廃刀令が出された。
- ☐ 1875年に大阪会議を開催し，漸次立憲政体樹立の詔を出した。
- ☐ 1884年，貴族院の選出母体を作るために華族令を制定した。
- ☐ 金本位制は日清戦争後の1897年に採用。
- ☐ 工場法は1911年に制定し，1916年に施行した。

Ⓐ：士族授産，Ⓑ：開拓使官有物払下げ事件，Ⓒ：宮内，Ⓓ：内大臣，Ⓔ：日本銀行，
Ⓕ：ボアソナード

条約改正

明治期の条約締結・改正に関する記述として最も妥当なのはどれか。

平成22年度
国税専門官

1 岩倉具視は，使節団の全権大使として欧米の近代的な政治や産業の状況を視察
→1871〜73 年
して帰国した。その後，政府は，自由貿易の開始や開港場における外国人居留
江戸幕府
地の設置などについて定めた日米修好通商条約を締結した。
→1858 年

2 井上馨外相は，外国人判事任用案の中止や領事裁判権の撤廃に重点を置いて英
青木周蔵
国と交渉を進め，領事裁判権の撤廃について同国の同意を得た。しかし，大津
事件をきっかけに辞任に追い込まれ，条約改正には至らなかった。

3 小村寿太郎外相は，領事裁判権の撤廃と関税自主権の一部回復を求めて欧米諸
井上馨
国と交渉し，了承を得た。しかし，欧化政策の採用や外国人の内地雑居を認め
る方針が国民の反発を招いたため，辞任に追い込まれ，条約改正には至らなか
った。

4 青木周蔵外相は，日米通商航海条約を締結し，米国との間で領事裁判権の一部
締結していない　英国と無条件の法権回復で合意
撤廃に成功した。しかし，ノルマントン号事件により辞任に追い込まれ，関税
大津事件
自主権の回復については，交渉が中止された。

5 陸奥宗光外相は，日清戦争開戦を目前にして，領事裁判権の撤廃，最恵国待遇
の相互平等，関税自主権の一部回復などを内容とする日英通商航海条約の調印
に成功した。その後，政府は他の欧米諸国とも同様の改正条約を締結した。

解説 難易度 ★★ 重要度 ★★★

1 史実の時期設定をしてみよう。

1858年，不平等条約である【**A**　　　　】を結んで翌年から貿易を開始した。1871年には条約改正の予備交渉を行うために【**B**　　　　】を全権大使とする使節団をアメリカに派遣したが，目的は達成されず米欧視察に変更して欧州をまわり帰国した。

2 大津事件をきっかけに外相を辞任したのは誰か。

【**C**　　　　】外相は無条件の法権回復をめざし交渉した結果，イギリスと合意したが，大津事件が起こり引責辞任した。

3 条約改正交渉の過程で極端な欧化政策を行った人物を考える。

【**D**　　　　】外相は鹿鳴館を設けるなど欧化政策をとる一方で，外国人判事の任用などを条件に領事裁判権の撤廃の合意を得たが，政府内外の批判を受けて外相を辞任した。

4 ノルマントン号事件が起こったときの外相は井上馨。

ロシアが南下政策を進めシベリア鉄道建設に着手すると，強硬に条約改正に反対していた【**E**　　　　】が態度を軟化させ無条件の法権回復に合意した。

5 正しい。日清戦争開戦直前，【**F**　　　　】に調印したことで法権回復が実現した。

Point

□ 1871年，岩倉具視遣欧米使節団を派遣し，アメリカと法権回復をめざし予備交渉を行うが失敗し米欧視察に目的を変更する。

□ 井上馨外相は外国人判事の任用・内地雑居などを条件に法権回復の交渉を行い，政府内外の批判を受け辞任した。

□ 青木周蔵外相は無条件の法権回復をめざし交渉，ロシアの南下政策を脅威に感じたイギリスが態度を軟化させ合意したが，大津事件が起こると外相は辞任した。

□ 1894年，陸奥宗光外相は日英通商航海条約に調印し法権回復に成功した。

A：日米修好通商条約，**B**：岩倉具視，**C**：青木周蔵，**D**：井上馨，**E**：イギリス，**F**：日英通商航海条約

明治時代におけるわが国と清国および
朝鮮との関係に関する次の記述のうち,
妥当なものはどれか。

平成10年度
地方上級

1 明治政府は,清国との間に最初の条約である日清修好条規を締結したが,これ
は清国のみの開港と,開港地での日本の領事裁判権などを内容とする,清国に
相互に開港　　　　　　　　　　相互に承認　　　　　　　　　　対等条約
とって著しく不利な不平等条約であった。

2 明治政府は,琉球を日本の領土であると主張して清国と対立し台湾に出兵した
が,イギリスの調停により日清両軍の撤兵が決まり,日本の領土に関する主張
清国は,日本に賠償金を支払う
は認められなかった。

3 明治政府は,江華島事件を契機として,朝鮮に開国を迫り日朝修好条規を締結
し,日本の領事裁判権や関税免除の特権,釜山・元山・仁川の開港を認めさせ
た。

4 明治政府は,壬午軍乱において,朝鮮国内の改革を図る金玉均らを支援したこ
甲申事変
とにより清国との軍事的な対立状態に陥ったが,後に清国と下関条約を締結し
天津条約
日清関係を修復した。

5 明治政府は,朝鮮国内で発生した東学による農民反乱を支援するために朝鮮に
鎮圧するため
出兵したことにより,朝鮮政府と対立を深めると同時に,朝鮮と宗属関係にあ
った清国と対立を深めた。

国家総合職　国家一般職　国家専門職　裁判所　**地方上級**　市役所　警察官　消防官

解説

難易度 ★★ 重要度 ★★★

1 近代日本が最初に結んだ対等条約の相手国は清国である。

1871 年に結ばれた【**A**   】は近代日本が最初に結んだ対等条約で，日清相互の領事裁判権の承認などが規定されていた。

2 台湾に出兵した結果，清国から賠償金を獲得していることから清国が日本の出兵の正当性を認めたと考えられる。

1871 年の琉球漁民殺害事件をきっかけに，1874 年【**B**   】がおこったが，清国はイギリス公使ウェードの調停により，日本の出兵に対して賠償金を支払った。

3 正しい。【**C**   】をきっかけに，朝鮮にとっては不平等条約である日朝修好条規を結んで朝鮮を開国させた。

4 壬午軍乱は大院君のおこしたクーデタ。下関条約は日清戦争の講和条約。

1884 年改革派の金玉均が日本の援助のもと【**D**   】をおこしたが失敗。悪化した日清関係を打開するために，翌年，【**E**   】を締結する。この条約で日清両国の朝鮮からの撤兵，出兵時の相互通告などが規定された。

5 日清戦争のきっかけとなった東学の乱に対して日本が出兵した理由を考える。

朝鮮で減税と排日を要求する農民の反乱である東学党の乱がおこると日清両国が出兵し日清戦争となった。

🔑Point

- [ ] 日清修好条規は，近代日本が最初に結んだ対等条約である。
- [ ] 琉球漁民殺害事件をきっかけに征台の役がおこり賠償金を獲得する。
- [ ] 江華島事件をきっかけに，不平等条約である日朝修好条規を結び朝鮮を開国させたことが日清戦争の遠因となった。
- [ ] 壬午軍乱は大院君が，甲申事変は金玉均がおこしたクーデタ。
- [ ] 甲申事変後の日清関係打開のために伊藤博文と李鴻章が天津条約を結ぶ。
- [ ] 朝鮮の農民の反乱である東学の乱（甲午農民戦争）が日清戦争のきっかけとなる。

A：日清修好条規，**B**：征台の役，**C**：江華島事件，**D**：甲申事変，**E**：天津条約

明治時代の対外関係

明治時代の日本の対外関係に関する
記述として最も妥当なのはどれか

平成22年度
国家Ⅰ種

1 日本の商船が朝鮮の軍隊によって攻撃されるという江華島事件を契機として，
　　　　軍艦　　　　　　　　　➡日本の挑発による　　　1874 年
国内では朝鮮を武力で討つべきとする征韓論が高まった。征韓論は主に西郷隆
　　　　　　　　　　　　　　　　　➡1873 年　征韓派は敗北
盛や大久保利通らの旧薩摩藩出身者によって唱えられたが，岩倉具視や板垣退
　　大久保は内治派　➡限定できない　　　　　　　　　　　　　　板垣は征韓派
助らの政府要人の強い反対によって実現しなかった。

2 琉球は，江戸時代には島津氏と中国の二つに属するという両属関係にあったが，
　　　　　　　　　　　　➡薩摩藩
明治政府は，琉球王国を琉球藩に改め明治国家に編入した。一方，ロシアとの
間で樺太と千島の領有をめぐって交渉が行われたが合意は得られず，国境が未
確定な状態が日露戦争終了時まで続いた。
1875 年　樺太・千島交換条約により領土が確定

3 井上馨は，欧米諸国との間に結ばれた不平等条約の撤廃を図るため鹿鳴館の建
設をはじめとする積極的な欧化政策を実施した。こうしたなか，ノルマントン
号事件において日本人が外国人乗客を救助したことにより日本の国際的評価が
日本人乗客は溺死　英人船長ら脱出　船長は無罪
急速に高まり，治外法権が一部撤廃された。

4 朝鮮半島において，日本や西欧の進んだ技術を取り入れようとするグループが
　　　　　　　　　　　朝鮮南部一帯に起こった農民の反乱　圧政打破と侵略阻止を唱える
清国からの独立を図り東学の乱を起こした。これを契機に日清戦争が起こり，
日本が勝利し台湾等を獲得した。しかし期待していた賠償金が得られなかった
　　　　　　　　　　　　　　　　　　　　　　　　　　　2 億両を獲得
ため，日本各地で暴動が起きるなどした。

5 日本の世論がロシアとの開戦論に傾くなか日露戦争が起こり，日本はバルチッ
ク艦隊を撃退するなどして軍事上の勝利を得た。日本は，アメリカ合衆国大統
領のセオドア＝ローズヴェルトの調停によってロシアとポーツマス条約を結
び，韓国に対する事実上の支配権を獲得した。

1 歴史上の因果関係に着目。江華島事件は日朝修好条規締結の契機，征韓論は明治六年の政変で途絶える。
【**Ⓐ**　　　　　】・板垣退助らは征韓論を主張したが，岩倉具視・
【**Ⓑ**　　　　　】ら内治派の強い反対にあい下野した。

2 幕末以来の樺太問題は明治初期に解決している。日露戦争後に北緯50度以南の樺太を獲得する。
明治政府は1875年，【**Ⓒ**　　　　　】を結び，千島列島は日本領，樺太はロシア領と確定した。

3 交渉内容と結果に着目。井上馨外相は外国人判事の任用などを条件に領事裁判権の撤廃を図るが，政府内外の批判を受け辞任した。
井上馨外相は【**Ⓓ**　　　　　】を設けて舞踏会を開催するなど極端な欧化政策をとったが国民の理解は得られなかった。

4 事件の内容がポイント。東学の乱は圧政打破を唱えた農民の反乱である。
朝鮮では減税と排日を求める農民の反乱である東学の乱が起こると，日清両軍が出兵し日清戦争に発展した。

5 正しい。日露戦争の結果，日本の韓国指導権の承認，旅順・大連の租借権などを内容とする【**Ⓔ**　　　　　】を結んだ。

Point

- □ 江華島事件をきっかけに，日本の領事裁判権や無関税特権を認めさせる不平等条約である日朝修好条規を押しつけた。

- □ 樺太・千島交換条約で千島列島は日本領，樺太全島はロシア領と確定する。

- □ 井上馨外相は極端な欧化政策をとり，外国人判事の任用などを条件とする法権回復をめざし，政府内外の批判を受けて辞職した。

- □ 朝鮮の農民の反乱である東学の乱（甲午農民戦争）をきっかけに日清戦争が始まる。

- □ 日露戦争は米大統領セオドア＝ローズヴェルトの調停によりポーツマス条約が成立し終結した。

Ⓐ：西郷隆盛，Ⓑ：大久保利通，Ⓒ：樺太・千島交換条約，Ⓓ：鹿鳴館，Ⓔ：ポーツマス条約

明治時代の外交

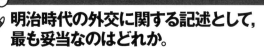

明治時代の外交に関する記述として，最も妥当なのはどれか。

平成21年度
消防官

1 1871 年に明治新政府は，旧幕府が結んだ不平等条約を改正するため，陸奥宗
光〔岩倉具視〕を特命全権大使とする使節団を編成し，アメリカや西欧諸国に派遣して交渉
に当たらせたが，目的を達成することはできなかった。

2 1875 年に明治政府は，ロシアとのあいだに樺太・千島交換条約を結び，樺太
を日本領〔ロシア領〕，北方四島を除く千島列島をロシア領〔日本領〕とすることで，長く未解決のま
ま残されていた樺太国境問題をようやく解決した。

3 1894 年に朝鮮で起こった江華島事件〔東学の乱（甲午農民戦争）〕を機に開戦となった日清戦争では，日本が
清を破り，下関条約によって遼東半島を獲得したが，ロシア・イギリス〔ドイツ〕・フラ
ンスの干渉を受けたため，やむなく清に返還した。

❹ 1904 年に日露戦争が始まると，日本は戦争を優勢にすすめ，翌年ポーツマス
条約を結んで旅順・大連の租借権，長春以南の鉄道の利権，北緯 50 度以南の
樺太の領有権などを獲得したが，賠償金を得ることはできなかった。

5 1911 年に治外法権の撤廃〔1894 年〕，関税自主権の完全回復を定めた日英通商航海条約〔日米通商航海条約〕
が，小村寿太郎外相のときイギリス〔アメリカ〕との間に調印され，同様の条約がアメリカ〔イギリス〕
やフランスなどとも結ばれたことで，不平等条約の改正交渉は完了した。

1 陸奥宗光は領事裁判権の撤廃に成功したときの外務大臣。

岩倉具視を全権大使とする使節団は，[**A**　　　　]との間で法権回復を中心とする条約改正の予備交渉を行うが失敗，目的を米欧視察に変更した。

2 条約の内容に着目。日露和親条約の内容と，樺太・千島交換条約の内容とを対比して考える。

1875年に樺太・千島交換条約を締結し，千島列島は[**B**　　　　]領，樺太は[**C**　　　　]領と定めて北方の領土問題が解決した。

3 江華島事件をきっかけに日朝修好条規締結，東学党の乱をきっかけに日清戦争が勃発する。

日清戦争で勝利をおさめた日本は，下関条約で遼東半島を獲得したが，[**D**　　　　]・ドイツ・フランスが遼東半島の清国への還付を要請する[**E**　　　　]がおこり，日本はこれを受け入れた。

4 正しい。日露戦争の結果，日本の韓国指導権の承認，[**F**　　　　]・[**G**　　　　]の租借権の譲渡，北緯50度以南の樺太の譲渡などを内容とするポーツマス条約を締結した。

5 関税自主権の完全回復は，小村寿太郎外相がアメリカとの間で実現。相手国に注意したい。

1911年，第2次[**H**　　　　]内閣の外相小村寿太郎が日米通商航海条約を結び，関税自主権の完全回復に成功した。

🔑 Point

- [ ] 廃藩置県による国内の政治的統一が完成した1871年に条約改正の予備交渉のため，岩倉具視使節団を派遣したが，アメリカとの交渉に失敗，目的を米欧視察に変更した。

- [ ] 1854年の日露和親条約では，択捉島以南は日本領，得撫島以北はロシア領，樺太は両国雑居の地と規定した。

- [ ] 1875年の樺太・千島交換条約では，千島列島は日本領，樺太はロシア領と規定した。

- [ ] 江華島事件をきっかけに不平等条約である日朝修好条規を締結した。

- [ ] 東学の乱（甲午農民戦争）をきっかけに日清戦争が始まった。

- [ ] 日露戦争の結果，ロシアは日本の韓国指導権を承認した。

A：アメリカ，**B**：日本，**C**：ロシア，**D**：ロシア，**E**：三国干渉，**F**：旅順，**G**：大連，**H**：桂太郎

明治前半の政治・外交

**明治時代前半に関する記述として
最も妥当なのはどれか。**

平成21年度
国家Ⅱ種

1 江戸幕府下で締結されたアメリカ合衆国との不平等条約の改正を目的に，いわ
ゆる岩倉使節団が派遣され，外務卿の大久保利通は関税自主権を認めさせるこ
とに成功し，同権を回復させた。
　　　　　　　　　　改正の予備交渉は失敗　　当時の外務卿は副島種臣

2 国交樹立を朝鮮に拒否されたため，明治政府は西郷隆盛を大使とする使節団を
　　　江華島事件をきっかけに　　　　　　　　　黒田清隆
朝鮮に派遣し，領事裁判権等を盛り込んだ不平等条約である日朝修好条規（江
華条約）の締結に成功した。

3 自由民権運動の中心人物であった板垣退助や江藤新平らは，武力を背景とした
征韓論に反対し続け，江華条約の締結を不服とし，参議の職を辞して，明治政
　　　　主張　　　　　　征韓論が敗れると　　※江華条約は1876年，
府に対する批判を強めた。　　　　　　　　　　　参議の職を辞したのは1873年

4 黒田清隆が起こした開拓使官有物払下げ事件などを契機に高まった政府批判を
抑えるために，参議の伊藤博文を中心とした政府は，国会の開設を公約する国
会開設の勅諭を発布した。

5 国会開設の勅諭が出された後，自由民権運動が活発化し，明治政府から追放さ
れた寺島宗則を党首とし，イギリス型議会政治の実現を主張する立憲改進党が
　　　大隈重信
結成された。

難易度 ★☆☆ **重要度** ★★★

1 条約改正の展開を考える。関税自主権の回復は小村寿太郎が外務大臣の時代。

[**A**   ]を全権大使とする使節団は,法権回復を中心に条約改正の予備交渉をアメリカと行うが失敗,目的を米欧視察に変更した。

2 条約に関係した人物に着目する。全権は黒田清隆。江華島事件をきっかけに,日本の領事裁判権や無関税特権を認めさせる[**B**   ]を締結した。この条約は日本が初めて外国に強要した不平等条約で,大陸進出の第一歩となった。

3 征韓論を主張していた参議が下野した事件が明治六年の政変。

征韓論に敗れて下野した板垣退助や後藤象二郎らは,民撰議院設立の建白書を政府に提出し,[**C**   ]中心の藩閥専制政府を批判し議会開設を求める自由民権運動が始まった。

4 正しい。北海道開拓使官有物払下げ事件をきっかけに,参議[**D**   ]を罷免したことにより,薩長中心の藩閥政府が確立し,10年後に国会を開くことを公約する国会開設の勅諭が出された。

5 政党と党首の組合せを考える。明治十四年の政変で追放された参議は大隈重信。

国会開設の勅諭が出されると,板垣退助がフランス流の急進的自由主義を唱える[**E**   ]を,大隈重信がイギリス流の穏健的議会主義を唱える[**F**   ]を結成した。

🔑 Point

- [ ] 岩倉具視使節団はアメリカと法権回復を主眼点とする条約改正の予備交渉を行ったが失敗に終わった。
- [ ] 江華島事件をきっかけに,日本の領事裁判権や無関税特権を認めさせる日朝修好条規を締結した。
- [ ] 征韓論争に敗れて下野した板垣退助を中心に民撰議院設立の建白書を提出し自由民権運動が始まる。
- [ ] 明治十四年の政変で大隈重信が参議罷免となった後,国会開設の勅諭が出され,10年後の国会開設が決まった。
- [ ] 板垣退助が自由党を,大隈重信が立憲改進党を結成した。

A:岩倉具視, **B**:日朝修好条規, **C**:大久保利通, **D**:大隈重信, **E**:自由党, **F**:立憲改進党

明治後期の政治・外交

明治後期のわが国の歴史に関する記述として、最も妥当なのはどれか。

平成21年度
国家Ⅰ種

1 1890（明治23）年，初の衆議院議員選挙が行われた。選挙の結果，政府の立場を支持する ~~立憲自由党~~ と，自由民権運動の流れをくむ ~~立憲改進党~~ がそれぞれ
　　　　　　　　　　大成会（79名）　　　　　　　　　立憲自由党　　半数以上（171名）
~~半数近くの議席を占め~~，第1議会では，政府および ~~立憲自由党~~ が ~~行政経費減・~~
　　　　　　　　　　　　　　　　　　　　　　　　大成会　　　　　　軍備拡張
~~地租軽減~~ を主張したのに対し，~~立憲改進党~~ は ~~財政支出拡大~~ を主張した。
　　　　　　　　　　　　　　立憲自由党　　行政経費削減・地租軽減

2 列強との条約改正を目指していた政府は，日清戦争前の1894（明治27）年に
~~アメリカ合衆国およびフランス~~ との間の通商条約改正に成功して ~~関税自主権の~~
　　　　イギリス　　　　　　　　　　　　　　　　　　　　　　治外法権の撤廃
~~獲得~~ を実現し，日清戦争後には他の列強とも同様の条約改正を行った。しかし，
~~治外法権の完全撤廃~~ は日露戦争後の条約改正を待たなければならなかった。
関税自主権の完全回復

❸ 日清戦争は日本の勝利に終わり，1895（明治28）年 下関条約 において，清国に朝鮮の独立，遼東半島・台湾 などの日本への割譲，多額の賠償金の支払いなどを認めさせた。台湾では，割譲に対する島民の抵抗運動が起きたが，日本国政府は軍隊を派遣してその制圧に当たらせ，台湾総督府を設置した。

4 1898（明治31）年，初の政党内閣とされる第1次大隈内閣が成立し，海軍大臣，陸軍大臣も ~~含めて~~ すべての大臣に政党政治家が就いた。~~また，同内閣は軍事費~~
　　　　　　除く
~~や地租税率をめぐって貴族院や藩閥官僚と妥協を重ね，当時としては長期とい~~
~~えるおよそ2年の間，政権を維持した。~~
　　　　　　　わずか4か月で退陣している

5 1904（明治37）年に勃発した日露戦争では，ポーツマス条約 により，韓国および満州における日本の支配権をロシアに認めさせるなど，日本の勝利で終結した。初めての列強との戦争に勝利したことで ~~国民は歓喜し，東京日比谷公園~~
　　　　　　　　　　　賠償金がなかったことに対する不満から日比谷焼き打ち事件がおこった
~~など各地において勝利を祝す提灯行列が行われた。~~

難易度 ★★★ 重要度 ★★

1 第一議会で藩閥政府に対抗した民党は立憲自由党と立憲改進党。

初期議会は，[**A**   ]・[**B**   ]を唱える民党と超然主義の立場をとる藩閥政府が対立した。第一議会から第四議会は軍事予算削減，第五・第六議会は条約改正問題が争点となる。

2 日清戦争前にイギリスと領事裁判権の撤廃，日露戦争後にアメリカと関税自主権の完全回復に成功する。

[**C**   ]外相が日英通商航海条約に調印して領事裁判権の撤廃に成功，[**D**   ]外相が日米通商航海条約に調印して関税自主権の完全回復に成功した。

3 正しい。清国は下関条約で朝鮮の独立を認め，遼東半島・台湾・澎湖諸島を日本に割譲し，賠償金2億両（テール）を支払った。

4 最初の政党内閣第1次大隈重信内閣は，政党内部の対立により，4か月で崩壊する。

大隈重信の進歩党と板垣退助の自由党が合同して[**E**   ]が結成され，日本で最初の政党内閣第1次大隈重信内閣（隈板内閣）が成立するが，わずか4か月で退陣した。

5 日露戦争で賠償金が得られず，国民は講和に反対した。

日露戦争中，国民は増税などに苦しみながら戦争を支援したが，講和条約に賠償金の規定がないことがわかると政府を攻撃，講和条約調印の日に開かれた国民大会が暴動化する[**F**   ]事件をおこした。

🔑 Point

☐ 初期議会では，超然主義の立場をとる藩閥政府と「民力休養・経費節減」を主張する民党とが対立した。

☐ 陸奥宗光外相が日英通商航海条約で法権回復，小村寿太郎外相が日米通商航海条約で税権回復に成功した。

☐ 日清戦争の結果，朝鮮の独立，遼東半島・台湾・澎湖諸島の割譲，賠償金2億両の支払いなどを規定した下関条約に調印した。

☐ 隈板内閣は陸軍・海軍大臣を除くすべての閣僚が憲政党の党員で構成された日本で最初の政党内閣である。

☐ ポーツマス条約に賠償金の規定がなく，国民は講和に反対する国民大会を開いた。

A：民力休養，**B**：経費節減，**C**：陸奥宗光，**D**：小村寿太郎，**E**：憲政党，**F**：日比谷焼き打ち

産業革命

わが国の産業革命と近代産業の発達に関する記述として，妥当なのはどれか。

平成18年度
地方上級

1 紡績業では，渋沢栄一により創立された大阪紡績会社が成功すると，多くの民間の紡績会社が設立され，手紡やガラ紡による綿糸の生産が急増した。
機械紡績

2 重工業では，鉄鋼の国産化を目的として，日清戦争の賠償金などをもとに建設された官営の八幡製鉄所が，清国の大冶鉄山の鉄鉱石を使用して，鉄鋼の生産を開始した。

3 海運業では，三菱会社と日本郵船会社との合併により設立された共同運輸会社
共同運輸会社　　　　　　　　　　　　　　　　日本郵船会社
が，ボンベイ航路や欧米航路などの遠洋定期航路を開設した。

4 鉄道業は，軍事・経済上の必要から，鉄道国有法により国有化されていたが，
⤷1906年
その後，民営の日本鉄道会社が創設され成功すると，多くの民間資本の鉄道会
⤷1881年　　　　　　　　　　　　　　　　⤷1886〜89年
社が設立された。

5 金融の安定と貿易の発展を図るため，明治政府は，日露戦争の賠償金を準備金
日清戦争
として金本位制を確立するとともに，政府の助成・監督のもとで特定の分野に
資金を供給する特殊銀行を設立した。

1 綿糸生産の増加の要因には手紡やガラ紡から機械紡績に移行したことが考えられる。

渋沢栄一らが設立した【Ⓐ　　　　　】が成功すると，企業勃興の時期に機械紡績による綿糸生産が急増し，従来の手紡やガラ紡による綿糸生産は衰退した。

2 正しい。1897年に設立された官営の【Ⓑ　　　　　】は，清国の大冶鉄山の鉄鉱石と九州の筑豊炭田の石炭を利用し，1901年に操業を開始して鉄鋼を生産した。

3 ボンベイ航路を開設した海運会社は日本郵船会社である。

1885年に郵便汽船三菱会社と半官半民の【Ⓒ　　　　　】が合併して日本郵船会社が設立され，1893年にボンベイ航路を開設した。

4 企業ブームは日清戦争前，鉄道国有法の制定は日露戦争後。時期の識別がポイントとなる。

日本最初の民間鉄道会社である【Ⓓ　　　　　】が1881年に設立され成功すると，1886年以降民営鉄道会社が次々に設立されたが，1906年【Ⓔ　　　　　】が公布され，主要な民営鉄道は買収されて国有となった。

5 日露戦争では賠償金をロシアから獲得することはできなかった。

日清戦争で得た賠償金を準備金として1897年に【Ⓕ　　　　　】が確立した。

🔑 Point

☐ 渋沢栄一らが設立した大阪紡績会社は，本格的な機械紡績への移行を実現した。

☐ 日清戦争後に設立された官営八幡製鉄所は，清国の大冶鉄山の鉄鉱石を利用して操業を開始した。

☐ 郵便汽船三菱会社と共同運輸会社が合併した日本郵船会社は，ボンベイ航路を開設した。

☐ 日本で最初の民間鉄道会社が日本鉄道会社である。

☐ 1897年，日清戦争の賠償金を準備金として金本位制が確立する。

Ⓐ：大阪紡績会社，Ⓑ：八幡製鉄所，Ⓒ：共同運輸会社，Ⓓ：日本鉄道会社，Ⓔ：鉄道国有法，
Ⓕ：金本位制

明治時代の社会運動

明治時代の社会運動に関する記述として，最も妥当なのはどれか。

令和元年度
消防官

1 労働運動の展開の中で社会主義者の活動が高まった。軍備拡大や普通選挙実施
　　　　　　　　　　　　　　　　　　　　　　　全廃
などを求めて友愛会が結成されるが，すぐに解散を命じられた。
　　　社会民主党

2 日露戦争後の産業革命期には，アメリカの労働運動の影響を受けた高野房太
　　日清戦争
郎・片山潜たちが労働組合期成会を結成して，労働運動の指導に乗り出した。

③ 栃木県の足尾銅山の鉱毒が原因となって，付近の農漁業に深刻な被害を与えた

鉱毒事件が発生した。それを受けて衆議院議員田中正造は，議会で銅山の操業

停止をせまった。

4 政府は治安維持法を制定して，労働者の団結権・ストライキ権を制限し，労働
　　　　治安警察法
運動を取り締まった。

5 身分的な差別と貧困に苦しむ被差別部落の人びとの団結が高まり，新婦人協会

の結成と併せて，差別からの解放をめざす部落解放運動が全国的に展開された。
　　　　　　　　　　　　　　　　　　　　　　　　　　　　⮕大正時代

1 友愛会は労資協調を唱える労働団体。

1901年，片山潜・幸徳秋水らが日本で最初の社会主義政党である【**A**　　　】を結成し，軍備全廃・普通選挙実施などを求めたが，治安警察法により結成直後に結社禁止となった。

2 労働組合期成会の結成時期を考える。

1897年，高野房太郎・【**B**　　　】らが労働組合期成会を結成し，労働運動の指導に乗り出して，鉄工組合・日本鉄道矯正会など労働組合が結成された。

3 正しい。栃木県の足尾銅山の鉱毒が渡良瀬川流域の農民・漁民に被害を与え，社会問題化すると，【**C**　　　】はその解決に奔走し，1901年に議員を辞職して天皇に直訴した。結局，1907年に谷中村の廃村と遊水池設置で決着した。

4 治安維持法は1925年に制定。

1900年，第2次山県有朋内閣は，労働者の団結権・ストライキ権を制限する【**D**　　　】を制定し，労働運動を取り締まった。

5 明治時代ではなく大正時代のできごと。

被差別部落の住民に対する社会的差別を自主的に撤廃しようとする運動も本格化し，1922年に【**E**　　　】が結成された。

Point

☐ 1901年に最初の社会主義政党である社会民主党，1906年に最初の合法的社会主義政党である日本社会党が結成された。

☐ 1897年に高野房太郎・片山潜たちが労働組合期成会を結成した。

☐ 足尾銅山鉱毒問題で田中正造は天皇に直訴した。

☐ 1925年に共産主義活動を取り締まる治安維持法を制定した。

☐ 1920年設立の新婦人協会は参政権の要求など女性の地位を高める運動を展開した。

明治時代の教育・文化

明治時代の教育・文化に関する記述として，
妥当なのはどれか。

1 政府は，1872（明治5）年に~~教育令~~を公布し，~~同年~~，小学校令によって~~6年間~~
　　　　　　　　　　　　　　　学制　　　　　　　1886年　　　　　　　　　　　4年間
の義務教育が定められた。
→1890年小学校令改正で義務教育明確化

2 文学の分野において，坪内逍遙が『小説神髄』で~~自然主義~~をとなえ，~~夏目漱石~~
　　　　　　　　　　　　　　しょうよう　　　　　　　　　写実主義　　　　　　　北村透谷
ら『文学界』の人々を中心に，ロマン主義の作品が次々と発表された。

3 芸術の分野において，岡倉天心やフェノロサが日本の伝統的美術の復興のため
に努力し，1887（明治20）年には，官立の東京美術学校が設立された。

4 1890（明治23）年，教育に関する勅語が発布され，教育の基本として，~~国家~~
~~主義的な教育方針を排除し，民主主義教育の導入が行われた。~~
忠君愛国が学校教育の基本であることを強調

5 絵画の分野において，洋画では~~フランスに留学した横山大観~~らが印象派の画風
　　　　　　　　　　　　　　　　　　　　　　　　黒田清輝
を日本に伝え，日本画では~~黒田清輝~~らの作品が~~西洋の美術に影響を与えた。~~
　　　　　　　　　　　狩野芳崖，橋本雅邦　　ヨーロッパで高い評価を受けた

解説

難易度 ★★ ☆　重要度 ★★ ☆

1 学校制度の変遷を想定する。

1872年，学制が公布され国民皆学教育の建設をめざした。1886年の小学校令によって尋常小学校【**A**　　　】年を義務教育とした。

2 文芸思潮と作家名が結びつくことがポイント。

1885年，坪内逍遥は『小説神髄』を発表し，文学の独立と【**B**　　　】主義を唱えた。日清戦争前後にはロマン主義文学がさかんとなり，北村透谷らの雑誌【**C**　　　】がその拠点となった。

3 正しい。フェノロサは日本美術を高く評価し，伝統美術の復興を唱え，【**D**　　　】とともに東京美術学校の設立に尽力した。

4 教育に関する勅語（教育勅語）の特徴を考える。

教育の指導原理を示した教育勅語は，忠君愛国や儒教的道徳思想に基づいて，天皇制の強化を図ったものである。

5 日本画・西洋画の代表的な画家の識別が重要。

西洋画は高橋由一が開拓し，浅井忠らによる明治美術会やフランスで学んだ黒田清輝らの【**E**　　　】の結成によりさかんになった。

🔑 Point

- ☐ 1907年に義務教育は6年間に延長された。
- ☐ 日清戦争前後はロマン主義，日露戦争前後は自然主義が文壇の主流となった。
- ☐ 1887年に日本画・彫刻・美術工芸の3科からなる東京美術学校を設立，1896年に西洋画科などが増設された。
- ☐ 教育勅語の原案は元田永孚・井上毅らが起草した。
- ☐ フェノロサに認められた日本画家に狩野芳崖・橋本雅邦らがいる。

A：4，**B**：写実，**C**：文学界，**D**：岡倉天心，**E**：白馬会

鎌倉幕府の政治体制

鎌倉時代の政治体制に関する記述として，最も妥当なのはどれか。

平成27年度
警察官

1 源頼朝は，関東武士団と所領支配を通じて成立する封建関係と呼ばれる主従関係を結び，彼らを御家人として組織した。

2 鎌倉幕府は，支配機構として，中央に侍所，政所および公文所を置き，地方には各国ごとに国司と郡司を置いた。

　　　公文所（⇒政所）および問注所

　守護

3 将軍職は，3代将軍実朝が暗殺された後は置かれず，後継となった北条氏は将軍に変えて執権の名で幕府を統率した。

　　　摂家将軍2代，皇族将軍4代と続く

4 後醍醐天皇が惹き起こした承久の乱を契機に，鎌倉幕府の支配は全国に及び，朝廷に対する政治的優位が確立した。

　後鳥羽上皇

5 北条泰時の時代に確立した執権政治とは，政治の決定や裁判の判決などの権限を執権一人に集権する幕府政治の体制をいう。

　合議制に基づく

1 正しい。源頼朝は武士を御家人に組織して，父祖伝来の所領を保証する本領安堵や新たな所領を与える新恩給与など【**A**　　　　】を与えた。これに対して御家人は将軍の従者として鎌倉番役・京都大番役・軍役などの【**B**　　　　】に努めた。

2 国司や郡司は朝廷が任命した官職である。

鎌倉幕府は中央に御家人統制機関である【**C**　　　　】，一般政務機関である【**D**　　　　】，訴訟裁判事務機関である【**E**　　　　】を設置，諸国には守護・地頭を任命した。

3 摂家将軍や皇族将軍を想定する。

3代将軍源実朝の死後，摂関家出身の【**F**　　　　】を後継将軍に迎えた。以後摂家将軍が2代続き，のちに摂家将軍に代わる皇族将軍として後嵯峨上皇の皇子【**G**　　　　】を迎えた。皇族将軍は以後4代続くが，いずれも名目だけの将軍であった。

4 承久の乱は13世紀前半，後醍醐天皇の在位は14世紀前半。

1221年，【**H**　　　　】が北条義時追討の院宣を出して挙兵する承久の乱を起こすが，幕府軍に敗北した。

5 執権政治と得宗専制政治の区別がポイント。

北条泰時は，執権の補佐役である連署を置くとともに，政務に練達する有力御家人を【**I**　　　　】とし，合議による幕府の政策が決定する執権政治を確立した。

🔑 Point

☐ 鎌倉時代の御家人は，将軍の御恩に対して，軍役などの奉公に励んだ。

☐ 侍所初代別当に和田義盛，公文所初代別当に大江広元，問注所初代執事に三善康信が就任した。

☐ 初代摂家将軍は藤原頼経（4代），初代皇族将軍は宗尊親王（6代）。

☐ 後鳥羽上皇が北条義時追討の院宣を下して承久の乱を起こすが，敗北して隠岐に配流となる。

☐ 執権政治は合議制の政治，得宗専制政治は北条氏の独裁政治。

A：御恩，**B**：奉公，**C**：侍所，**D**：公文所（政所），**E**：問注所，**F**：藤原頼経，**G**：宗尊親王，**H**：後鳥羽上皇，**I**：評定衆

鎌倉時代史

鎌倉時代に関する記述として正しいのはどれか。

平成14年度 国家Ⅰ種

1 鎌倉幕府成立当初，鎌倉殿は征夷大将軍に任ぜられたものの平家没官領を事実上支配

していたのみであり，~~鎌倉に攻め入った法皇方の軍勢を幕府軍がうち破った承久の乱~~
鎌倉に攻め入っていない　　　　　　　　　　　　　　　　承久の乱の前
~~の後~~，朝廷から関東御分国の領有と守護・地頭の任命権を正式に認められた。

2 承久の乱の後，執権北条泰時は，源頼朝以来の武家の慣習を御成敗式目として成文化

し，律令が適用されていた国衙領および本所法が適用されていた荘園においてもこの

式目の実施を~~義務づけ~~，~~御家人，非御家人を問わず~~，全国の武士にこの掟を適用した。
　　　　　　義務づけていない　　　御家人のみに適用

3 この時代には，平清盛以来の宋との私貿易が博多，~~堺，鎌倉~~で一層盛んに行われた。
　　　　　　　　　　　　　　　　　　　　　　　　　　畿内
幕府においても，建長寺~~造営~~費用を得るため，~~北条時宗~~は，私貿易を装って建長寺船
　　　　　　　　　　修築　　　　　　　北条高時
を~~宋~~に派遣した。これらの貿易で宋銭が大量に輸入された結果，貨幣経済が発達し，
　　元
荘園の年貢が現物納から為替で納められるようになった。

④ 幕府は，元の襲来に備え異国警固番役を整備するとともに，長門探題および鎮西探題

を設置し，これらの役職に北条氏一族を配して西国一帯にも勢力を伸ばした。しかし，

北条得宗家の家臣である御内人が幕府内で大きな力を持つと，従来から幕府を支えて

きた有力御家人との対立が激しくなり，幕府の体制は揺らぎ始めた。

5 この時代には，公家勢力の衰退に伴って公家に信仰の篤かった浄土教が~~衰退し~~，法然，
　　　　　　　　　　　　　　　　　　　　　　　　　　　　　　　　庶民に広まる
親鸞，日蓮，一遍上人らの教えが幕府御家人を中心に広まり，また，宋から渡来した

僧侶の開いた~~高山寺，久遠寺~~などを中心に禅宗の活動が盛んになった。一方，南都旧
　　　　　　建長寺，円覚寺
仏教は~~衰退~~し，新たな寺院の建立は幕府により~~禁止された~~。
　　　　復興　　　　　　　　　　　　　　　　禁止されていない

解説 ×月○日

難易度 ★★★　重要度 ★★★

1 源頼朝が死んだ後，北条氏が台頭する中で承久の乱がおこったことを考えれば誤りとわかる。

鎌倉殿とは【**Ⓐ**　　　　　】のことで，彼は朝廷から 1184 年に関東御分国が与えられ，翌年には守護・地頭の設置権が認められた。

2 御成敗式目は幕府の勢力範囲内で適用されたことに着目する。

御成敗式目は御家人社会に適用され，朝廷では【**Ⓑ**　　　　　】の系統を引く公家法が，荘園領主の下では【**Ⓒ**　　　　　】が適用された。

3 北条時宗の時に元寇があったので，時宗自身が貿易船を派遣したとは考えられない。

元との正式な国交はなかったが私貿易が盛んに行われ，執権【**Ⓓ**　　　　　】は建長寺修築費用を得るため，元に建長寺船を派遣した。

4 正しい。【**Ⓔ**　　　　　】は九州地方に所領を持つ御家人に対して，文永の役の前に臨時に課せられ，文永の役後に整備され，弘安の役後に恒常化した御家人の奉公の一つである。

5 法然・親鸞・一遍は念仏を唱える宗派をおこしたことから，浄土教系の流れであることは明確である。

【**Ⓕ**　　　　　】は日蓮宗の総本山であり，【**Ⓖ**　　　　　】は高弁が後鳥羽上皇の命により華厳宗の道場として再興した寺である。

Point

☐ 将軍に与えられた知行国である関東御分国と平氏没官領を中心に将軍が獲得した荘園である関東御領が，鎌倉幕府の経済基盤である。

☐ 御成敗式目は武家のための法令で，幕府の勢力範囲内に適用される。

☐ 元とは正式な国交のない私貿易。北条高時は元に建長寺船を派遣している。足利尊氏・直義らが派遣したのが天竜寺船で区別したい。

☐ 弘安の役後，異国警固番役が恒常化され，北条一門を鎮西探題として送り込み，九州地方の政務・裁判の裁決・御家人の指揮にあたらせた。

☐ 鎌倉新仏教が成立する中で，旧仏教の復興の動きも見られ，高弁は高山寺を再興して華厳宗の復興に努めた。

Ⓐ：源頼朝，Ⓑ：律令，Ⓒ：本所法，Ⓓ：北条高時，Ⓔ：異国警固番役，Ⓕ：久遠寺，Ⓖ：高山寺

鎌倉時代史

鎌倉幕府に関する記述として，妥当なのはどれか。

平成21年度
地方上級

1 北条泰時は，新たに公文所を設置し，合議制により政治を行うとともに，武家
  （評定衆）
  の最初の体系的法典である建武式目を制定し，源頼朝以来の先例や道理に基づ
  　　　　　　　　　　　（貞永式目）
  いて，御家人間の紛争を公平に裁く基準を明らかにした。

2 後鳥羽上皇は，新たに北面の武士を置き，軍事力を強化するとともに，幕府と
  　　　　　　　　　（西面の武士）
  対決する動きを強め，北条高時追討の兵を挙げたが，源頼朝以来の恩顧に応え
  　　　　　　　（北条義時）
  た東国の武士たちは結束して戦ったため，幕府の圧倒的な勝利に終わった。

3 北条時頼は，有力御家人の三浦泰村一族を滅ぼし，北条氏の地位を一層確実な
  　　　　　　　　　　　　　　➡宝治合戦
  ものとする一方，評定衆のもとに引付衆を設置し，御家人たちの所領に関する
  訴訟を専門に担当させ，敏速で公正な裁判の確立に努めた。

4 幕府は，承久の乱に際して十分な恩賞を与えられなかったことから御家人たち
  　　　　　（元寇）
  の信頼を失ったが，永仁の徳政令を発布することで，貨幣経済の発展に巻き込
  まれて窮乏する御家人の救済と社会の混乱の抑制に成功した。
  　　　　　　　　　　　　　　　　　　　　（成功していない）

5 幕府は，2度目の元の襲来に備えて九州地方の御家人による九州探題を整備し，
  　　　　　　　　　　　　　　　　　　　　　　　（異国警固番役）
  博多湾沿岸に石築地を築いて，防備に就かせるとともに，公家や武士の多数の
  所領を没収して，新たに新補地頭と呼ばれる地頭を任命した。
  　　（承久の乱後の動向）

1 鎌倉時代の執権と事項が正しく結びつくことが大切。公文所は源頼朝が設置した政務機関である。

北条泰時は，執権の補佐役である連署や重要政務・訴訟を担当する [**Ⓐ**　　　　　] を設置して合議制に基づく執権政治を確立した。また頼朝以来の先例や武家社会の道理を基準とする最初の武家法である [**Ⓑ**　　　　] を制定した。

2 北面の武士と西面の武士の設置時期の区別がポイント。

西面の武士を設置し軍事力を強めた [**Ⓒ**　　　　] は，北条義時追討の院宣を下し兵を挙げたが幕府側の勝利に終わり，上皇は隠岐に流された。

3 正しい。北条時頼は宝治合戦で三浦泰村一族を滅ぼすと，[**Ⓓ**　　　　] を設置して所領裁判を担当させた。さらに摂家将軍を廃し，後嵯峨天皇の皇子である宗尊親王を将軍として迎えた。

4 承久の乱では朝廷側の所領を没収して地頭を設置していることから誤文とわかる。

元寇後，十分な恩賞を得られなかった御家人は貨幣経済の浸透もあり窮乏した。幕府は，1297年，[**Ⓔ**　　　　] を発布し，御家人所領の質入・売却を禁止し，これまでに質入・売却した御家人所領の無償返却を命じたが効果はあがらなかった。

5 九州探題は室町幕府の政治組織である。

文永の役後，北条時宗は九州の警備にあたる [**Ⓕ**　　　　] を整備し，博多湾に石築地を築いて元の襲来に備えた。

🔑 Point

- ☐ 北条泰時は連署・評定衆を設置し，御成敗式目を制定して執権政治を確立した。

- ☐ 1221年，後鳥羽上皇は北条義時追討の院宣を下し挙兵する承久の乱を起こすが，幕府軍に敗れ隠岐に配流となった。

- ☐ 北条時頼は，宝治合戦で三浦泰村一族を滅ぼし執権の地位を固めると，所領裁判の公平・迅速を図り引付衆を設置した。

- ☐ 元寇後，窮乏した御家人を救済するために北条貞時は永仁の徳政令を発布するが効果はあがらなかった。

- ☐ 文永の役後，北条時宗は異国警固番役を整備し石築地を築いた。

Ⓐ:評定衆，Ⓑ:御成敗式目，Ⓒ:後鳥羽上皇，Ⓓ:引付衆，Ⓔ:永仁の徳政令，Ⓕ:異国警固番役

鎌倉時代の将軍・執権

鎌倉幕府の将軍または執権に関する次の記述のうち，妥当なものはどれか。

平成6年度
地方上級

1 源頼朝は，侍所，公文所および問注所を設置するとともに守護・地頭の両権力を併せ持つ守護大名を置き，鎌倉に幕府を開いた。
　　　　　守護大名は室町時代に成立

2 源実朝は，将軍として実権をまったく持たなかったが，自然と人生を歌に詠み優れた作品を『山家集』として残した。
　　　　　　　　『金槐和歌集』

3 北条義時は，元の朝貢要求を拒否し，2度にわたり侵攻してきた元軍に壊滅的
　　北条時宗
打撃を加え，元軍を退けた。

4 北条泰時は，政務や訴訟の裁決に当たらせるため，評定衆を置き，裁決の基準となる最初の武家法，御成敗式目を制定した。

5 北条時宗は，承久の変で源頼家の姻戚比企氏を滅ぼし，頼家を幽閉し，北条家
　　北条時政　　　比企能員の乱
の権力強化に努めた。

国家総合職　国家一般職　国家専門職　裁判所　**地方上級**　市役所　警察官　消防官

解説

難易度 ★☆☆　重要度 ★★★

1 守護大名は室町時代に成立。

　鎌倉時代の守護は，国ごとに有力御家人が任命され，大番催促，謀叛人・殺害人の追捕を内容とする [**Ⓐ** 　　　　　] を職権とした。

2 『山家集』は西行の自然と旅の歌集である。

　3代将軍源実朝は，力強い格調の高い万葉調の歌を含む歌集『[**Ⓑ** 　　　　　]』を残した。

3 鎌倉時代は執権と事項が結びつくことが大切。元寇のときの執権は北条時宗。

　[**Ⓒ** 　　　　　] は，和田義盛を滅ぼすと政所・侍所の別当を兼ね，執権の地位を確立した。

4 正しい。北条泰時は，連署・[**Ⓓ** 　　　　　] を設置して重要政務・訴訟にあたらせ，合議制に基づく執権政治を確立した。

5 承久の乱は，後鳥羽上皇の義時追討の院宣に始まる鎌倉幕府打倒のためにおこした兵乱。

　[**Ⓔ** 　　　　　] は，2代将軍源頼家の姻戚比企能員を滅ぼし，頼家を修禅寺に幽閉すると，実朝を3代将軍に擁立し，みずから政所別当となり執権と称した。

🔑 Point

- ☐ 鎌倉時代の守護は，国ごとに有力御家人が任命され，大犯三カ条を職権とした。

- ☐ 3代将軍源実朝は万葉調の和歌を詠んで，『金槐和歌集』を残した。

- ☐ 北条時政は比企能員を滅ぼし，頼家を幽閉して実朝を3代将軍に擁立した。

- ☐ 北条義時は和田義盛を滅ぼして執権の地位を確立した。

- ☐ 北条泰時は連署・評定衆を設置して合議制による執権政治を確立した。

- ☐ 北条時宗は2度にわたる元の襲来を退けるとともに，全国の守護の半数を北条一門で独占するなど権力の集中を図った。

Ⓐ：大犯三カ条，**Ⓑ**：金槐和歌集，**Ⓒ**：北条義時，**Ⓓ**：評定衆，**Ⓔ**：北条時政

鎌倉時代の文化

鎌倉時代の文化に関する記述として,妥当なのはどれか。

平成19年度
地方上級

1 和歌では,『新古今和歌集』が,醍醐天皇の命により紀貫之らによって編纂された。
　　　　　　　　　　　　　後鳥羽上皇　　　　　　藤原定家

2 歴史書では,慈円が,歴史の推移を道理と末法思想とによって『愚管抄』に著した。

3 建築では,大陸から禅宗様という建築様式が伝えられ,重源が,禅宗様を用い
　　　　　　　　　　　　大仏様　　　　　　　　　　　　　　　　　大仏様
て東大寺南大門を再建した。

4 彫刻では,力強さに満ちた写実的な仏像や肖像が造られ,作品の例として,平
等院鳳凰堂の阿弥陀如来像がある。
東大寺南大門金剛力士像

5 絵画では,個人の肖像を描く似絵が盛んとなり,作品の例として,高野山の阿
　　　　　　　　　　　　　　　　　　　　　　　　　　　　　　伝後鳥羽上皇像
弥陀聖衆来迎図がある。

解説　難易度 ★☆☆　重要度 ★★☆

1 醍醐天皇は 10 世紀の天皇で，このころ最初の勅撰和歌集である『古今和歌集』が紀貫之らにより編纂されている。

後鳥羽上皇の命により，[**Ⓐ**　　　　]・藤原家隆らが『新古今和歌集』を編纂した。

2 正しい。天台座主慈円（九条兼実の弟）は，道理を基準に歴史を展開した『[**Ⓑ**　　　]』を著した。

3 大仏様は豪放で大建築向き，禅宗様は細部の手法に優れた建築様式である。両者の特徴の違いがわかれば判断可能である。

重源が伝えた大仏様は，大陸的な雄大さ，豪放さを特色とし，[**Ⓒ**　　　　]が代表的な遺構である。これに対して禅宗様は，整然とした美しさを特色とし，[**Ⓓ**　　　　]などの禅寺の建築に用いられた。

4 美術作品の時代的識別は大きなポイント。「平等院鳳凰堂阿弥陀如来像」は浄土教美術の代表作で国風文化の時代。

鎌倉時代には奈良仏師の運慶・快慶らが活躍し，彼らの合作である「[**Ⓔ**　　　]」が有名である。

5 来迎図は臨終の人を阿弥陀如来が迎えに来る場面を描いたもので，平安時代の浄土教美術である。

個人の肖像を大和絵で描く写実的な [**Ⓕ**　　　　] として，藤原隆信の「伝 源頼朝像」や藤原信実の「伝後鳥羽上皇像」などがある。

🔑 Point

- [ ] 醍醐天皇の命で 905 年に紀貫之らが『古今和歌集』を，後鳥羽上皇の命で 1205 年に藤原定家らが『新古今和歌集』を編纂した。

- [ ] 九条兼実の弟である慈円の『愚管抄』は歴史の推移を道理と末法思想で著した。

- [ ] 重源の伝えた大仏様の代表的な建築が東大寺南大門，禅宗様の代表的な建築が円覚寺舎利殿である。

- [ ] 鎌倉時代の代表的な彫刻に，運慶・快慶の「東大寺南大門金剛力士像」がある。

- [ ] 鎌倉時代は似絵が盛んとなり，藤原隆信・信実父子が活躍した。

Ⓐ：藤原定家，Ⓑ：愚管抄，Ⓒ：東大寺南大門，Ⓓ：円覚寺舎利殿，Ⓔ：東大寺南大門金剛力士像，Ⓕ：似絵

鎌倉仏教

鎌倉仏教に関する次の記述のうち，妥当なものはどれか。

平成15年度
警察官

1 ~~法然~~は浄土真宗を開き，悪人正機説と絶対他力を説いた。また，『教行信証』
親鸞
を著した。

2 法然の~~弟子の親鸞~~は浄土宗を開き，専修念仏による他力信仰を説き，『選択本
親鸞は浄土真宗の開祖
願念仏集』を著した。

3 ~~一遍~~は中国に渡り，臨済禅を学び，帰国後臨済宗を開いた。京都に建仁寺を建
栄西
立し，『興禅護国論』を著した。

4 日蓮は天台宗，諸宗を学び，題目を唱える法華宗を開いた。~~寿福寺~~を建立し，
久遠寺
北条時頼に『立正安国論』を献上したが，伊豆へ流罪になった。

❺ 道元は曹洞宗を開き，ひたすら坐禅する只管打坐を説いた。永平寺を拠点とし
て，弟子の育成に努め，『正法眼蔵』を執筆し，完成させた。

解説

難易度 ★☆☆　重要度 ★★★

1 悪人正機説からすぐに親鸞が浮かぶ。

法然の弟子親鸞は【Ⓐ　　　　　】を開き，悪人正機説と絶対他力を説いて，『[Ⓑ　　　　　]』を著した。

2 専修念仏から法然が浮かぶ。

法然は【Ⓒ　　　　　】を開き，専修念仏による他力信仰を説き，『[Ⓓ　　　　　]』を著した。

3 一遍は念仏を唱える宗派なので禅宗と関係ないことは明らかである。

栄西は2度入宋して【Ⓔ　　　　　】を伝え，京都に建仁寺，鎌倉に寿福寺を建立し，『[Ⓕ　　　　　]』を著した。

4 寿福寺は臨済宗の寺なので日蓮宗とは無関係である。

日蓮は天台宗を学んだ後，法華経が唯一の教えであり[Ⓖ　　　　　]を唱えることで成仏できると説く日蓮宗を開いた。久遠寺を建立し，北条時頼に『[Ⓗ　　　　　]』を献上し，伊豆・佐渡に流罪となった。

5 正しい。道元は，[Ⓘ　　　　　]を開き，ひたすら坐禅をする[Ⓙ　　　　　]を説き，永平寺を建立した。

🔑 Point

☐ 法然は浄土宗の開祖で，専修念仏を説き，『選択本願念仏集』を著す。

☐ 親鸞は浄土真宗の開祖で，悪人正機説を説き，『教行信証』を著す。

☐ 一遍は時宗の開祖で踊念仏を広めた。

☐ 日蓮は日蓮宗の開祖で，法華経を唯一の教えとし，『立正安国論』を著す。

☐ 栄西は臨済宗の開祖で，『興禅護国論』を著す。

☐ 道元は曹洞宗の開祖で，只管打坐を説き，『正法眼蔵』を著す。

Ⓐ：浄土真宗，Ⓑ：教行信証，Ⓒ：浄土宗，Ⓓ：選択本願念仏集，Ⓔ：臨済宗，Ⓕ：興禅護国論，
Ⓖ：題目，Ⓗ：立正安国論，Ⓘ：曹洞宗，Ⓙ：只管打坐

鎌倉中期〜南北朝の内乱

鎌倉時代中期から南北朝の争乱に
かけての時期に関する記述として，
妥当なものはどれか。

平成4年度
国税専門官

1 鎌倉時代中期になると，地頭職を与えられた御家人が武力を背景に荘園領主へ
の年貢を滞納，横領したので，荘園領主はやむなく，荘園の土地を地頭との間
で折半し，互いにその領主権を侵さぬよう契約する地頭請の方法をとるように
　　　　　　　　　　　　　　　　　　　　　下地中分
なった。

2 鎌倉時代中期になると，御家人は分割相続のため所領が細分化されたり，貨幣
経済に巻き込まれたりして生活が苦しくなったため，幕府は，永仁の徳政令を
発して，御家人の売り渡した土地を無償で返却させ，また，御家人の金銭貸借
に関する訴訟を受け付けないことにした。

3 鎌倉幕府の滅亡とともに京都に戻った後醍醐天皇は，延喜の昔にならった公家
中心の政治を復活し，摂政・関白の下に記録所，雑訴決断所，恩賞方などの諸
　　　　　　　　　　　　　摂政・関白は廃止
機関を置くとともに，国々にあった守護を廃して国司を置いた。
　　　　　　　　　　　　　廃止していない

4 後醍醐天皇の新政府による恩賞の配分が不公平であることなどに対して武士の
不満が高まる中，足利尊氏は建武の新政に不満な武士を集めて京都に攻め上り，
　　　　┌湊川の戦いは尊氏再入京のきっかけとなった戦い
いったん湊川の戦いで楠木正成に敗れて関東に退いたが，再度京都を攻め，つ
　　　　　　　　北畠顕家　　　　　　　九州
いには新政は10年で崩壊した。
　　　　　　3年足らず

5 大覚寺統の光明天皇により京都を追われた後醍醐天皇は吉野に逃れ，新田義貞
　持明院統
らの支持により南朝の正統性を主張したのに対し，北畠親房は『神皇正統記』
を著し，北朝の立場に立って公家政治を批判した。
　　　　南朝　　　　　　　　南朝の正統性を主張

国家総合職　国家一般職　国家専門職　裁判所　地方上級　市役所　警察官　消防官

難易度 ★★☆　重要度 ★★★

1 地頭請は荘園領主が一定額の年貢を地頭に請け負わすことである。
荘園領主は地頭との紛争解決のために，地頭に荘園の管理一切をま
かせ，定額の年貢納入を請け負わせる地頭請や，土地を領主と地頭
が折半する【**A**　　　　】の取り決めを行った。

2 正しい。幕府は窮乏する御家人を救済するために，1297年，
【**B**　　　　】を発布し，御家人の所領の質入・売買を禁止して，
これまでに質入・売却した御家人所領の無償返却を命じたが，効果
はあがらなかった。

3 「延喜の昔にならった」は醍醐天皇の時代の天皇親政を意味している
ので，摂政・関白が置かれると矛盾することになる。
後醍醐天皇は，中央に最高機関である【**C**　　　　】，所領関係の
裁判を担当する【**D**　　　　】，京都の警備を行う【**E**　　　　】
などを設置し，諸国には国司と守護を併置した。

4 建武の新政は武士の不満と抵抗を招き3年足らずで崩壊している。
【**F**　　　　】の乱をきっかけに挙兵した足利尊氏は一度入京する
が，北畠顕家の軍に敗れ九州に逃れた。再度京都をめざし
【**G**　　　　】で楠木正成を破り再入京した。

5 北畠親房の『神皇正統記』は南朝の正統性を主張したものである。
入京した足利尊氏が【**H**　　　　】統の光明天皇を擁立して北朝
が成立すると，【**I**　　　　】統の後醍醐天皇は吉野に逃れ，皇位
の正統性を主張した。

Point

- [ ] 鎌倉時代，荘園領主と地頭の紛争の解決手段として，地頭請・下地中分が行われた。

- [ ] 後醍醐天皇は延喜・天暦の治を理想とする天皇親政の復活をめざして建武の新政を行うが，武士・公家の不満を招き，3年足らずで崩壊した。

- [ ] 建武の新政では，中央に記録所・雑訴決断所・武者所・恩賞方が置かれ，地方には国司・守護が併置された。

- [ ] 持明院統の北朝と大覚寺統の南朝に分かれ，約60年間の内乱が続いた。

A：下地中分，**B**：永仁の徳政令，**C**：記録所，**D**：雑訴決断所，**E**：武者所，**F**：中先代，
G：湊川の戦い，**H**：持明院，**I**：大覚寺

律令制度の成立

わが国における律令制度成立期に関する次の記述のうち，妥当なものはどれか。

平成11年度
国税専門官

1 大宝律令は，唐の律令を模範として整えられたもので，律，令ともに完備した法典であった。律は刑罰法で，令は行政・訴訟など広い範囲の規定を含み，日本では特に令が重んじられた。また，律や令を，日本の実情に見合った形に補足・変更する格・式がたびたび出された。

2 律令国家における官制のうち，中央については，国家の祭祀をつかさどる神祇官と一般の政務をつかさどる太政官，さらに，太政官の下に8省が置かれるなど整備されたが，地方については整備されなかった。
国司・郡司が置かれた

3 大和朝廷を構成していた畿内の有力な豪族たちは，官吏登用試験を受験して合格しなければ律令国家の官吏となることができなかった。古代の任官制は有能な人材を登用することを目的の一つにしており，上級官人に特権は与えられず，
蔭位の制が行われた
その地位が世襲されることはなかった。
実質的には世襲された

4 律令制の下で，農民の生活の保障を目的とする班田収授法が作られた。班田収授を実施するために，灌漑施設を整備し田地を整然と区画してすべての田地を口分田とし，農民の戸籍を整理して6歳以上の男女には口分田を班給した。口分田は死ぬまで耕作でき，売買も許されていた。
売買はできない

5 律令体制下における公民は，物納の租・庸・調と，労役として雑徭・仕丁・兵役など，重い負担を負っていた。さらに，政府は，強制的に貸し付け租税の一種とすることを当初から目的として，春に稲を貸し付け，秋に利息を加えて徴
当初は貧民救済が目的
収する出挙の制度を作った。

国家総合職　国家一般職　国家専門職　裁判所　地方上級　市役所　警察官　消防官

1 正しい。701年，文武天皇の時代に刑部親王・藤原不比等が
[**Ⓐ**　　　　　]を編纂し，翌年施行された。

2 地方は国・郡・里に区分され，国司・郡司・里長が行政を担当した。
律令国家の中央組織は，国家の祭祀を司る[**Ⓑ**　　　　]，政務を
統括する[**Ⓒ**　　　　]が置かれ，その下に実務機関である八省
がある。

3 貴族の特権にはどんなものがあるか，身分的特権を想定してみる。
官職は，中国の科挙の制にならった官吏採用制をとったが，五位以
上の貴族の子，三位以上の貴族の孫は，21歳になると一定の位階が
優遇される[**Ⓓ**　　　　]という特権があった。

4 律令国家の原則の一つに公地公民制があり，これに基づいて班田収
授が実施されたことを考えれば，口分田は売買できないことは明白
である。
6年ごとに作成される[**Ⓔ**　　　　]に基づいて，[**Ⓕ**　　　　]
歳以上の男女に一定額の口分田が班給され，死後は収公した。

5 出挙は公私の区別があるが本来は貧民救済が目的である。
春に稲を貸し付けて秋に利息付きで回収する公出挙は，貧民救済の
ために行われていたが，次第に強制的になり，租税化して
[**Ⓖ**　　　　]の重要な財源となった。

🔑 Point

- [ ] 文武天皇の時代，刑部親王を総裁として藤原不比等が協力して編纂した大宝律令は，律と令が完備された最初の法典である。

- [ ] 全国を畿内・七道の行政区に分け，その下に国・郡・里が設けられ，役人として国司・郡司・里長が統治した。

- [ ] 貴族は位階・官職により封戸・田地・禄が与えられたほか，父や祖父の位階に応じて一定の位階が与えられる蔭位の制などさまざまな特権があった。

- [ ] 班田収授により班給された口分田は，売買は禁止され，死者の口分田は6年ごとの班年を待って収公された。

- [ ] 公出挙は当初は貧民救済を目的としたが，やがて強制的となり租税化する。

Ⓐ：大宝律令，Ⓑ：神祇官，Ⓒ：太政官，Ⓓ：蔭位の制，Ⓔ：戸籍，Ⓕ：6，Ⓖ：国衙

飛鳥・奈良時代

飛鳥・奈良時代の出来事に関する記述として最も妥当なものはどれか。

令和3年度
裁判所

1 710年に遷都した平城京は，唐の洛陽にならい碁盤の目状に区画された条坊制
 長安
を持つ都城である。

2 律令体制下の中央組織の一つであり，行政全般をつかさどる神祇官のもと，八
 太政官
省が政務を分担するようになった。

3 6世紀末から7世紀はじめにかけて，厩戸王（皇子）は持統天皇の摂政となり，
 推古天皇
冠位十二階の制や憲法十七条などを制定した。

4 天平文化の特徴は，かな文字で編纂された日本書紀や正倉院の宝物など，大陸
 漢文編年体
の文化を日本の風土や考え方に合わせて昇華させたことである。
唐の文化の影響を強く受けた国際色豊かな文化

5 743年に制定された墾田永年私財法を契機に，中央の貴族や大寺社などが大規
模な開墾を行ったことにより，初期荘園が誕生した。

1 唐の都はどこか考える。

710年,【**A**　　】天皇は藤原京から平城京に遷都した。平城京は唐の都長安にならい,碁盤の目状に東西・南北に走る道路で区画された条坊制をもつ都市であった。

2 神祇官と太政官の役割を考える。

律令制下では,神々の祭祀をつかさどる【**B**　　】と行政全般を統轄する太政官の二官があり,太政官のもとで八省が政務を分担した。

3 持統天皇は7世紀後半の天皇なので誤りと判断できる。

推古天皇が即位すると大臣の【**C**　　】や天皇の甥にあたる厩戸王（聖徳太子）らが協力して国家組織の形成につとめ,603年に冠位十二階,604年に憲法十七条を定めた。

4 かな文字が発達するのは国風文化なので誤りとわかる。

720年に成立した『日本書紀』は【**D**　　】らが編纂した最初の官撰正史で,中国の歴史書の体裁にならって漢文編年体で書かれている。

5 正しい。[**E**　　]をきっかけに貴族や東大寺などの大寺院は,国司や郡司の協力のもと,付近の農民や浮浪人らを使って灌漑施設をつくり,大規模な原野の開墾を行った（初期荘園）。

Point

□ 平城京は藤原京の真北にあたる奈良盆地北端を京域とする都城。

□ 律令国家の行政は,太政大臣・左大臣・右大臣・大納言などの太政官の公卿による合議で行われた。

□ 姓は家柄や職能に応じて氏に,冠位は才能や功績に対して個人に与える。

□ 天平文化は,唐の文化の影響を強く受けた国際色豊かな文化である。

A：元明, **B**：神祇官, **C**：蘇我馬子, **D**：舎人親王, **E**：墾田永年私財法

遣隋使・遣唐使

遣隋使・遣唐使に関する次の記述のうち，
妥当なものを2つ選べ。

平成17年度
警察官・改

1 隋との交渉では，倭の五王時代とは異なり，中国の王朝に対し，~~対等の立場で~~
~~はなく，上位に立っていた~~ことが「日出づる処の天子…」という国書の記述か
らわかる。
（国書では対等の立場を主張した）

2 遣隋使には高向玄理・吉備真備など多くの留学生や学問僧が従った。彼らの隋
で得た知識は帰国後，大化の改新に始まる国政改革に大きな役割を果たした。
（僧旻）

3 遣唐使の渡航は航海・造船技術の未発達もあり非常に危険であったが，阿倍仲
麻呂や藤原清河のように帰国できず唐朝に仕えて一生を終えた者もいた。

4 894年菅原道真の建議によって~~遣隋使~~が廃止されたのは，~~隋~~の衰退が著しくな
（遣唐使）　　　　　　　　　　　（唐）
り，多くの犠牲者を払ってまで公的な交渉を続行する必要性が低下したことに
よる判断である。

5 遣唐使は唐に多くの留学生・学問僧を送り出しただけでなく，多くの唐僧の渡
来にも貢献した。鑑真はその代表で，戒律を伝え，日本の仏教発展に貢献し，
後に唐招提寺を開いた。

1 「日出づる処の天子, 書を日没する処の天子に…」の国書の記述から, 遣隋使が対等な立場を主張していたことがわかる。

607 年, 小野妹子が遣隋使として中国に渡ると, 隋の皇帝【**A**　　　　】は, 翌年, 答礼使【**B**　　　　　】を遣わした。

2 吉備真備は奈良時代の留学生として唐に渡っている。

遣隋使には, 【**C**　　　　】・【**D**　　　　】・【**E**　　　　】ら多くの留学生・学問僧が従った。帰国した彼らがもたらした新知識は, 大化改新に始まる国政改革に大きな役割を果たした。

3 正しい。吉備真備や【**F**　　　　】など遣唐使に従った留学生や留学僧は, 唐の文物を日本に伝えるうえで大きな役割を果たしたが, 【**G**　　　　】のように, 帰国できずに一生を唐朝に仕えた者もいた。

4 隋は 7 世紀初めに滅び, 唐が成立している。

唐の衰退や航海の危険性などを理由に, 894 年, 【**H**　　　　】が宇多天皇に建議し, 遣唐使が廃止された。

5 正しい。【**I**　　　　】は日本への渡来を決意し, 5 度の失敗を重ねて盲目になりながら, 6 度目の渡航で来日を果たして戒律を伝え, 【**J**　　　　】を創建した。

🔑 Point

- [ ] 最初の遣隋使である小野妹子に対して, 隋の皇帝煬帝は答礼使裴世清を日本に派遣した。

- [ ] 裴世清の帰国に際し, 小野妹子が再渡航, これに随行した留学生・学問僧に高向玄理・僧旻・南淵請安らがいた。

- [ ] 奈良時代に唐に渡った留学生・学問僧である吉備真備・玄昉は帰国後, 橘諸兄政権に重用された。

- [ ] 奈良時代, 度重なる苦難の末に来日した唐僧鑑真は戒律を伝え, 唐招提寺を創建した。

- [ ] 894 年, 菅原道真の建議により遣唐使は廃止された。

A：煬帝, **B**：裴世清, **C**：高向玄理, **D**：南淵請安, **E**：僧旻, **F**：玄昉, **G**：阿倍仲麻呂,
H：菅原道真, **I**：鑑真, **J**：唐招提寺

奈良時代

奈良時代に関する記述として
最も妥当なのはどれか。

平成22年度
国家Ⅱ種

1 朝廷は，中国を統一した唐に対しては~~遣唐使を派遣し対等の関係を築こうとし~~
　　　　　　　　　　　　　　　　　　　　　　　　朝貢している
たが，中国東北部に勃興した渤海に対しては~~従属国として扱おうとし，同国と~~
　　　　　　　　　　　　　　　　　　　渤海使が来日，交易中心の関係をもつ
~~の間で緊張が生じた。~~このため，朝廷は，朝鮮半島を統一した新羅との~~友好関~~
　　　　　　　　　　　　　　　　　　　　　　　　　　　　　新羅との関係悪化
~~係を深めて，渤海に対抗した。~~
　　　　　　　対抗していない

2 ~~孝謙天皇の時代~~，仏教を信仰する~~天皇~~が僧侶の道鏡を寵愛し，仏教勢力が政界
　　淳仁天皇・孝謙上皇　　　　　　　　上皇
で勢力を伸ばした。これに危機感をつのらせた太政大臣の藤原仲麻呂は，~~武力~~
　　　　　　　　　　　　　　　　　　➡正確には太政大臣に准ずる大師
~~で道鏡を政界から追放し~~，これ以後，政界で~~藤原氏が権力を握ることとなった。~~
➡恵美押勝の乱を起こすが敗死　淳仁天皇は配流　孝謙上皇が重祚して称徳天皇となり，
　　　　　　　　　　　　　　　　　　　　　　　　　　道鏡が政権を担当

③ 朝廷は，蝦夷と交わる東北地方において支配地域を広げる政策を進め，日本海
側に秋田城，太平洋側に多賀城を築いて蝦夷対策の拠点とした。

4 家父長制的な家族制度は普及しておらず，女性は結婚しても別姓のままで，自
分の財産を持っていた。このため，律令制では，租・調・庸と呼ばれる税の負
担は~~男女均等に課せられ，公民としての地位も同じであった。~~
　　　　　　調・庸は男子のみ課税

5 仏教による鎮護国家思想に基づき，朝廷は~~民衆への仏教の布教を奨励し~~，各地
　　　　　　　　　　　　　　　　　　民間布教は禁止
にその拠点となる国分寺が建立された。また，用水施設や救済施設を造る社会
事業を行って民衆の支持を得ていた~~空也の進言により~~，大仏造立の大事業が進
　　　　　　　　　　　　　　　　行基が大僧正となり
められた。

1 8世紀ごろの中国・朝鮮との関係に着目。新羅とは関係が悪化し, 渤海とは使節の往来があった。

日本は新羅を属国扱いしたことから関係が悪化し遣唐使の航路を変更する。渤海は唐・新羅と対立し, 渤海使を派遣する。

2 奈良時代の政変を中心とした政局の推移を考える。

藤原仲麻呂は孝謙上皇の寵愛をうけ台頭してきた道鏡を排除することを求めて【**Ⓐ**   】を起こすが失敗した。事件後孝謙太上天皇が重祚して称徳天皇となり道鏡が政権を担った。

3 正しい。8世紀に入り出羽国が設置され日本海側の蝦夷征伐がほぼ終了すると太平洋側に【**Ⓑ**   】を築いて鎮守府を置いた。

4 律令制下の課税対象者を考える。

租は土地税で男女に課税され, 1段につき稲2束2把をおさめた。庸は【**Ⓒ**   】に代えて布を, 調は郷土の産物をおさめる人頭税で男子に課税された。

5 奈良時代は国家仏教の最盛期で, 寺院・僧侶は国家の管理下にあることに気づけばよい。

【**Ⓓ**   】は民間布教を行ったことから政府により弾圧を受けたが, 彼の民衆動員力を利用するために大仏造立に際して大僧正に任命された。

Point

- [ ] 新羅との関係が悪化し遣唐使の航路が北路から南路に変更された。
- [ ] 恵美押勝の乱後, 重祚した称徳天皇のもとで実権を握った道鏡が仏教勢力を優遇する政治を展開した。
- [ ] 8世紀前半に太平洋側に多賀城を築き鎮守府と陸奥国府を置いた。
- [ ] 租は土地税で男女に課税, 庸・調は人頭税で男子に課税された。
- [ ] 行基は民間布教により弾圧されるが, 大仏造立に際して大僧正に任命された。

Ⓐ：恵美押勝の乱, **Ⓑ**：多賀城, **Ⓒ**：歳役, **Ⓓ**：行基

奈良時代の文化

奈良時代の文化に関する記述として，妥当なのはどれか。

令和元年度
地方上級

1 712年に完成した『古事記』は，天武天皇が太安万侶に「帝紀」と「旧辞」を
よみならわせ，これを稗田阿礼に筆録させたものである。
➡元明天皇の命

2 751年に編集された『懐風藻』は，日本に現存する最古の漢詩集として知られ
ている。

3 官吏の養成機関として中央に国学，地方に大学がおかれ，中央の貴族や地方の
豪族である郡司の子弟を教育した。

4 仏像では，奈良の興福寺仏頭（旧山田寺本尊）や薬師寺金堂薬師三尊像に代表
東大寺法華堂執金剛神像（塑像）　　　　　興福寺阿修羅像（乾漆像）
される，粘土で作った塑像や原型の上に麻布を漆で塗り固めた乾漆像が造られ
た。

5 正倉院宝庫には，白河天皇が生前愛用した品々や，螺鈿紫檀五絃琵琶などシル
聖武天皇
クロードを伝わってきた美術工芸品が数多く保存されている。

解 説 ×月○日 難易度 ★★ 重要度 ★

1 『古事記』完成時の天皇がポイント。

　[**A**　　]の誦習した神代から推古天皇までの天皇の系譜や天皇家の伝承を[**B**　　]が筆録し，『古事記』として712年に元明天皇に献上した。

2 正しい。751年，現存する最古の漢詩集である『[**C**　　]』が成立し，天武天皇の皇子である大津皇子など64人の漢詩が集録されている。

3 大学と国学の識別。

　官吏養成のために設置された中央の[**D**　　]には貴族の子弟が，地方の[**E**　　]には郡司の子弟が優先的に入学した。

4 美術作品の時代の識別がポイント。

　興福寺仏頭や薬師寺金堂薬師三尊像は白鳳美術の代表作品。天平彫刻は，木を芯として粘土を塗り固めた[**F**　　]や，原型の上に麻布を幾重にも漆で塗り固め，あとで原型を抜き取る[**G**　　]の技法が発達した。

5 白河天皇は11世紀の天皇。

　奈良時代の工芸品は，光明皇太后が聖武太上天皇の死後，東大寺に献納した太上天皇遺愛の品を中心とした正倉院宝物が有名である。

Point

□ 712年，元明天皇の時代に『古事記』が完成した。

□ 751年，現存最古の漢詩集である『懐風藻』が編纂された。

□ 律令国家の官吏養成機関として，中央に大学，地方に国学が設置された。

□ 天平彫刻の代表的な作品には，乾漆像の興福寺阿修羅像や塑像の東大寺法華堂執金剛神像などがある。

A：稗田阿礼，**B**：太安万侶，**C**：懐風藻，**D**：大学，**E**：国学，**F**：塑像，**G**：乾漆像

平安初期の政治に関する記述として，
妥当なのはどれか。

1 光仁天皇は仏教政治の弊害を断ち天皇の権力を強化するために，平城京から山
　　　桓武天皇
背国の長岡京に遷都した。

2 坂上田村麻呂は蝦夷の族長である阿弖流為を屈服させ，胆沢城を築き鎮守府を

多賀城からここに移した。

3 兵士の質が低下したことから，健児にかわってあらたに郡司の子弟や有力農民

の志願による軍団が採用された。

4 弘仁・貞観・延喜の三代格式の解釈を公式に統一するため，清原夏野らによっ
　　　　　　　　養老令の解釈
て『令義解』が編纂された。

5 平安京の造営事業と蝦夷征討という二大政策は，国家財政や民衆にとって大き

な負担となり，菅野真道は政策の批判をした。
　　　　藤原緒嗣

解説

難易度 ★★☆ 重要度 ★★★

1 天皇と宮城の関係がポイント。

桓武天皇は政治と仏教を切り離すために，784年，平城京から山背国［**A**　　　　］に遷都したが，造営責任者藤原種継の暗殺事件もあり造営は中止され，794年，平安京に遷都した。

2 正しい。征夷大将軍［**B**　　　　］は阿弖流為を降伏させ，［**C**　　　　］を築き，鎮守府を多賀城からここに移した。

3 律令制下の兵制度では，正丁3〜4人に1人の割合で徴兵され，諸国の軍団で一定期間軍事訓練を受けた。

桓武天皇は東北・九州を除き軍団を廃止して，郡司の子弟で弓馬に巧みな者を［**D**　　　　］とする新しい軍制度に改めた。

4 『令義解』は養老令の官撰注釈書。格式の意味を考える。

律令を補足修正した格や，施行細則である式が多く出されてきたので，これらを整理した［**E**　　　　］・貞観格式・延喜格式が次々に編纂された。これらを三代格式という。

5 徳政相論を想定し，藤原緒嗣と菅野真道の主張の相違を考える。

桓武天皇の二大事業である［**F**　　　　］の造営と蝦夷征伐について，菅野真道は継続を主張したのに対して，藤原緒嗣は停止を主張した。桓武天皇は藤原緒嗣の意見を採用した。

Point

- [ ] 桓武天皇は784年，長岡京（山背国）に遷都したが，造宮使藤原種継の暗殺により造都は中止された。その後，794年，和気清麻呂の進言で平安京（山城国）に遷都した。
- [ ] 征夷大将軍坂上田村麻呂は胆沢城を築き，鎮守府を多賀城から移転させた。
- [ ] 正丁を徴発して編成した軍団を，一部の地域を除いて廃止し，郡司の子弟を健児として国衙などを守らせる健児制に改めた。
- [ ] 『令義解』は清原夏野が編纂した養老令の官撰注釈書，『令集解』は惟宗直本が編纂した令の私的注釈書である。
- [ ] 桓武天皇の二大事業は平安京造営と蝦夷征伐である。

A：長岡京，**B**：坂上田村麻呂，**C**：胆沢城，**D**：健児，**E**：弘仁格式，**F**：平安京

平安時代

平安時代に関する記述として，妥当なのはどれか。

平成15年度
地方上級

1 桓武天皇は，寺院勢力の強い~~平城京~~から平安京に遷都し，律令政治の再建事業
　　　　　　　　　　　　　長岡京
に着手し，国司の交替事務を監督して不正を取り締まるために~~検非違使~~を，警
　　　　　　　　　　　　　　　　　　　　　　け び い し　　　勘解由使　　察
察や裁判の業務をつかさどるために~~勘解由使~~を設置した。
　　　　　　　　　か げ ゆ し
　　　　　　　　検非違使（嵯峨天皇が設置）

2 ~~嵯峨天皇~~は，東北地方の支配に力を入れ，坂上田村麻呂を征夷大将軍に任命し，
　　桓武天皇
蝦夷の反乱を鎮定させ，鎮守府を~~胆沢城~~から~~多賀城~~へ移した。
　　　　　　　　　　　　　　い さわ　多賀城　　　胆沢城

③ 宇多天皇は，菅原道真を重用し，藤原氏を抑えようとしたが，菅原道真は，続
く醍醐天皇の時代に，藤原時平の策謀によって，大宰府に左遷された。

4 摂政は天皇が幼少の期間その政務を代行し，関白は天皇が成人後にその後見役
を務めるもので，このような摂政，関白を出す家柄を摂関家といい，摂関家の
勢力は，~~藤原冬嗣~~とその子~~良房~~のときに全盛期を迎えた。
　　　　　藤原道長　　　　　頼通

5 承平・天慶の乱とは，~~藤原純友~~が下総国の豪族を率いて起こした反乱と，~~平将~~
　　　　　　　　　　　　平将門　　　　　　　　　　　　　　　　　　　藤原純友
~~門~~が瀬戸内海の海賊を率いて起こした反乱とをいうが，この乱を通じて，朝廷
の軍事力の低下が明らかになり，地方武士の組織が一層強化された。

解 説

難易度 ★ ☆ ☆　重要度 ★★★

1 桓武天皇と嵯峨天皇の律令国家再建政策の区別がポイント。

桓武天皇は国司交替事務を監視して不正を取り締まるために【🅐　　　　　】を設置し，嵯峨天皇は都の警察や裁判の業務をつかさどるために【🅑　　　　　】を設置した。

2 桓武天皇の時代には坂上田村麻呂が，嵯峨天皇の時代には文屋綿麻呂が蝦夷征伐に派遣されている。

桓武天皇より征夷大将軍に任命された坂上田村麻呂は蝦夷の反乱を鎮圧し 802 年【🅒　　　　　】を築き，鎮守府を多賀城より移した。

3 正しい。醍醐天皇の時代に右大臣に昇進した【🅓　　　　　】は，左大臣の藤原時平の讒言で大宰府に左遷された。

4 人物関係に注意。摂関政治の全盛期は 11 世紀前半の藤原道長・頼通父子の時代。

969 年の【🅔　　　　　】で藤原氏の他氏排斥が終わり，摂政・関白が常に置かれた。一族の内紛の時代を経て，11 世紀に藤原道長・頼通父子の摂関政治全盛期を迎えた。

5 事件・争乱は人物関係がポイント。平将門は東国，藤原純友は西国で反乱をおこす。

一族の土地紛争から伯父の国香を殺害し，常陸・下野・上野の国府を襲い，自ら新皇と称したのが【🅕　　　　　】，海賊と結んで反乱をおこし，讃岐の国府や大宰府を襲撃したのが【🅖　　　　　】である。

🔑Point

☐ 勘解由使は桓武天皇が，蔵人頭・検非違使は嵯峨天皇が律令国家再建のために設置した令外官である。

☐ 桓武天皇の時代，征夷大将軍坂上田村麻呂は蝦夷の反乱を平定し，胆沢城・志波城を築き，鎮守府を多賀城から胆沢城に移した。

☐ 藤原良房・基経の時代に摂関政治の礎が築かれ，11 世紀の藤原道長・頼通の時に全盛期を迎えた。

☐ 935 年の東国での平将門の乱と，瀬戸内海の海賊を率いておこした939 年の藤原純友の乱を合わせて承平・天慶の乱という。

🅐：勘解由使, 🅑：検非違使, 🅒：胆沢城, 🅓：菅原道真, 🅔：安和の変, 🅕：平将門, 🅖：藤原純友

日中関係史

わが国と中国との関係に関する記述として，
妥当なのはどれか。

平成20年度
地方上級

1 飛鳥時代，朝廷は最初の遣唐使として小野妹子を派遣したが，これは唐の皇帝
　　　　　　　　　　遣隋使
から称号を得て，朝鮮半島における政治的立場を有利にするためであった。
宋の皇帝より称号を得て半島における政治的立場を有利にしようとしたのは倭の五王

2 奈良時代，仏教は庶民を中心に発展したが，それは当時日本に渡来して戒律を
　　　　　　　　　　僧尼令で民間布教は禁止されていた
伝え，興福寺を開いた鑑真ら中国の僧侶の活動に負うところが大きかった。
　　　唐招提寺

3 鎌倉時代，源頼朝は摂津国の大輪田泊の修築を行い，初めて日宋貿易を行った
　　平安時代後期　平清盛　　　　　　　　　　　　　　清盛以前から行われていた
が，それで得られる利益は鎌倉幕府の重要な経済基盤の一つであった。
　　　　　　　　　　平氏政権

❹ 室町時代，足利義満は明に使者を派遣し，明の皇帝から義満を日本国王と呼ぶ

返書を得て，明が交付する勘合を携帯した船による朝貢形式の貿易を行った。

5 江戸時代，徳川家康は大名や豪商に朱印状を与え中国との貿易を特に奨励した
　　　　　　　　　　　　　　　　　　　　　　　　東南アジア
が，その後幕府は鎖国政策をとり，中国船の来航を一切禁じた。
　　　　　　　　　　　　　　　　　　　　中国船は長崎に来航

1 飛鳥時代は聖徳太子の時代。朝鮮支配を有利にするため中国皇帝から称号を受けたのは倭の五王。

【**A**　　　　】には，朝鮮半島南部を巡る外交・軍事上の立場を有利にするために，倭王武が宋の【**B**　　　　】に上表し，安東大将軍の称号を得たことが記されている。

2 奈良時代は僧尼令で民間布教は禁止されていたことから考えれば「庶民を中心に発展」がおかしいことは明らかである。

奈良時代は，国家の保護・支配のもとに置かれた国家仏教で，僧侶は僧尼令の規制を受け，民間布教は禁止されていた。

3 宋とは正式な国交はなかったが，宋船が来航して私貿易が行われた。日宋貿易の利益は平氏政権の経済基盤の一つ。

平清盛は，摂津国【**C**　　　　】を修築し，安芸国【**D**　　　　】を開き，宋船の畿内への招来に努め，日宋貿易を推進した。

4 正しい。【**E**　　　　】は，明に祖阿・肥富を使者として派遣し，明の国王から「日本国王」に冊封され，【**F**　　　　】を用いた朝貢貿易を開始した。

5 鎖国体制下では，中国との正式国交はないが通商は行われ，長崎郊外に唐人屋敷が設けられていた。

徳川家康は，東南アジアに渡航する日本の商船に海外渡航の許可書である【**G**　　　　】を与え保護をした。

Point

☐ 倭の五王は朝鮮半島における政治的立場を有利にするために南朝の宋に朝貢，聖徳太子は対等な立場を主張する遣隋使を派遣した。

- - - - - - - - - -

☐ 奈良時代の仏教は，国家の保護を受けてさらに発展し，特に仏教によって国家の安定を図る鎮護国家の法会が官寺で行われた。

- - - - - - - - - -

☐ 平忠盛は日宋貿易に力を入れ，子の清盛は大輪田泊を修築して，瀬戸内海航路の安全を図った。

- - - - - - - - - -

☐ 明を中心とする国際秩序の中で行われた日明貿易は，国王が明の皇帝に朝貢し，その返礼として品物を受け取るという朝貢形式で，明から交付された勘合と呼ばれる証票の持参が義務づけられた。

- - - - - - - - - -

☐ 鎖国により，日本に来航する貿易船はオランダと中国だけになり，貿易港は長崎1港に限られた。

A：『宋書』倭国伝, **B**：順帝, **C**：大輪田泊, **D**：音戸の瀬戸, **E**：足利義満, **F**：勘合, **G**：朱印状

日朝関係史

日本と朝鮮半島との関係に関する
次の記述のうち，妥当なものはどれか。

平成8年度
国税専門官

1 7世紀後半に唐・高句麗の連合軍が百済を滅ぼしたため，百済の遺臣は百済再
　　　　　　　　新羅
興を企図して日本に救援を求めた。この求めに応じて中大兄皇子は援軍を派遣
したが，白村江の戦いで唐・高句麗の軍に大敗し，撤退した。
　　　　　　　　　　　　新羅

2 14世紀末，李氏朝鮮が成立し，室町幕府に対して国交の開始と倭寇の禁圧を
求めてきた。室町幕府は，この機会をとらえて幕府以外の者による朝鮮との交
　　　　　　　　　　　　　　　　　　　　対馬の宗氏を介し交易を行う
易を禁止し，日朝貿易の利益を独占した。
　　　　　　　独占していない

③ 16世紀末，豊臣秀吉は大陸への侵攻を企図し，大軍を朝鮮に派遣した。遠征
軍は一時は朝鮮北部まで侵攻したが，次第に戦局は不利となり，いったん撤兵
した。その後，再び出兵したが，秀吉の死を機会に撤退した。

4 江戸時代には，天皇の即位を祝うために朝鮮の李王朝から通信使が日本に派遣
　　　　　　　　　将軍の代替わり
された。この朝鮮通信使は，対馬，瀬戸内海を経て京都までの経路を往来し，
その寄港先では学者，文人との文化交流が盛んに行われた。

5 20世紀初頭，日本は朝鮮の支配を企図し，種々の外交的策略の末，韓国併合
　　　　　　　　　　　　　　　　　　　　　　　　　　→1910年
条約を締結して韓国を日本に併合した。これに対してロシアが干渉し，日露戦
　　　　　　　　　　　　　　　　　　　　干渉していない　　→1904年
争の原因となった。

1 百済，高句麗を滅ぼし，唐の勢力を半島から排除して統一したのは新羅なので，高句麗は間違い。

百済滅亡後，百済の遺臣が日本に救援を求めたことから，大軍を派遣するが，663 年に【**Ⓐ**　　　　　】で唐・新羅連合軍に大敗した。

2 室町時代の日朝貿易は対馬の宗氏を介して行われた。

1392 年に【**Ⓑ**　　　　】が高麗を倒し朝鮮を建国すると，通交と倭寇の禁圧を日本に求め，足利義満がこれに応じて国交が開かれ貿易が始まった。

3 正しい。明の征服を計画した豊臣秀吉は，朝鮮に服属と先導を要求し拒絶されると大軍を朝鮮に派遣した。これを【**Ⓒ**　　　　　】という。朝鮮の水軍や明の援軍の抵抗にあい苦戦，講和の交渉が始まったが，交渉は決裂し再度出兵した。これが【**Ⓓ**　　　　　】である。

4 江戸時代，朝鮮からの使節は将軍の代替わりごとに来日した。

対馬の宗氏を通じて国交が回復すると，朝鮮からは 12 回の使節が来日した。当初は朝鮮出兵時の朝鮮人捕虜の返還を求めたものであったが，のちに新将軍就任の慶賀を目的とするようになった。4 回目からの使節は【**Ⓔ**　　　　】と呼ばれた。

5 日本が朝鮮に進出するきっかけは江華島事件で 19 世紀後半である。

1905 年の第 2 次日韓協約で外交権を掌握し，漢城に【**Ⓕ**　　　　　】を設置した。さらに 1910 年，韓国併合条約を結び，【**Ⓖ**　　　　　】を設置して植民地支配が行われた。

Point

- [ ] 白村江の戦いで唐・新羅の連合軍に敗れた中大兄皇子は半島進出を断念し，内治専念の方向転換を図った。

- [ ] 日朝貿易は幕府だけではなく守護・商人なども参加したので，朝鮮側は対馬の宗氏を通して通交についての制度を定め，貿易を統制した。

- [ ] 豊臣秀吉は文禄・慶長の役と 2 度にわたる朝鮮出兵を行った。

- [ ] 朝鮮通信使は将軍の代替わりごとに，慶賀のために来日した。

- [ ] 1910 年，韓国併合条約を結び，朝鮮総督府を設置して植民地支配を開始した。

Ⓐ：白村江の戦い，Ⓑ：李成桂，Ⓒ：文禄の役，Ⓓ：慶長の役，Ⓔ：通信使，Ⓕ：統監府，
Ⓖ：朝鮮総督府

鎌倉〜江戸時代の対外政策

鎌倉時代から江戸時代までの我が国の対外関
係に関する記述として最も妥当なのはどれか。

令和元年度
国家専門職

1 13世紀後半，元の<u>フビライ＝ハン</u>は，日本に朝貢を求めたが，北条時宗はその要求に応じなかった。元は，~~文禄の役~~，~~慶長の役~~と二度にわたって日本に兵
　　　　　　　　　　　　　　　文永の役　　弘安の役
を派遣したが，<u>高麗や南宋の援軍を得た日本軍は，集団戦法や火薬で圧倒し，</u>
　　　　　➡高麗は元に服属，南宋は元に滅ぼされる ➡元軍が集団戦法をとり火薬を使用
元軍を二度とも退けた。
➡暴風雨による壊滅的打撃を受ける

2 15世紀初め，国内を統一した足利義満は，~~対等な通交~~を求めてきた明に使者
　　　　　　　　　　　　　　　　　　　　　朝貢
を送り，国交を開いた。この日明貿易では，正式な貿易船と海賊船を区別する
ために勘合という証明書が用いられ，その後，16世紀半ばまで，~~室町幕府が~~

~~貿易の実権を独占した。~~
➡義満の頃は幕府の直接経営，のちに諸大名・寺社・商人が参入

3 16世紀半ばに始まった南蛮貿易では，主に，~~銅銭~~，薬草，生糸などを輸入し，
　　　　　　　　　　　　　　　　　　鉄砲
刀剣，~~銅~~，硫黄などを輸出した。南蛮船で日本に来たキリスト教の宣教師は，
　　　銀
布教活動を行ったが，キリスト教信者の増大を警戒した<u>九州各地の大名</u>によっ
　　　　　　　　　　　　　　　　　　　　　　　　　　豊臣秀吉
て国外に追放された。
➡バテレン追放令

4 17世紀，江戸幕府は当初，諸外国との貿易に意欲を出し，キリスト教を黙認
していたが，後に貿易統制とキリスト教の禁教政策を強化していった。そして，
異国や異民族との交流は長崎・対馬・薩摩・松前に限定され，鎖国と呼ばれる
状態が完成した。

5 18世紀末以降，~~中国~~・ロシア・アメリカ合衆国などの諸外国が日本に開国を
　　　　　　　➡通商国
求めた。19世紀半ばには，アメリカ合衆国のペリーが二度来航したことを受け，
江戸幕府は，~~自由貿易~~や下田・箱館の開港などを内容とする<u>日米和親条約</u>を結
　　　　　　燃料・食糧の供給
ぶこととなった。

解説

難易度 ★★☆　重要度 ★★★

1 文禄・慶長の役は豊臣秀吉の朝鮮出兵。

1274年に元・高麗軍が博多湾を襲う【**A**　　　】の役，1281年に東路軍・江南軍が博多湾を襲う【**B**　　　】の役がおこるが，二度とも暴風雨により壊滅的打撃を受け退却した。

2 足利義満が開始した勘合貿易は朝貢形式。

足利義満が開始した勘合貿易は，応仁の乱後，堺商人と結ぶ細川氏，博多商人と結ぶ大内氏に実権が移り，【**C**　　　】で勝利した大内氏が貿易を独占した。

3 輸出入品の区別がポイント。

東洋に進出したポルトガル・スペインとの間で南蛮貿易が行われた。南蛮人は中国産の【**D**　　　】や鉄砲・火薬などをもたらし，当時生産が増大した日本の【**E**　　　】と交易した。

4 正しい。キリスト教の布教がポルトガル・スペインの侵略をまねく恐れを感じた幕府は，1612年に天領に【**F**　　　】を出し，翌年これを全国におよぼして信者に改宗を強制した。

5 条約の内容をチェック。

1854年，【**G**　　　】を締結し，アメリカ合衆国に対し，下田・箱館の開港，薪水・食糧の供給，片務的最恵国待遇などを認めた。

Point

☐ 東路軍は元・高麗の混成軍，江南軍は南宋の降兵が中心。

☐ 勘合貿易は日本が臣下の礼をとる朝貢貿易で，足利義満は自ら「日本国王臣源」と称した。

☐ 南蛮貿易はキリストの布教活動と一体化して行われた。

☐ 鎖国体制下，江戸幕府は長崎・対馬・薩摩・松前の4つの窓口を通じて異国・異民族との交流をもった。

☐ 日米和親条約を締結して開国した日本は，下田に領事の駐在を認めた。

A：文永, **B**：弘安, **C**：寧波の乱, **D**：生糸, **E**：銀, **F**：禁教令, **G**：日米和親条約

日本とアジア諸地域の関係

第二次世界大戦以前のわが国とアジア諸地域との関係に関する記述として，妥当なものはどれか。

平成9年度
国家Ⅰ種

1 征韓論を主張して敗れた西郷隆盛，板垣退助らは，~~不平士族の不満をそらすた~~
 1873年　　　　　　　　　　　　　　　　　　　台湾出兵の理由ではない
め~~に朝鮮半島に比べて軍備の手薄な~~台湾への出兵を行い，~~日清修好条規を結ん~~
　　　　　　　　　　　　1874年　　　　　　　　下関条約（1895年）
で台湾がわが国の植民地となったことを清国に認めさせた。

2 ~~日清戦争に勝利した~~わが国は，~~清~~の袁世凱政権に，~~朝鮮の独立や賠償金請求，~~
 1894～95年　　　　中華民国　　　　　　　　下関条約の内容
~~遼東半島および澎湖列島の割譲~~などからなる 21 か条の要求を迫り，これらの
　　　　　　　　　　　　　　　　　　　1915年
要求の主要な部分を受け入れさせたが，これ以後中国では，五・四運動と呼ば
れる抗日運動が盛んとなった。

3 ~~日清戦争後も朝鮮に軍隊を駐留させた~~わが国は，~~日朝修好条規を結んで~~朝鮮併
 1894～95年　　　　　　　　　　　　　　1875年　　　　　　　1910年
合を断行し，朝鮮総督府を設置した。さらに，抗日勢力により初代総督の伊藤
　　　　　　　　　　　　　　　　　　　　　　　　　　　　統監
博文が暗殺されたため，同勢力に対する取締りを強めたことなどが，朝鮮への
 1909年
進出を企図するロシアとの対立を深め戦争を引き起こす要因となった。
　➡日清戦争後の動向　　　　　　　➡日露戦争（1904～05年）

4 第一次世界大戦中に成立したソビエト政権に干渉するために，わが国はアメリ
カなどともにシベリアに出兵した。各国は大戦の終了とともに撤兵したが，わ
が国は尼港事件などもあり 1920 年代に入っても駐兵を続けたため，諸外国か
らは領土的野心を疑われ，国内では膨大な戦費に批判が高まった。

5 わが国は，~~盧溝橋事件~~をきっかけに武力攻撃を行い，中国東北部の主要都市を
　　　　　柳条湖事件
占領し，満州国を樹立させた。これらのわが国の行動に対して欧米諸国から批
判の声が上がったが，直後に生じた世界恐慌の影響で，わが国に対する明確な
責任追及は行われなかった。

国家総合職　国家一般職　国家専門職　裁判所　地方上級　市役所　警察官　消防官

解 説 ×月○日　難易度 ★★☆　重要度 ★★★

1 台湾出兵の原因は琉球漁民殺害事件。

　台湾での琉球漁民の殺害を巡って清国と琉球漁民の保護責任問題がもつれ，日本は台湾に出兵した。しかし，【**A**　　　　】公使ウェードの調停により，清国は日本の出兵を義挙と認め償金を支払った。

2 条約・外交文書の内容がポイント。遼東半島や澎湖諸島の割譲は下関条約の規定である。

　清国は下関条約で朝鮮の独立を認め，遼東半島・【**B**　　　　】・澎湖諸島を日本に譲り，賠償金【**C**　　　　】億 両 を支払い，沙市・重慶・蘇州・杭州の4港を開くことを認めた。

3 時代的な認識がポイント。日朝修好条規を結んで日本が朝鮮に進出したことが清国との対立を招き戦争につながった。

　1909年の【**D**　　　　】の暗殺をきっかけに，翌年，韓国併合条約を結び，朝鮮を植民地として【**E**　　　　】を設置した。

4 正しい。ロシア革命がおこると，1918年アメリカがチェコスロヴァキア軍救援のための共同出兵を提唱すると，日本はこれを名目に多数の軍隊を【**F**　　　　】・北満州に派遣した。大戦終了後，列国は【**F**　　　　】から撤兵したが，日本だけは1922年まで駐留を続けた。

5 柳条湖事件と盧溝橋事件の区別。満州事変のきっかけはどちらか。

　1931年奉天郊外の【**G**　　　　】で南満州鉄道を爆破し，これを中国軍のしわざとして軍事行動を開始し満州事変が始まった。翌年に満州の要地を占領し，清朝最後の皇帝【**H**　　　　】を執政として満州国を建国した。

🔑 Point

☐ 日本は琉球漁民殺害事件をきっかけに台湾に出兵し償金を獲得する。日清戦争後，下関条約により台湾は日本の植民地となる。

- -

☐ 日清戦争の処理として，朝鮮の独立，遼東半島・台湾・澎湖諸島の割譲，賠償金2億両の支払いなどを内容とする下関条約を調印した。

- -

☐ 第2次日韓協約締結後，統監府が置かれ初代統監に伊藤博文が就任。韓国併合により朝鮮総督府が置かれ，初代総督に寺内正毅が就任した。

- -

☐ 柳条湖事件をきっかけに満州事変が，盧溝橋事件をきっかけに日中戦争が勃発した。

A：イギリス，**B**：台湾，**C**：2，**D**：伊藤博文，**E**：朝鮮総督府，**F**：シベリア，**G**：柳条湖，**H**：溥儀

日露関係史

わが国とロシアの関係史に関する記述として，妥当なものはどれか。

平成11年度
国家Ⅰ種

1 19世紀半ば，江戸幕府はアメリカ合衆国との間で日米和親条約を結び，続いてロシアとの間にも日露和親条約を結んだ。~~この条約後~~，~~幕府~~はさらにロシア
　　　　　　　　　　　　　　　1875年　　明治政府
との間で樺太・千島交換条約を結び，樺太を~~日本領~~，千島列島を~~ロシア領~~と定
　　　　　　　　　　　　　　　　　　　　ロシア領　　　　　　　　　日本領
めた。

2 20世紀初頭，ロシアは，いわゆる不凍港を求めて極東に勢力を伸ばし，朝鮮半島への進出をねらっていた日本と戦争を起こした。この戦争で敗北したロシアは，~~多額の賠償金を支払う~~とともに，~~千島列島~~を日本に割譲した。
　　　　　　賠償金はない　　　　　　　　　　南樺太

3 ~~第一次世界大戦後~~，ロシアでは革命が起こり，世界で初めての社会主義政権が
　　第一次世界大戦中
誕生した。社会主義勢力が拡大することを恐れた日本は，アメリカ合衆国やイギリスなどとともにシベリアに進出し，新たに北樺太や千島列島全部を~~領土と~~
　　　　　　　　　　　　　　　　　　　　　　　　　　　　領土としていない
~~した~~。

4 第二次世界大戦後，日本は西側陣営に属したために，ソ連との関係は断絶された。その後もソ連がサンフランシスコ平和条約調印を拒否するなど両国の関係改善の機運は生まれず，正式な国交は~~1970年代の田中内閣~~まで待たなければ
　　　　　　　　　　　　　　　　　　1956年　鳩山一郎内閣
ならなかった。

❺ 1990年代に入ると，ソ連邦解体後に誕生したロシア連邦の大統領にエリツィンが就任した。その後，エリツィン大統領は細川首相との間で「東京宣言」に合意し，これにより両国は「法と正義の原則」に基づいて領土交渉を行うこととなった。

解 説

難易度 ★★　重要度 ★★

1 樺太・千島交換条約は明治政府が結んだ条約。

1875年に日本はロシアと樺太・千島交換条約を結び，樺太を
【**Ⓐ**　　　　】領，千島列島を【**Ⓑ**　　　　　】領とした。

2 日露戦争では賠償金が得られなかったので，国民が講和に反対する
国民大会を日比谷公園で開いている。

日露戦争中，国民は大幅な増税に耐えて戦争を支援したが，講和条
約に賠償金がないことがわかると政府を攻撃し，講和条約調印の日
に開かれた国民大会が暴動化する【**Ⓒ**　　　　】事件をおこした。

3 ロシア革命のおこった時期を考える。ソビエトが成立するとドイツ
と単独で講和を結んでいる。

1916年に極東における日露の特殊権益の擁護を相互に再確認した第
4次日露協約が，ロシア革命により消滅すると，寺内正毅内閣は勢
力圏の拡大をもくろみ1918年に【**Ⓓ**　　　　　】を行ったが，何も
得ることなく加藤友三郎内閣の1922年に撤兵した。

4 内閣と事項の結びつきがポイント。日ソ国交回復は第3次鳩山一郎
内閣のときである。

ソ連との国交正常化は，1956年に第3次鳩山一郎内閣が調印した
【**Ⓔ**　　　　　】により達成され，これによりソ連の支持を得られた
ことから，日本は同年【**Ⓕ**　　　　　】に加盟した。

5 正しい。1993年に来日したロシアの【**Ⓖ**　　　　　】大統領と細川
護煕首相との間で東京宣言が出された。

Point

□ 1854年の日露和親条約で両国雑居の地とされた樺太が，1875年の
樺太・千島交換条約でロシア領に確定された。

□ ポーツマス条約には賠償金の規定はなく，ロシアは賠償金を支払って
いない。

□ ロシア革命は第一次世界大戦中の1917年におこり，1918年から日
本は米英仏などとともに共同でシベリアに出兵を開始した。

□ サンフランシスコ平和条約に調印を拒否したソ連とは，1956年の日
ソ共同宣言により国交を回復した。

Ⓐ：ロシア，**Ⓑ**：日本，**Ⓒ**：日比谷焼打ち，**Ⓓ**：シベリア出兵，**Ⓔ**：日ソ共同宣言，**Ⓕ**：国際連合，
Ⓖ：エリツィン

日米関係史

わが国とアメリカ合衆国との関係に関する記述として，妥当なものはどれか。

平成9年度
国家Ⅰ種

1 江戸時代末期においてアメリカ合衆国は，中国への航路の開設と~~ロシアの南下~~
捕鯨船の補給基地
~~を防ぐための根拠地~~を確保することを主な理由として，インド艦隊司令長官ペ
東
リーを日本に派遣し，~~長崎，新潟~~，箱館の開港などを内容とする~~日米修好通商~~
➡1853年　下田　　　　　　　　　　　　日米和親条約(1854年)
~~条約~~を結び，ここに日本の200年以上に及ぶ鎖国が終結した。

2 明治時代末期においてロシアの中国などへの南下に脅威を感じた日本は，ロシ
アとの間で日露戦争を始めた。戦局は日本に有利に展開したが，やがて国力が
底をつき，戦争の遂行が困難となったために，アメリカ合衆国大統領セオドア・
ルーズヴェルトの仲介でロシアとの間にポーツマス条約を結んだ。

3 第一次世界大戦後，アメリカ合衆国は，主要国間の軍備拡張と日本や~~ソ連~~の中
ソ連は関係ない
国進出を抑えるために，~~ロンドン~~会議の開催を各国に呼びかけた。この会議に
ワシントン
おいて，日・米・~~ソ~~・英・~~独~~といった主要国の主力艦の保有量の制限，中国の
仏　　　伊
主権の尊重，~~日米友好条約~~の破棄などに関する諸条約が締結された。
日英同盟

4 第二次世界大戦後，アメリカ合衆国とソ連は，自由主義陣営と社会主義陣営に
分かれて対立したが，日本は自由主義陣営の諸国と~~ワシントン~~平和条約を締結
サンフランシスコ
することで主権を回復した後，~~国際連合の結成に加わる~~ことによって，自由主
日本の国連加盟は1956年
義陣営の有力国の一つとして認知されることとなった。

5 1970年代になるとアメリカ合衆国は，ドルを基軸とする国際経済と安全保障
面における国際的役割を支えきれなくなり，~~カーター~~大統領は~~円~~とドルの交換
ニクソン　　　金
停止などを内容とする新経済政策と中国，~~ソ連~~への訪問を相次いで発表し，対
米協調を基本としていた日本に大きなショックを与えた。
➡ニクソンショック

1 日米和親条約で下田・箱館を，日米修好通商条約で神奈川・長崎・新潟・兵庫の開港を規定している。両者は混乱しやすいので注意。東インド艦隊司令長官[**Ⓐ**   ]が再来航し条約締結を強硬に迫った。その威力に屈して幕府は日米和親条約を結び下田・箱館を開港し，200年以上にわたった鎖国政策から完全に転換した。

2 正しい。日露戦争は日本有利に展開したが，日本もロシアも戦争継続が困難になったため，[**Ⓑ**   ]米大統領の斡旋により，1905年日本全権[**Ⓒ**   ]とロシア全権[**Ⓓ**   ]は講和条約に調印した。

3 ソ連は社会主義国であり国際協調会議に参加していない。アメリカの呼びかけで開催された[**Ⓔ**   ]会議において，太平洋問題に関する[**Ⓕ**   ]が結ばれて日英同盟が廃棄となった。主力艦の保有量を制限する[**Ⓔ**   ]海軍軍縮条約や中国問題に関する取り決めである[**Ⓖ**   ]も締結された。

4 講和条約はサンフランシスコで開かれた会議で調印している。1951年のサンフランシスコ平和条約調印により主権を回復した日本は，1956年に[**Ⓗ**   ]に加盟して国際社会に完全復帰した。

5 ドル防衛政策を含む対外政策は別名ニクソン＝ショックとも言う。1971年ニクソン大統領はドルを防衛して国際収支の悪化を防ぎ，インフレを抑制するために金・ドル交換を停止するとともに，西ドイツや日本などの国際収支黒字国に為替レートの引上げを要求した。

🔑Point

- ☐ ペリーが日米和親条約を結び日本を開国させ，ハリスが日米修好通商条約を結んで貿易を開始した。

- ☐ ワシントン海軍軍縮条約で主力艦を制限し，ロンドン海軍軍縮条約で補助艦を制限した。

- ☐ 1951年のサンフランシスコ講和条約で主権を回復した日本は1956年の日ソ共同宣言後，国際連合に加盟した。

- ☐ ニクソン大統領のドル防衛政策を受けて10か国蔵相会議が開かれ，1ドル＝360円から308円に切り上げるなどの通貨調整が行われた。

Ⓐ：ペリー，Ⓑ：セオドア＝ルーズヴェルト，Ⓒ：小村寿太郎，Ⓓ：ウィッテ，Ⓔ：ワシントン，Ⓕ：四か国条約，
Ⓖ：九か国条約，Ⓗ：国際連合

沖縄の歴史

沖縄の歴史に関する記述として，妥当なのはどれか。

平成26年度
地方上級

1 琉球王国は，按司と呼ばれる地方豪族が勢力を競い分裂していた北山・中山・南山の三山を，1429年に~~南山王の尚泰~~が統一し建国したものである。
中山王　尚巴志

2 琉球王国は，薩摩の島津氏の軍に征服され実質的に島津氏の属領となったため，明に対しての朝貢関係を~~解消した~~。
継続

3 琉球王国は，琉球国王の代替わりごとにその即位を感謝する~~慶賀使~~を，徳川
謝恩使
将軍の代替わりごとにその就任を奉祝する~~謝恩使~~を，それぞれ幕府に派遣した。
慶賀使

4 琉球藩は，日本政府が1872年に琉球国王~~尚巴志~~を藩王とし設立したのち，琉
尚泰
球処分により廃止され沖縄県となったが，~~王府は存続された~~。

5 1945年の沖縄戦では，沖縄本島に上陸したアメリカ軍に対し，男子生徒の鉄血勤皇隊や女子生徒のひめゆり部隊などの学徒隊が動員された。

難易度 ★★　重要度 ★★

1 尚泰はいつの時期の人物か考える。

1429年，中山王 [**Ⓐ**　　　　] は，北山・中山・南山の三山を統一して琉球王国を建国し，首里を王府とした。

2 明治初めに琉球帰属問題が起った原因に着目する。

1609年，薩摩藩主 [**Ⓑ**　　　　] は琉球を武力で征服し，琉球の砂糖を上納させたが，琉球は独立の王国の形をとり，明，ついで清との朝貢貿易を継続させた。

3 慶賀使と謝恩使の区別がポイント。

琉球王国は，将軍の代替わりごとに [**Ⓒ**　　　　] を，琉球国王の代替わりごとに [**Ⓓ**　　　　] を江戸幕府に派遣した。

4 琉球処分の意味を考える。

1872年に琉球藩を設置して，[**Ⓔ**　　　　] を藩王とした。さらに1879年，軍隊を派遣して琉球藩を廃して沖縄県を設置した。これを琉球処分という。

5 正しい。1945年4月アメリカ軍は沖縄本島に上陸した。6月まで続いた戦闘で，男子中等学校生で構成された [**Ⓕ**　　　　] や看護要員として動員された女子学生の [**Ⓖ**　　　　] などを含む一般住民が悲惨な最期をとげた。

Point

☐ 1429年，中山王の尚巴志は琉球王国を建国した。

☐ 1609年，薩摩藩主島津家久が武力で琉球を征服したが，琉球は明（のちに清）との朝貢貿易は継続した。

☐ 将軍の代替わりごとに慶賀使，国王の代替わりごとに謝恩使を江戸幕府に派遣した。

☐ 1872年に琉球藩を設置し尚泰を藩王とし，1879年には琉球処分を断行した。

☐ 太平洋戦争末期の沖縄戦で，男子中等学校生は鉄血勤皇隊，女子学生は看護要員として動員された。

Ⓐ：尚巴志，Ⓑ：島津家久，Ⓒ：慶賀使，Ⓓ：謝恩使，Ⓔ：尚泰，Ⓕ：鉄血勤皇隊，Ⓖ：ひめゆり隊

産業・貿易史

わが国の産業，貿易等の歴史に関する記述として最も妥当なのはどれか。

平成27年度
国家総合職

1 平安時代後期，平清盛は摂津の大輪田泊を修築して瀬戸内海航路の安全を確保し，宋商人の畿内への招来に努めて宋との貿易を推進した。これにより，宋からは金や銭貨が輸入され，日本からは刀剣や陶磁器が輸出された。この日宋貿易は，日本の文化や経済に大きな影響を与えたが，鎌倉幕府の成立と共に途絶えた。

2 鎌倉時代から室町時代にかけては，商業の発達に伴い「座」に起源を持ち営業権の独占を認められた「株仲間」と呼ばれる商人の団体が生まれた。また，応
座　　➡株仲間は江戸時代　　　　発展した
仁の乱の後，各地で台頭した戦国大名は，大坂城や姫路城に代表される壮麗な天守閣を有する大規模な城郭の建築を盛んに行い，その周りには家臣や商工業者による典型的な城下町が生まれた。

3 安土・桃山時代には，日光や長野など著名な寺社の門前町や東海道の宿場町に
安土などの城下町
おいて，楽市と呼ばれる原則として自由な商業取引が行われた。当時始まったスペインやポルトガルとの交易である南蛮貿易は，堺や神戸などに代表される
平戸・長崎・豊後府内など
港町を拠点として急速に発達し，鉄砲や火薬，銀が多く輸入され，日本からは
生糸
主に生糸や木綿が輸出された。
銀

4 江戸時代初期，幕府は糸割符制度を設けて特定の商人に生糸の貿易を行わせたり，海外渡航を許可する朱印状を与えて貿易を奨励したりしたが，その後奉書船以外の日本船の海外渡航を禁止した。さらに，島原の乱以降はポルトガル人の来航と居住を禁じ，オランダなど特定の諸国以外との交渉を閉ざして，いわゆる鎖国状態となった。

5 明治政府は旧幕府から接収した富岡製糸場，長崎造船所，八幡製鉄所等を対象
➡1872年明治政府が設立　　➡八幡製鉄所は1897年設立
にフランスの技術を採り入れて模範官営工場と位置付けたが，官営事業払い下げ
工場払い下げ概則
により除々に民間財閥系企業に売却した。また，長距離交通
1884年より官営事業払い下げ本格化　　政商
網の整備においては日本郵船会社の設立など水運に重きが置かれたため，鉄道
➡1885年
事業の開始は遅れ，東海道線（東京・神戸間）の開通は20世紀に入ってから
➡1872年新橋・横浜間開通　　　　　　　　1889年
であった。

1 日宋貿易の輸出入品の区別がポイント。

平清盛は摂津の [**A**　　　　　] を修築して瀬戸内海航路の安全を
はかり, 宋商人の畿内への招来に努め貿易を促進した。日宋貿易で
は, 日本からは金・水銀・硫黄・刀剣などを輸出し, 宋からは宋銭・
陶磁器・書籍などを輸入した。

2 株仲間は江戸時代の商工業者の同業組織。

座は中世の商工業者の同業者組合で, 公家や寺社を本所として座役
（納付金）を納入することで, 販売独占権や [**B**　　　　　] 免除な
どの特権が認められた。

3 楽市政策は城下町を繁栄させるための政策の一つ。

南蛮人（ポルトガル人・スペイン人）は, 中国産の [**C**　　　　　]
や鉄砲・火薬などをもたらし, 日本の [**D**　　　　　] などと交易
をした。この南蛮貿易は平戸・長崎・豊後府内などがおもな貿易港で,
京都・堺・博多などの商人も参加した。

4 正しい。島原の乱後の 1639 年に [**E**　　　　　] 船の来航を禁止し,
1641 年には平戸のオランダ商館を長崎の出島に移し, オランダ人と
日本人との自由な交流を禁止して, 長崎奉行が厳しく監視した。

5 工場法は労働者保護立法で官営事業払い下げとは無関係。

1872 年群馬県に官営模範工場として [**F**　　　　　] を設立し, フ
ランスの先進技術を導入して工女の養成を図った。

Point

- [ ] 日宋貿易の輸出品は金・硫黄・刀剣, 輸入品は宋銭・陶磁器。
- [ ] 江戸時代, 幕府や諸藩から株札の交付を認められ, 営業の独占権を与えられた商工業者の同業組織を株仲間という。
- [ ] 織田信長は美濃加納・安土山下町で楽市令を出して, 商品取引の拡大・円滑化を図った。
- [ ] 1872 年に新橋・横浜間に鉄道を敷設し, 1889 年に東海道線が全通した。

A：大輪田泊, **B**：関銭, **C**：生糸, **D**：銀, **E**：ポルトガル, **F**：富岡製糸場

室町時代の将軍

室町時代の各将軍に関する記述として，最も妥当なのはどれか。

平成22年度 消防官

1 足利尊氏は，建武式目を定めて室町幕府を開き，南朝の後醍醐天皇が北朝の後

亀山天皇に譲位する形で，南北朝の合体を実現させた。

後小松天皇　　　　　　　　　　　　　↪3代将軍足利義満の時

2 足利義満は，有力守護の統制をはかるために，鎌倉公方足利持氏を永享の乱で

　　　　　　　　　　　　　　　　　　　山名氏清　　　　　明徳の乱

討伐し，将軍の権威を強化していった。

3 足利義持は，明との通交を一時中断したが幕府の財政を補うために，その後す

　　　　　　　　　　　　　　　　　　　　　　　　6代将軍足利義教が復活

↩通交を復活させていった。

4 足利義教は，専制的な政治を行い有力守護を弾圧したため，播磨の守護赤松満

祐に嘉吉の乱で殺害された。

5 足利義政は，観応の擾乱で弟義視を討伐したが幕府権力が衰退し，直後に起こ

　　　　　観応の擾乱は尊氏・直義兄弟の対立（1350～52年）

った応仁の乱によって幕府は滅亡した。

　　　↪1467～77年　　　1573年

解説　難易度 ★★☆　重要度 ★★★

1 南北朝合一は足利義満の時代。

1392年，3代将軍足利義満の斡旋により，南朝の【**Ⓐ**　　　　　】が北朝の【**Ⓑ**　　　　　】に譲位する形で南北朝合一が実現した。

2 事件・争乱は人物関係がポイントとなる。

足利義満は，明徳の乱で【**Ⓒ**　　　　　】を，応永の乱で【**Ⓓ**　　　　　】を討伐し有力守護大名の勢力削減を図った。

3 勘合貿易の展開を考える。

足利義満が始めた勘合貿易は，【**Ⓔ**　　　　　】形式を嫌った4代将軍足利義持が中断したが，貿易の利益を重視した6代将軍足利義教が再開した。

4 正しい。6代将軍足利義教が播磨の守護【**Ⓕ**　　　　　】に嘉吉の乱で殺害されたことにより，幕府の権威は失われた。

5 織田信長が将軍足利義昭を追放したことで室町幕府は滅亡する。

将軍家の跡継ぎ問題，斯波氏・畠山氏の管領家の家督争い，管領細川勝元と侍所所司山名持豊の勢力争いなどが重なって11年間にわたる【**Ⓖ**　　　　　】が起こり，幕府権威は完全に失墜した。

Point

□ 足利尊氏は建武式目を制定し，足利義満が南北朝合一を実現した。

□ 足利義満は有力守護大名の勢力削減を図り，明徳の乱で山名氏清を，応永の乱で大内義弘を討伐した。

□ 足利義満が開始した勘合貿易は，足利義持が中断し，足利義教が再開した。

□ 播磨の守護赤松満祐が足利義教を殺害する嘉吉の乱がおこり，将軍権威は失われた。

□ 応仁の乱をきっかけに戦国時代となる。

□ 1573年，織田信長が足利義昭を追放し室町幕府が滅亡した。

Ⓐ：後亀山天皇，Ⓑ：後小松天皇，Ⓒ：山名氏清，Ⓓ：大内義弘，Ⓔ：朝貢，Ⓕ：赤松満祐，
Ⓖ：応仁の乱

日本史060 室町時代史

室町幕府に関する記述として，妥当なのはどれか。

平成27年度
地方上級

1 足利尊氏は，~~大覚寺統~~の光明天皇を立てて征夷大将軍に任じられ，弟の足利直
　　持明院統
義と政務を分担して政治を行ったが，~~執事の高師直を中心とする新興勢力~~と対
　　　　　　　　　　　　　　　　　足利直義　　　➡高師直は尊氏側
立し，観応の擾乱が起こった。

2 足利義満は，将軍を補佐する中心的な職である管領を設け，侍所や政所などの
中央機関を統括し，管領には足利氏一門の~~一色，山名，京極~~の３氏が交代で任
　　　　　　　　　　　　　　　　　　　　　細川，斯波，畠山
命された。

3 ~~足利義持~~は，~~徳政令~~を出して守護に荘園や公領の年貢の半分を兵粮米として徴
　足利尊氏　　　半済令（1352年）
収する権限を与えると，守護はさらに，年貢の納入を請け負う守護請の制度を
利用して荘園を侵略し，やがて守護大名と呼ばれて任国を支配した。

4 足利義教は，将軍権力の強化をねらって専制政治を行い，幕府に反抗的な鎌倉
公方足利持氏を滅ぼしたが，有力守護の赤松満祐に暗殺され，これ以降将軍の
権威は揺らいだ。

5 足利義政の弟の義尚を推す日野富子と，義政の子の義視のあいだに家督争いが
　　　　　　　　　　子　　　　　　　　　　　　　　弟
起こり，幕府の実権を握ろうと争っていた細川勝元と山名持豊がこの家督争い
に介入し，応仁の乱が始まった。

難易度 ★★　　重要度 ★★★

1 南朝は大覚寺統の流れをくむ。

　　1336年足利尊氏は持明院統の【**Ⓐ**　　　　　】を擁立し，1338年北朝から征夷大将軍に任命されると，尊氏が軍事指揮権，弟の直義が行政・司法を担当する二頭政治が行われたが，やがて対立し観応の擾乱が起こった。

2 三管領と四職の区別がポイント。

　　将軍を補佐する【**Ⓑ**　　　　　】には足利一門の細川・斯波・畠山の3氏が交代で任命され（三管領），侍所の長官である【**Ⓒ**　　　　　】は山名・赤松・一色・京極の4氏が交代で任命された（四職）。

3 徳政令は債権・債務の破棄を命じる法令。

　　1352年，【**Ⓓ**　　　　　】は半済令を出し，一国内の荘園・公領の年貢の半分を兵糧料として守護に与えた。これをきっかけに年貢の取立てを守護に請け負わせる守護請も盛んになり，守護は一国全体の支配権を確立し，守護大名に成長した。

4 正しい。鎌倉公方足利持氏が関東管領上杉憲実と対立すると，6代将軍足利義教は兵を送り持氏を滅ぼした（永享の乱）。しかし，守護への圧迫を強める義教を恐れた播磨の守護【**Ⓔ**　　　　　】は自邸に招いた義教を殺害した（嘉吉の乱）。

5 足利義視は義政の弟，義尚は義政の子。

　　将軍家の後継ぎ問題，管領家の家督争い，管領細川勝元と侍所所司山名持豊の勢力争いが重なって【**Ⓕ**　　　　　】が起こった。

Point

- [ ] 北朝は持明院統，南朝は大覚寺統の流れをくむ皇統である。
- [ ] 細川・斯波・畠山が三管領，山名・赤松・一色・京極が四職。
- [ ] 半済令で守護に，荘園・公領の年貢の半分を兵糧料として取得し，武士に分与する権限を認めた。
- [ ] 6代将軍足利義教が暗殺される嘉吉の乱で将軍の権威は失墜した。

Ⓐ：光明天皇，**Ⓑ**：管領，**Ⓒ**：所司，**Ⓓ**：足利尊氏，**Ⓔ**：赤松満祐，**Ⓕ**：応仁の乱

日本史061 室町時代史

室町時代に関する記述として，
最も妥当なのはどれか。

平成18年度
消防官

1 室町幕府の政治機構は，鎌倉幕府のものとは~~大きく違い~~，所領問題の訴訟を扱
継承
う~~雑訴決断所~~や，京都の治安維持にあたる~~武者所~~などが新設された。
建武政権の機関   侍所

2 室町時代には，守護は~~下地中分~~によって年貢の徴収を請け負い，国内の地頭や
守護請
その他の武士を支配下に組み込んで，一国を支配する守護大名へと成長した。

3 足利義満が，明の皇帝に国書を送ったことにより<u>日明貿易</u>が始められたが，こ
れは日本が明の臣下であることを認める朝貢貿易であった。

4 農民たちの自治組織である惣を母体として一揆や~~打ちこわし~~が頻発した。近江
江戸時代
の馬借の蜂起を機に始まった~~山城の国一揆~~はその代表的な例である。
正長の徳政一揆

5 貨幣経済の普及により，高利貸しを営む~~土倉~~や札差が現れ，暴利をむさぼった
酒屋
ためにしばしば土一揆の対象とされた。

1 政治組織の区別がポイント。雑訴決断所・武者所は建武政権の組織である。

室町幕府で，京都の警備・刑事裁判を扱ったのが 【**Ⓐ**　　　　】，財政を担当したのが 【**Ⓑ**　　　　】，文書記録の保管を行ったのが 【**Ⓒ**　　　　】である。

2 下地中分は鎌倉時代の土地紛争の解決手段である。

荘園領主や国司より荘園や国衙領の経営を任されて一定額の年貢を守護が請け負うことを 【**Ⓓ**　　　　】という。

3 正しい。【**Ⓔ**　　　　】は日本が臣下の礼をとる朝貢貿易の形式をとり，足利義満自身「日本国王臣源」と称した。

4 打ちこわしは江戸時代の民衆の反抗形態。室町時代の代表的な一揆の内容がポイントとなる。

近江坂本の馬借の蜂起をきっかけに京都近郊の土民が徳政を求めて蜂起した 【**Ⓕ**　　　　】は，山城から近畿地方一帯に広がった。

5 金融業者の呼び名が時代により異なる。札差は江戸時代。

室町時代の金融業者を 【**Ⓖ**　　　　】といい，酒屋などの富裕な商工業者の中には 【**Ⓖ**　　　　】を兼ねる者もいた。

Point

☐ 室町幕府の政治組織には，将軍を補佐する管領を中心に，京都内外の警備と刑事裁判を担当する侍所，財政を担当する政所，文書記録の保管を担当する問注所などがある。

☐ 南北朝の内乱の中，守護は半済や守護請を通じて荘園侵略を進めるとともに，国衙の機能を吸収して守護大名に成長した。

☐ 1404 年に始まった日明貿易は，日本が臣下の礼をとる朝貢貿易である。

☐ 近江坂本の馬借の蜂起をきっかけに土民が徳政を要求した一揆が正長の徳政一揆，国人を中心に畠山軍を追放して 8 年間の自治支配を行ったのが山城の国一揆である。

☐ 鎌倉時代の金融業者が借上，室町時代は土倉・酒屋，江戸時代は両替商である。

Ⓐ：侍所，Ⓑ：政所，Ⓒ：問注所，Ⓓ：守護請，Ⓔ：日明貿易，Ⓕ：正長の徳政一揆，Ⓖ：土倉

室町時代史

**室町時代に関する記述として,
妥当なのは次のうちどれか。**

平成17年度
市役所

1 幕府は拡大し始めた守護の権限を抑えるため,守護が荘園や公領から年貢を徴発する守護請を半済令によって廃止した。
　　　　　　　　　　　　　　　廃止されていない

2 南北朝の動乱が長期化し,惣領制が解体した結果,武家の相続方法が従来の単独相続から,嫡子と庶子への分割相続になり,本家と分家が独立するようになった。

3 惣村には幕府の役人が派遣され,役人が農民の指導者となって村内の秩序が保たれた。
　　　　　　　　　　派遣されていない

4 幕府の財政は御料所からの収入や,土倉役,酒屋役,関銭,津料などの税や日明貿易の利益に依存していた。

5 西日本一帯で二毛作が広まり,定期市の三斎市が開かれるようになった。商品の中継ぎを行う問丸が発達し,遠隔地の取引には為替が用いられるようになった。⟜鎌倉時代

解 説　難易度 ★★☆　重要度 ★★★

1 守護請・半済は室町時代の守護の権限。これらの権限を利用して守護は守護大名に成長しているので廃止されていない。

［**Ⓐ**　　　　　］は守護が荘園や公領から徴発した年貢の半分を軍費として地方武士（国人など）に分与することを認めた法令である。

2 惣領制が解体した要因は単独相続になったこと。

鎌倉時代末期から始まった惣領制の解体により，武家社会では，本家と分家が独立し，それぞれの家の中で嫡子がすべての所領を相続する［**Ⓑ**　　　　　］が一般的となった。

3 惣村は農民の自治的な組織。役人が派遣されるはずがない。

惣村は［**Ⓒ**　　　　　］という村民の会議の決定に従って［**Ⓓ**　・　　　］などと呼ばれる村の指導者によって運営された。

4 正しい。幕府の直轄地である御料所から年貢・公事を徴収したほかに，高利貸を営む土倉・酒屋に［**Ⓔ**　・　　　］を課し，交通の要所に関所を設けて［**Ⓕ**　　　　　］や入港税である［**Ⓖ**　　　　　］を徴収した。

5 時代的認識が必要。中世の産業は鎌倉時代と室町時代の区別が重要。

鎌倉時代，畿内を中心に始まった米と麦の連作である［**Ⓗ**　　　　　］は関東地方に普及し，定期市の三斎市も応仁の乱後，［**Ⓘ**　　　　　］が一般的となった。商品の中継ぎを行う問丸は卸売業者である［**Ⓙ**　　　　　］に発達した。

🔑 Point

□ 室町時代の武家の相続方法は，鎌倉時代の分割相続から，嫡子がすべての所領を相続する単独相続となった。

□ 惣村は農民の自治的な組織で，おとな・沙汰人を中心に寄合を開き，村掟を定めて村内の秩序を保った。

□ 室町幕府は，御料所からの年貢・公事，営業税である土倉役・酒屋役，通行税である関銭・津料，日明貿易の利益などを経済基盤とした。

□ 室町時代，二毛作（米・麦）が各地に広まり，畿内の一部では三毛作（米・麦・そば）が行われ，稲の品種改良も進んだ。

Ⓐ：半済令, Ⓑ：単独相続, Ⓒ：寄合, Ⓓ：おとな・沙汰人, Ⓔ：土倉役・酒屋役, Ⓕ：関銭, Ⓖ：津料, Ⓗ：二毛作, Ⓘ：六斎市, Ⓙ：問屋

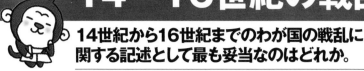

14〜16世紀の戦乱

14世紀から16世紀までのわが国の戦乱に関する記述として最も妥当なのはどれか。

平成26年度
国家専門職

1 後醍醐天皇は，足利尊氏や新田義貞らとともに鎌倉幕府を滅ぼし，<u>建武の新政</u>を始めた。しかし，新政において後醍醐天皇は<s>名目的な存在に留まる一方</s>，
綸旨を絶対万能とする
新田義貞に<s>実権が集中し</s>，政治機構も<s>鎌倉幕府のものをそのまま踏襲</s>したため，
➡武者所の頭人　　　　　　　　　　公武折衷的
足利尊氏が中先代の乱を<s>起こし</s>反旗を翻した。
➡北条時行の反乱　鎮圧

2 建武の新政が崩壊した後，足利尊氏は<u>光明天皇</u>を擁立して北朝とし，後醍醐天皇を中心とした南朝と対立した。足利尊氏は南朝方の新田義貞や<s>高師直</s>などの
北畠顕家
有力武将をいち早く破るなどして<s>短期間で南北朝の争乱を収拾し</s>，その後，
南北朝の内乱は約60年続く
室町幕府を開いた。
➡1338年　足利尊氏　征夷大将軍就任

3 足利義満が3代将軍に就任すると，<s>幕府の中心を担う管領の細川氏や畠山氏ら</s>
➡1368年　　　　　　　観応の擾乱（1350〜52年）は足利尊氏と弟直義の対立
<s>の間で観応の擾乱と呼ばれる争いが起こり，一時，幕府の勢力は弱まった。</s>しかしその後，足利義満が日明貿易により莫大な利益をあげるとともに，<s>三好長慶</s>
山名氏清
や<s>上杉憲忠</s>らの有力守護大名を滅ぼすなどしたため，幕府の勢力は回復した。
大内義弘

4 将軍足利義政の継嗣争いや管領家の家督相続争いが，室町幕府の実力者である<u>細川勝元</u>と<u>山名持豊（宗全）</u>の対立と結び付き，応仁の乱と呼ばれる全国の守護大名を巻き込んでの戦乱に発展した。この戦乱によって京都の市街地の多くが焼失し，多くの公家や僧侶が地方に逃れた。

5 織田信長は，今川義元を<u>桶狭間の戦い</u>で破った後，室町幕府の権威を利用するとともに，<u>石山本願寺</u>などの<s>仏教勢力とも同盟して</s>その勢力を急速に拡大した
➡石山戦争（1570〜80年），比叡山焼討ち（1571年）
が，家臣の明智光秀に殺された。その後，<s>信長の後継者である豊臣秀吉によっ</s>
<s>て将軍足利義昭が京都から追放されたことで，室町幕府は完全に滅亡した。</s>
追放したのは信長＝室町幕府滅亡（1573年）

1 建武の新政は後醍醐天皇を中心とする政治。
建武の新政では，天皇の意志を伝える【**Ⓐ**　　　　】が絶対万能とされた。

2 南北朝合一は3代将軍足利義満の時代。
1336年，京都を占領した足利尊氏は持明院統の【**Ⓑ**　　　】天皇を擁立し，【**Ⓒ**　　　　】を制定して政治の基本方針を示し，1338年に征夷大将軍となって京都に幕府を開いた。

3 観応の擾乱は足利尊氏と弟の直義の対立。
足利義満は，1391年に【**Ⓓ**　　　　　】（明徳の乱）を，1399年に【**Ⓔ**　　　　】（応永の乱）を討伐するなど，有力守護大名の勢力削減を図った。

4 正しい。1467年，管領家の畠山・斯波両氏の相続争いと，将軍足利義政の弟で養子の義視と子の義尚との相続争いとが，管領細川勝元・侍所所司山名持豊の対立と結びついて【**Ⓕ**　　　　　】という戦乱に発展した。

5 15代将軍足利義昭を追放し室町幕府を滅ぼしたのは織田信長。
織田信長は足利義昭を奉じて入京し，義昭を15代将軍につかせ，その権威を利用して畿内を支配した。やがて義昭は近江の浅井長政や越前の朝倉義景，延暦寺や石山【**Ⓖ**　　　　】などと結んで信長と戦った。

Point

☐ 建武政権は京都に記録所・雑訴決断所・恩賞方などの機関を置き，地方に国司と守護を併置した。

☐ 1392年，足利義満の斡旋で南朝の後亀山天皇が北朝の後小松天皇に譲位して南北朝が合一した。

☐ 足利義満は1391年の明徳の乱で山名氏清，1399年の応永の乱で大内義弘を討伐した。

☐ 1573年，織田信長が足利義昭を追放し室町幕府が滅亡した。

Ⓐ：綸旨，Ⓑ：光明，Ⓒ：建武式目，Ⓓ：山名氏清，Ⓔ：大内義弘，Ⓕ：応仁の乱，Ⓖ：本願寺

室町時代の産業

室町時代の産業に関する記述として，最も妥当なのはどれか。

令和3年度
消防官

1 灌漑や排水施設の整備・改善で，畿内では二毛作に加え三毛作も行われた。

2 肥料は下肥がすたれ，代わりに刈敷・草木灰などが広く使われるようになった。
広く使用　　　　　　　➡鎌倉時代から使用

3 水稲の品種改良が進んだが，早稲・中稲・晩稲の作付けは普及しなかった。
普及した

4 連雀商人や振売と呼ばれた行商人の数が減少し，大原女などの女性の活躍の場
増加
が減った。
目立った

5 私鋳銭の流通を奨励するために，それ以外の銭の流通を禁止する撰銭令が発布
➡取引に当たり悪銭を嫌い良質の銭を　　悪銭と精銭の混入比率を決めたり一定の
選ぶ撰銭により円滑な流通が阻害　　　　悪銭の流通を禁止するかわりにそれ以外
の銭の流通を強制する
された。

難易度 ★☆☆　重要度 ★★☆

1 正しい。室町時代は水車などによる灌漑や排水施設の整備が進んだことで、鎌倉時代に始まった二毛作は各地に普及し、畿内では米・麦・[Ⓐ　　　]の連作である三毛作も行われた。

2 室町時代に使用された自給肥料を想定する。
肥料は鎌倉時代から使用されていた[Ⓑ　　　]・草木灰に加えて、下肥が普及して地味の向上と収穫の安定が進んだ。

3 正誤判定は文末の表現が誤っている場合がある。
稲の品種改良も進み、収穫時期の違いによる早稲・中稲・[Ⓒ　　　]の稲が植えられるようになり、風水害や病虫害を避けて収穫の増加をもたらすようになった。

4 行商人が増加した時期を考える。
商業の発達にともない、連雀商人や振売といった行商人が増加し、京都では炭や薪を売る大原女や鮎を売る[Ⓓ　　　]という女性の行商人が現れた。

5 撰銭は私鋳銭やびた銭を嫌う行為なので誤りとわかる。
貨幣の需要の増加とともに粗悪な私鋳銭が流通すると、取引で悪銭を嫌い良質の銭を選ぶ[Ⓔ　　　]が行われ、幕府や戦国大名は[Ⓔ　　　]令をしばしば発布した。

Point

- ☐ 室町時代、畿内では二毛作に加えて三毛作も始まる。
- ☐ 鎌倉時代の刈敷・草木灰に加えて新しい肥料として下肥が普及した。
- ☐ 早稲・中稲・晩稲は戦国時代に一般的となる。
- ☐ 桂女は京都の鵜飼集団の女性で、鮎・朝鮮飴を売り歩いた。
- ☐ 取引の円滑化を図るために発布された撰銭令は領内に通用する良銭の基準、悪銭との交換比率を定め、撰銭を制限した。

Ⓐ：そば、Ⓑ：刈敷、Ⓒ：晩稲、Ⓓ：桂女、Ⓔ：撰銭

室町文化

室町時代の文化に関する記述として，
妥当なのはどれか。

平成30年度
地方上級

1 南北朝の動乱期には，『平家物語』などの軍記物が作られ，また，「二条河原落
『太平記』
書」にみられるような和歌が盛んとなり，後鳥羽上皇は『新古今和歌集』を編
連歌　　　　　　　　　　二条良基　　　　　『菟玖波集』
集した。

2 足利義政が建てた鹿苑寺金閣は，北山文化を代表する一向宗の建物であり，足
足利義満　　　　　　　　　　　　　　　　寝殿造風と禅宗様を折衷した
利義満が建てた慈照寺銀閣は，東山文化の中で生まれた寝殿造の建物である。
足利義政　　　　　　　　　　　　　　　　書院造と禅宗様を折衷した

3 足利義満は五山の制を整え，一向宗の寺院と僧侶を統制し保護したため，浄土
臨済宗　　　　　　　　　　　　禅宗文化
宗文化が盛んとなり，義満に仕えた五山の僧の雪舟は，障壁画に幽玄の境地を
如拙　　　　水墨画
開いた。

4 北山文化の時期には，安土城や大坂城など，武家の居城の内部に，簡素な中に
東山文化　　　　　　書院造の住宅や禅宗様の寺院
幽玄を重んじた枯山水の庭園が造られた。

5 応仁の乱が起こると，多くの公家や文化人が戦乱を避けて地方に移住したこと
から，朱子学をはじめとする中央の文化が地方に普及した。

1 文化事象の時代の識別がポイント。

『古今和歌集』は鎌倉時代。【**A**　　　】は南北朝時代に『菟玖波集』を撰し，連歌の規則書である『応安新式』を定め，和歌と対等の地位を築いた。

2 金閣と銀閣の区別。

3代将軍足利義満が建てた北山文化の象徴である鹿苑寺金閣は，【**B**　　　】風と禅宗様を折衷した建造物である。一方，8代将軍足利義政が建てた東山文化の象徴である慈照寺銀閣は，【**C**　　　】と禅宗様を折衷した建造物である。

3 室町幕府の保護のもとに栄えたのは臨済宗である。

足利義満の時代，南宋の官寺の制にならった【**D**　　　】の制も完成した。五山の僧侶は，中国からの渡来僧や中国帰りの留学僧が多く，禅の精神を具現化した水墨画や建築・庭園の様式を伝えた。

4 安土城は織田信長，大坂城は豊臣秀吉が築城したことは明確。

書院造の住宅や禅宗様の寺院などには，岩石と砂利を組み合わせて象徴的な自然を表現する【**E**　　　】の庭園がつくられた。大徳寺大仙院・龍安寺の庭園がその代表例である。

5 正しい。応仁の乱により京都が荒廃し，多くの公家たちが戦国大名を頼り地方に下った。地方の武士も中央文化への強い憧れをもち，積極的に受容した。

Point

- □ 『太平記』は南北朝の内乱を描いた軍記物語。
- □ 北山文化は伝統的公家文化と新興武家文化が融合し，禅宗の影響を受けた文化。
- □ 東山文化は，禅の精神に基づく「幽玄」「侘び」を基調とする文化。
- □ 北山期に明兆・如拙・周文が日本水墨画の基礎をつくり，東山期に雪舟が大成した。

A：二条良基，**B**：寝殿造，**C**：書院造，**D**：五山・十刹，**E**：枯山水

織豊政権

織豊政権に関する次の記述のうち，妥当なものはどれか。

平成27年度
市役所

1 織田信長はキリスト教は<u>弾圧した</u>が，高野山金剛峯寺や比叡山延暦寺などの仏教勢力とは<u>良好な関係を築いた。</u>

2 織田信長は関所を撤廃し，楽市・楽座を実施して，領内の市や座が持っていた排他的・独占的・同業組合的特権を廃止した。

3 豊臣秀吉は検地によって<u>荘園の所有権が地主にあること</u>を保障し，それと同時
➡荘園制解体
に<u>地主</u>を年貢の負担者とした。
➡名請人（検地帳登録者）

4 豊臣秀吉は<u>有力大名</u>の武器を取り上げ<u>それを農民に分配した</u>ため，武士と農民
農民   ➡方広寺大仏造立に利用
の身分が<u>流動的になった。</u>
➡固定

5 豊臣秀吉は<u>朝鮮からの攻撃に対して</u>出兵し，朝鮮半島の<u>ほぼ全域を征服するこ</u>
➡侵略のため   ➡失敗
<u>とに成功した。</u>

1 織田信長は比叡山延暦寺を焼き払ったことを想定。

織田信長はルイス＝フロイスに布教の許可を与えるなどキリスト教を保護した。一方で比叡山延暦寺を焼き払い，巨大な宗教権威を屈服させた。また11年間にわたり一向一揆と対立し，1580年に摂津[**Ａ**　　　　　]を屈服させた。

2 正しい。織田信長は自由都市[**Ｂ**　　　　　]を武力で屈服させて直轄地とし，畿内の経済力を掌握した。また安土の城下町に[**Ｃ**　　　　　]を出して，商工業者に自由な営業活動を認めるなど新しい都市政策を行った。

3 太閤検地の意義を考える。

太閤検地は，荘園制のもとで一つの土地に何人もの権利が重なり合っていた状態を整理し，検地帳に実際に耕作している農民の田畑・屋敷地を登録した。これにより，農民は田畑の所有権が認められ，年貢の負担が義務づけられた。

4 刀狩りの目的を考える。

農民から武器を没収して農民の身分を明確にするために刀狩令が出された。没収した武器は[**Ｄ**　　　　　]の大仏造立の釘として使用された。

5 朝鮮出兵の結果を考える。

豊臣秀吉は対馬の[**Ｅ**　　　　　]氏を通して，朝鮮に入貢と明へ出兵するための先導を求めた。朝鮮がこれを拒否すると2度にわたる朝鮮出兵を行ったが，秀吉の病死をきっかけに撤兵した。

Point

- ☐ 織田信長はキリスト教を保護し，仏教を弾圧した。
- ☐ 織田信長は関所の廃止や楽市令による自由な商工業の営業活動を認めた。
- ☐ 豊臣秀吉は太閤検地・刀狩り・身分統制令により，兵農分離を確立した。
- ☐ 豊臣秀吉は1592年文禄の役・1597年慶長の役と2度にわたる朝鮮出兵を行った。

Ａ：石山本願寺，**Ｂ**：堺，**Ｃ**：楽市令，**Ｄ**：方広寺，**Ｅ**：宗

護憲運動

護憲運動に関する記述として，妥当なのは
どれか。

平成30年度
地方上級

1 立憲政友会の犬養毅や立憲国民党の尾崎行雄らの政党政治家，新聞記者，実業
家たちは，「閥族打破・憲政擁護」を掲げて，第3次桂太郎内閣の倒閣運動を
➡第1次護憲運動
起こし，桂内閣は総辞職に追い込まれた。
➡大正政変

2 憲政会総裁の加藤高明は，立憲政友会，革新倶楽部と連立内閣を組織し，国体
の変革や私有財産制度の否認を目的とする運動を処罰し，共産主義思想の波及
　　　　　　　　　　　　　　　　　　　　　　　　結社
を防ぐことを目的とした治安警察法を制定した。
　　　　　　　　　　治安維持法

3 枢密院議長の清浦奎吾は，貴族院の支持を得て超然内閣を組織したが，これに
反発した憲政会，立憲政友会，革新倶楽部の3政党は，内閣反対，政党内閣実
現をめざして護憲三派を結成した。

4 立憲政友会総裁の原敬は，華族でも藩閥でもない衆議院に議席をもつ首相であ
ったため「平民宰相」とよばれ，男性の普通選挙の実現を要求する運動が高ま
ると，普通選挙法を制定し，25歳以上の男性に選挙権を与えた。
➡第1次加藤高明内閣のとき

5 海軍大将の山本権兵衛は，立憲同志会を与党として組閣し，文官任用令や軍部
　　　　　　　　　　　　立憲政友会
大臣現役武官制の改正を行ったが，外国製の軍艦購入をめぐる海軍高官の汚職
　　　　　　　　　　　　　　　　　　　　　　　　➡シーメンス事件
事件で世論の批判を受け，山本内閣は総辞職した。

解説　難易度 ★★☆　重要度 ★★★

1 政党名に着目。

立憲政友会の尾崎行雄・立憲国民党の犬養毅が中心となり，「閥族打破・憲政擁護」を掲げ，第1次護憲運動を展開。国民運動に発展し，第3次桂太郎内閣が53日間で退陣する【**Ⓐ**　　　　】がおこった。

2 治安警察法の制定は第2次山県有朋内閣のとき。

1925年，護憲三派内閣は満25歳以上の男子が選挙権を持つ普通選挙法を成立させた。しかし同時に国体の変革や私有財産制の否認を目的とする結社を処罰する【**Ⓑ**　　　】も成立させた。

3 正しい。憲政会・立憲政友会・革新倶楽部の3政党は「普選断行・貴族院改革・行政整理」を掲げ，【**Ⓒ**　　　】内閣倒閣をめざして第2次護憲運動をおこした。

4 原敬内閣は野党提出の普通選挙法案に反対して議会を解散した。

爵位をもたない衆議院議員であった原敬が首相になると，選挙法を改正し，納税資格を直接国税10円から3円に引き下げ，大政党に有利な【**Ⓓ**　　　】を採用した。

5 第1次山本権兵衛内閣の与党は立憲政友会。

立憲政友会を与党とする第1次山本権兵衛内閣は，文官任用令を改正し，さらに軍部大臣現役武官制を改正して現役制限を削除したが，【**Ⓔ**　　　】で総辞職した。

🔑 Point

- ☐ 第1次護憲運動は「閥族打破・憲政擁護」，第2次護憲運動は「普選断行・貴族院改革・行政整理」をスローガンに掲げた。
- ☐ 護憲三派内閣が1925年に普通選挙法と治安維持法を成立させた。
- ☐ 原敬内閣は普通選挙に反対の姿勢をとった。
- ☐ 山本権兵衛内閣は，第1次がシーメンス事件，第2次が虎の門事件で総辞職した。

Ⓐ：大正政変，Ⓑ：治安維持法，Ⓒ：清浦奎吾，Ⓓ：小選挙区制，Ⓔ：シーメンス事件

大正時代の政治・国際関係

大正時代の政治・国際関係に関する記述として最も妥当なのはどれか。

平成23年度
国税専門官

1 日清戦争後から昭和初期にかけて，政治・社会・文化の諸方面で，民主主義的・
　　　　大正期
自由主義的な風潮が高まった。これを大正デモクラシーといい，この潮流は第
一次世界大戦をまたいで都市から農村にまで広がったが，二・二六事件と呼ば
れる政党内閣の崩壊により終焉を迎えた。
五・一五事件で政党内閣崩壊

2 東京帝国大学教授の吉野作造は，主権は国民にあり，天皇はあくまで国家の機
　　　　　　　　　　　美濃部達吉　　　統治権は国家にあり
関であるとする天皇機関説を唱え，大正期の政党内閣を理論面から支えた。こ
れに対し，同大学教授の美濃部達吉は，主権は天皇にあると反論し，日本の統
　　　　　　　　上杉慎吉
治体制に関する論争が展開された。

3 第一次世界大戦末期には，華族でも藩閥出身者でもない原敬が首相となり，日
本で最初の本格的な政党内閣が成立した。原内閣は，普通選挙法を成立させて
　　　　　　　　　　　　　　　　　　　　　　　　　　　普選には反対
国民の参政権を拡大するなど政治刷新を行う一方で，社会主義思想に対しては
厳しい姿勢をとり，幸徳秋水ら社会主義者を大量検挙した。
　　　　　　　　◯➡ 1910 年，第 2 次桂太郎内閣の時（大逆事件）

4 米国大統領ウィルソンが民族自決の原則を提唱したことなどの影響から，朝鮮
では，独立を求める動きが強まり，三・一独立運動が起こったが，日本はこれ
を軍隊・警察によって鎮圧した。また，中国では，北京における学生の抗議運
動をきっかけに，五・四運動と呼ばれる激しい排日運動が起こった。

5 第一次世界大戦後，世界的な軍縮の機運の高まりを受けてワシントン会議が開
かれ，太平洋の現状維持のための九か国条約，中国の主権尊重を定めた四か国
　　　　　　　　　　　　　　　　　　　↑　　　　　　　　　　　　　↑
条約などが調印された。この軍縮と列国の協調を基礎にした国際秩序をワシン
トン体制というが，日本はこれを受け入れず，孤立外交の道を進んだ。
　　　　　　　　　　　　　　　調印している

解説

難易度 ★★☆　重要度 ★★★

1「憲政の常道」といわれた政党政治は五・一五事件で終焉。

1932年，海軍青年将校らが首相官邸を襲撃し，【**A**　　　　】首相を暗殺した。1936年には陸軍皇道派青年将校らが国家改造・軍政府の樹立をめざす【**B**　　　　】をおこすが失敗した。

2 民本主義は吉野作造が主張したデモクラシー思想。

憲法学者【**C**　　　　】は，統治権は国家にあり天皇は国家の最高機関であるとする天皇機関説を唱え，天皇主権説を主張する上杉慎吉と対立した。

3 原敬内閣は野党の普通選挙要求に反対して議会を解散した。

原内閣は納税資格を直接国税10円から3円に引き下げ，政友会支持の小地主や上層自作農民らの有権者を増やし，与党に有利な小選挙区制を採用した。

4 正しい。1919年，朝鮮では民族独立運動である【**D**　　　　】が，中国ではベルサイユ講和条約調印拒否運動から日貨排斥運動に進展した【**E**　　　　】がおこった。

5 四カ国条約と九カ国条約の内容の違いを考える。

ワシントン会議の【**F**　　　　】で太平洋の現状維持が確認され，日英同盟は廃棄となった。また【**G**　　　　】では中国の門戸開放・機会均等・領土保全が確認され，石井・ランシング協定が廃棄された。

Point

☐ 1932年に海軍青年将校らが犬養毅首相を暗殺する五・一五事件が，1936年には陸軍皇道派青年将校のクーデタである二・二六事件がおこった。

- - - - - - - - - -

☐ 吉野作造の民本主義，美濃部達吉の天皇機関説は大正デモクラシーの思想的支柱となった。

- - - - - - - - - -

☐ 1919年，朝鮮で三・一独立運動，中国で五・四運動がおこった。

- - - - - - - - - -

☐ ワシントン会議で，太平洋問題に関する四カ国条約や中国問題に関する九カ国条約が締結された。

A：犬養毅，**B**：二・二六事件，**C**：美濃部達吉，**D**：三・一独立運動，**E**：五・四運動，
F：四カ国条約，**G**：九カ国条約

大正時代の外交

大正時代のわが国の外交に関する記述として，妥当なのはどれか。

平成21年度
地方上級

1 日本政府は，中国の李鴻章に二十一か条の要求を行い，山東省のドイツ権益の
　　　　　　　　　　袁世凱
継承，南満州および東部内蒙古の権益強化，旅順・大連の租借期限の延長等を

承認させた。

2 イギリス，フランス等の列強は，社会主義革命の広がりを恐れロシア革命への

干渉に乗り出し，日本もシベリア出兵を行ったが，各国軍隊が派兵を継続する
　　　　　　　　　　　　　　　　　　　　　　　　　　　　　　撤兵
中，日本は，多額の戦費を要したことから単独で撤兵した。
　　　　　　　　　　　派兵を継続

3 ヴェルサイユ条約は，第一次世界大戦後，パリで開催された講和会議において

結ばれた条約であり，この条約により，日本は，山東省の旧ドイツ権益の継承

が認められ，赤道以北のドイツ領南洋諸島の委任統治権を得た。

4 四カ国条約は，アメリカ，イギリス，フランスおよび日本の間で結ばれた条約
　　　●太平洋の平和に関する条約
であり，この条約により，中国の領土と主権の尊重，中国における各国の経済
　　　　　　　　　　　　　●九カ国条約の内容
上の門戸開放・機会均等が約束された。

5 ワシントン海軍軍縮条約は，アメリカ，イギリス，フランス，ドイツおよび日
　　　　　　　　　　　　　　　　　　　　　　　　　　イタリア
本の5か国間で結ばれた条約であり，この条約により，主力艦保有量の制限と

今後10年間の主力艦の建造禁止が定められた。

解説

難易度 ★☆☆　　重要度 ★★★

1 条約や外交文書の全権に着目。李鴻章は下関条約のときの清国全権である。

第2次大隈重信内閣は，山東省のドイツ利権の継承や南満州および東部内蒙古の権益拡張など21か条の要求を【**A**　　　　】政権に突きつけ，大部分を受諾させた。

2 シベリア出兵から日本が撤退する時期を考える。

ロシア革命がおこると，1918年，【**B**　　　　】内閣は勢力圏の拡大を図り，アメリカ・イギリス・フランスとともにシベリア出兵を開始した。ロシア国民の抵抗により各国は撤兵したが，日本は1922年まで継続した。

3 正しい。第一次世界大戦後の【**C**　　　　】で，日本は山東省の旧ドイツ利権の継承と赤道以北のドイツ領南洋諸島の委任統治権を獲得した。

4 四カ国条約と九カ国条約の内容の違いを考える。

ワシントン会議の【**D**　　　　】で太平洋の現状維持が確認され，日英同盟は廃棄となった。また【**E**　　　　】では中国の門戸開放・機会均等・領土保全が確認された。この結果，石井・ランシング協定が破棄され，日本は山東省の利権を中国に返還した。

5 条約を締結した国名に着目する。

アメリカ・イギリス・日本・【**F**　　　　】・イタリアはワシントン海軍軍縮条約で主力艦の保有量を制限し，10年間の主力艦の建造を禁止した。

Point

- [ ] 大隈重信内閣は袁世凱政権に対して21か条要求を行い，その大部分を承認させた。

- [ ] ロシア革命がおこると，1918年に日本は米英仏と共同でシベリア出兵を開始し，米英仏が撤兵した後も日本は単独で1922年まで継続した。

- [ ] ヴェルサイユ講和条約で日本は山東省の旧ドイツ利権と赤道以北のドイツ領南洋諸島の委任統治権を獲得した。

- [ ] ワシントン会議で，太平洋問題に関する四カ国条約，中国問題に関する九カ国条約を締結した。

- [ ] ワシントン海軍軍縮条約で主力艦の保有量を，ロンドン海軍軍縮条約で補助艦の保有量を制限した。

A：袁世凱，**B**：寺内正毅，**C**：ヴェルサイユ講和条約，**D**：四カ国条約，**E**：九カ国条約，**F**：フランス

大正〜昭和初期の出来事

大正から昭和初期の我が国の出来事に関する記述として，妥当なのはどれか。

1 第一次世界大戦の開戦以来，我が国はアジア，アメリカ市場に軍需品を輸出し
→綿布・綿糸　　→生糸　　→ヨーロッパ交戦国
たことで大戦景気と呼ばれる好況となり，設備投資が進んで生産性が向上した
→太平洋戦争後の高度成長期
ことから，大戦終結後も好況が継続した。
1920年戦後恐慌発生

2 関東大震災の死者・行方不明者は10万人以上，壊れたり焼けたりした家屋は
50万戸以上に上り，我が国の経済は大きな打撃を受け，企業の手持ちの手形
が決済不能となり，日本銀行の特別融資でしのいだが，決済は進まなかった。

3 手形の処理法案を審議する過程で，一部の銀行の不良な経営状態が暴かれ，群
衆が預金の払戻しを求めて行列する騒ぎが起こり，銀行の休業が続出する金融
恐慌が発生し，モラトリアム（支払猶予令）によっても収拾できなかった。
→第1次若槻礼次郎内閣　　→田中義一内閣・蔵相高橋是清　　収拾した

4 世界恐慌が始まった翌年，我が国は，生産性の低い企業を救済することを目指
為替相場の安定による貿易拡大
して，輸入品の代金支払のために金貨や地金を輸出することを禁じたが，世界
解禁
恐慌の影響を受け，昭和恐慌と呼ばれる恐慌に陥った。

5 我が国のゆきづまりの原因が財閥・政党などの支配層の無能と腐敗にあると考
えた一部の将校が二・二六事件を起こし，岡田啓介首相を殺害して，大正末以
暗殺未遂
来の政党内閣が終わった。
→五・一五事件（犬養毅首相暗殺）

解 説

×月○日

難易度 ★★　重要度 ★★★

1 大戦景気の要因と状況を想定する。

第一次世界大戦によって，ヨーロッパ列強の後退したアジア市場に【**Ⓐ**　　　　】，戦争景気のアメリカ市場には【**Ⓑ**　　　　】の輸出が急増して，貿易は大幅な輸出超過となった。

2 正しい。1923年，関東大震災で日本経済は大きな打撃を受けた。

銀行は手持ちの手形が決済不能となった。【**Ⓒ**　　　　】内閣は，30日のモラトリアムを出し，日本銀行の特別融資を行ったが，震災手形の決済は進まなかった。

3 金融恐慌に対する対応とその結果を考える。

立憲政友会の【**Ⓓ**　　　　】内閣は，3週間のモラトリアムを発し，日本銀行から巨額の救済融資を行い，全国的に拡大した金融恐慌を鎮めた。

4 昭和恐慌の原因の一つが金解禁による不況。

【**Ⓔ**　　　　】内閣は，外国為替相場の安定を図り1930年金解禁を断行したが，解禁による不況と世界恐慌の影響を受け，深刻な不況状態に陥った（昭和恐慌）。

5 五・一五事件と二・二六事件の区別。

1936年，陸軍【**Ⓕ**　　　　】派の一部青年将校が，約1400名の兵を率いて首相官邸・警視庁などを襲撃，斎藤実内大臣・【**Ⓖ**　　　　】蔵相・渡辺錠太郎教育総監らを殺害した。

🔑 Point

☐ 大戦景気のあと，戦後恐慌・震災恐慌と慢性的な不況状況となる。

☐ 関東大震災により不況は深刻化。政府はモラトリアム・震災手形損失割補償令を出し，日銀の特別融資を行って対応した。

☐ 1927年，第1次若槻礼次郎内閣の蔵相片岡直温の失言から取付騒ぎがおこり，銀行の休業が続出し金融恐慌が発生した。

☐ 浜口雄幸内閣は緊縮財政・産業の合理化を進める一方で，旧平価による金解禁を断行した。

☐ 五・一五事件で犬養毅首相が暗殺され，政党政治が終わった。

Ⓐ：綿織物，Ⓑ：生糸，Ⓒ：山本権兵衛，Ⓓ：田中義一，Ⓔ：浜口雄幸，Ⓕ：皇道，Ⓖ：高橋是清

恐慌史

我が国の恐慌に関する記述として，妥当なのはどれか。

平成28年度
地方上級

1 ~~加藤高明内閣~~は，震災手形の整理に着手したが，1927年に議会での~~高橋是清~~
第1次若槻礼次郎内閣　　　　　　　　　　　　　　　　　　　　片岡直温
蔵相の失言をきっかけとする一部の銀行の経営悪化が世間に知られ，不安に駆
られた人々が預金の引出しに殺到して，取付け騒ぎへと発展した。

2 若槻礼次郎内閣は，経営が破綻した鈴木商店に対する巨額の不良債権を抱えた
台湾銀行を緊急勅令によって救済しようとしたが，~~衆議院~~で否決され，総辞職
　　　　　　　　　　　　　　　　　　　　　　　枢密院
した。

3 田中義一内閣は，3週間のモラトリアムを発し，日本銀行からの非常貸出しに
よって，金融恐慌をしずめたが，金融恐慌で中小銀行の整理，合併が進み，三
井・三菱・住友・安田・第一の5大銀行が支配的な地位を占めた。

4 浜口雄幸内閣は，蔵相に前日本銀行総裁であった井上準之助を起用し，~~金輸出~~
　　　　　　　　　　　　　　　　　　　　　　　　　　　　　　金解禁
~~禁止~~を断行したが，世界恐慌が発生していたため，日本経済は~~金輸出禁止~~によ
　　　　　　　　　　　　　　　　　　　　　　　　金解禁
る不況と世界恐慌の波及によって，深刻な恐慌状態に陥った。

5 ~~犬養毅内閣~~は，円高で一時的に経営が苦しくなる企業の国際競争力を高めるた
浜口雄幸内閣　　　円安
めに産業合理化政策をとり，1931年には基幹産業におけるカルテルの結成を
促す重要産業統制法を制定した。

解 説 難易度 ★★ 重要度 ★★★

1 加藤高明内閣は大正時代。

1927年，第1次若槻礼次郎内閣の蔵相【**A**　　　　　】の失言から取付騒ぎがおこり，銀行の休業が続出し金融恐慌が発生した。

2 緊急勅令は天皇大権の一つ。枢密院は天皇の最高諮問機関。

第1次若槻礼次郎内閣は，経営が破綻した【**B**　　　　】商店に対する巨額の不良債権を抱えた【**C**　　　　】銀行を緊急勅令で救済しようとしたが，枢密院の了承を得ることができず，総辞職した。

3 正しい。田中義一内閣の蔵相【**D**　　　　】は三週間のモラトリアムを発し，日本銀行からの非常貸出しを行うとともに，台湾銀行救済法案を可決し金融界の混乱を鎮めた。中小銀行は整理統合され，預金は大銀行に集中し，五大銀行の金融支配が確立した。

4 昭和恐慌の原因を考える。

浜口雄幸内閣の蔵相【**E**　　　　】は，緊縮財政で物価の引き下げを図り，産業の合理化政策を促進して国際競争力の強化をめざした。1930年に旧平価で金解禁を断行して，外国為替相場の安定を図った。

5 内閣と事項の関連性がポイント。

昭和恐慌が発生し不況が深刻化すると，浜口雄幸内閣は1931年【**F**　　　　】を制定し，指定産業での不況カルテルの結成を容認した。

🔑 Point

☐ 金融恐慌の発端は片岡直温蔵相の失言。

☐ 枢密院は天皇の最高諮問機関として重要な国事を審議した。

☐ 三井・三菱・住友・安田・第一が五大銀行。

☐ 浜口雄幸内閣は井上準之助を大蔵大臣に登用し，緊縮財政・産業の合理化・金解禁を実施した。

☐ 重要産業統制法は統制経済の先駆けとなった法令である。

A：片岡直温，**B**：鈴木，**C**：台湾，**D**：高橋是清，**E**：井上準之助，**F**：重要産業統制法

昭和初期の社会情勢

**昭和初期の社会情勢に関する記述として
最も妥当なのはどれか。**

平成20年度
国家Ⅰ種

1 1927 年（昭和 2 年）には，~~ニューヨーク証券市場の株価暴落に端を発した世~~
1929年に発生し，日本に波及して昭和恐慌となる
~~界恐慌が日本にも波及して金融恐慌となり~~，銀行の取り付け騒ぎが広がった。
~~台湾銀行~~が倒産するなど不況が深刻化する中，1928 年（昭和 3 年）に成立し
た~~高橋是清~~内閣は，~~軍備拡張による~~景気拡大策を実行した。
田中義一内閣　　　　　　モラトリアム

2 満州での権益確保をねらう日本政府は，1927 ～ 28 年（昭和 2 ～ 3 年）に 3 次
にわたる山東出兵を行い，~~満州軍閥の張作霖と戦った~~。この結果，張作霖は~~戦~~
蔣介石率いる国民革命軍を干渉　　　　　　　　　関東軍に爆殺され
~~死し~~，その後を引き継いだ息子の張学良は~~親日的~~な路線に変更することとなっ
反日的
た。

3 1931 年（昭和 6 年），関東軍は南満州鉄道の線路を爆破し，それを中国軍の行
為と主張して軍事行動を開始した。対米英協調を外交の基本政策とする若槻礼
次郎内閣は不拡大方針を決定したが，関東軍はこれを無視して戦線を拡大して
いった。

4 軍部によるクーデター的な動きとして，1932 年（昭和 7 年）に~~二・二六事件~~，
五・一五事件
1936 年（昭和 11 年）に~~五・一五事件~~が起きた。いずれの事件においても，首
二・二六事件
謀者であった青年将校らは~~軽微な処分にとどまり~~，天皇親政をめざす軍部皇道
~~派の力が強まった~~。
追放された

5 明治末期から，陸軍大臣，海軍大臣には現役軍人が就く軍部大臣現役武官制が
とられていたが，陸軍出身の政治家である~~田中義一~~が首相に就いた~~1936 年（昭~~
海軍　　　　　　　山本権兵衛　　　　1913 年（大正 2 年）
~~和 11 年）~~の~~田中~~内閣以降は，退役軍人も軍部大臣に就くようになり，軍部の
山本内閣
政治への影響力が~~更に増大していく~~こととなった。
一時抑えられた

解説 ×月○日　難易度 ★★★　重要度 ★★

1 金融恐慌の原因・経過・結果を考える。

1927年に金融恐慌が発生し，第1次若槻礼次郎内閣は不良債権を抱えた【**A**　　　】を緊急勅令によって救済しようとしたが，枢密院が認めず総辞職した。【**B**　　　】内閣はモラトリアムを発して日銀からの非常貸し出しを行い，金融恐慌を鎮静した。

2 山東出兵の目的は北伐を干渉するため。北伐の意味を考える。

田中義一内閣は，【**C**　　　】率いる国民革命軍の北伐を干渉するために，居留民保護を名目に3度にわたる山東出兵を行った。

3 正しい。1931年，関東軍は奉天郊外の【**D**　　　】で満州鉄道を爆破し軍事行動を開始した。【**E**　　　】内閣は不拡大方針を発表したが，軍部は無視して満州の要地を占領した。

4 五・一五事件と二・二六事件の年代は重要年代。二・二六事件後の陸軍は統制派が掌握している。

1932年，海軍青年将校や右翼らが首相官邸を襲撃し，【**F**　　　】首相を暗殺した。1936年，陸軍【**G**　　　】青年将校は国家改造・軍政府樹立をめざす二・二六事件をおこすが失敗に終わった。

5 軍部大臣現役武官制の変遷を考える。現役制を削除した首相は誰か。

1913年，【**H**　　　】内閣は軍部大臣現役武官制を改正し，軍部大臣の任用範囲を予備役・後備役にまで拡大した。

Point

☐ 震災手形の処理の過失から金融恐慌が発生。台湾銀行救済緊急勅令案が枢密院により否決されると，第1次若槻礼次郎内閣は総辞職した。

☐ 蔣介石率いる国民革命軍の北伐に対して，田中義一内閣は3回にわたる山東出兵を行うなど対中国積極外交を行った。

☐ 1932年，海軍青年将校らが犬養毅首相を暗殺する五・一五事件により，憲政の常道とされた政党政治が終わった。

☐ 1936年，陸軍皇道派青年将校のクーデタである二・二六事件により，斎藤実内大臣や高橋是清大蔵大臣らが殺害された。

☐ 第1次山本権兵衛内閣が軍部大臣現役武官制の現役制限を削除，二・二六事件後の広田弘毅内閣が現役制を復活させた。

A：台湾銀行，**B**：田中義一，**C**：蔣介石，**D**：柳条湖，**E**：第2次若槻礼次郎，**F**：犬養毅，
G：皇道派，**H**：第1次山本権兵衛

二・二六事件以降の出来事

二・二六事件以降の出来事について述べた次の記述のうち，妥当なのはどれか。

平成27年度
警察官

1 盧溝橋事件を契機に始まった日中戦争は長期化し，第一次近衛内閣は国家総動
　→ 1937 年　　　　　　　　　　　　　　　　　　　　　　→ 1938 年
員法を制定し戦時体制を確立した。

2 普通選挙を求める第二次護憲運動の結果成立した護憲三派内閣（加藤高明内閣）

の下で，普通選挙法と治安維持法が成立した。
　　　　　　→ 1925 年

3 幣原喜重郎は，加藤高明，若槻礼次郎，浜口雄幸内閣の下で外相を務め，イギ
　　　　　　　　　→ 1924 ～ 1927 年　　　　　→ 1929 ～ 1931 年
リス・アメリカとの協調，中国に対する内政不干渉と商業的進出を唱え，ワシ

ントン体制に適応しつつ外交を進めたが，軍部・右翼などからは軟弱外交とし

て非難された。

4 関東軍が柳条湖で満州鉄道の線路を爆破し，これを中国側のしわざであるとし

て軍事行動を起こし，満州事変が勃発した。
　　　　　　　　　→ 1931 年

5 満州軍閥の張作霖が，関東軍参謀河本大佐らの陰謀により列車を爆破され殺害

される張作霖爆殺事件が起きた。
　　　　→ 1928 年

1 正しい。1937年の盧溝橋事件をきっかけに日中戦争が勃発した。翌年【❹　　　　　】が制定され，政府は議会の承認なしに，戦争遂行に必要な物資や労働力を動員する権限が与えられ，国民生活を全面的に統制下においた。

2 護憲三派内閣は大正時代。
1925年，護憲三派内閣は幣原喜重郎外相による協調外交を進める一方で，満25歳以上の男子が選挙権を持つ普通選挙法を成立させた。しかし同時に国体の変革や私有財産制の否認を目的とする結社を処罰する【❻　　　　　】も成立させた。

3 二・二六事件の前に無条約時代を迎える。
【❸　　　　　】は護憲三派・憲政会・立憲民政党内閣の外務大臣として，英米との武力対立を避け，中国に対しては内政不干渉の方針をとる協調外交政策を推進した。

4 満州事変の勃発は政党政治が「憲政の常道」と呼ばれた時期。
関東軍は参謀の石原莞爾を中心に，1931年奉天郊外の【❹　　　　　】で南満州鉄道を爆破し，これを中国軍のしわざとして軍事行動を開始して満州事変が始まった。

5 張作霖爆殺事件は田中義一内閣のとき。
関東軍の一部に，謀略によって張作霖を排除して満州を直接支配するという考えが台頭し，1928年，関東軍は張作霖を奉天郊外で列車ごと爆破し殺害した。当時，真相は知らされず，【❺　　　　　】と呼ばれた。

🔑 Point

☐ 第1次近衛文麿内閣が国家総動員法を制定した。

☐ 護憲三派内閣が1925年普通選挙法と治安維持法を成立させた。

☐ 政党政治が「憲政の常道」と言われた時代，護憲三派・憲政会・立憲民政党内閣の外務大臣は協調外交を推進した幣原喜重郎。

☐ 満州某重大事件は田中義一内閣，柳条湖事件は第2次若槻礼次郎内閣の時代に勃発した。

❹：国家総動員法，❻：治安維持法，❸：幣原喜重郎，❹：柳条湖，❺：満州某重大事件

昭和初期～太平洋戦争期の出来事

昭和初期から太平洋戦争までの出来事に
関する記述として，最も妥当なのはどれか。

1 1932年，海軍の青年将校の一団が起こした五・一五事件によって高橋是清蔵相
が殺害され，大正末より続いた政党内閣が崩壊した。
　　　　　　　　　　　　　犬養毅首相

2 1933年，国際連盟の総会でリットン報告書が採択され，日本に対し，満州国
承認の撤回を勧告することが決議されると，松岡洋右ら日本全権団は総会から
退場し，日本政府は翌月，国際連盟からの脱退を通告した。

3 1937年，北京郊外で起きた柳条湖事件後，近衛内閣は不拡大の方針を声明し
　　　　　　　　　　　盧溝橋事件
ながらも中国への派兵を認めたため，戦火は拡大し全面戦争に発展した。

4 1940年，近衛文麿は新体制運動を提唱し，一国一党の強力な基盤を持つ新党
の結成を構想し，その構想は産業報国会として結実した。
　　　　　　　　　　大政翼賛会

5 1941年，日本陸軍による英領マレー半島への奇襲上陸，日本海軍のハワイ真
珠湾攻撃を機に，日本はアメリカ・イギリス・ソ連に宣戦布告し，太平洋戦争
　　　　　　　　　　　　　　🔲1941年4月中立条約締結
が始まった。

解 説

難易度 ★★　重要度 ★★★

1 高橋是清は二・二六事件で殺害されたので誤りとわかる。

1932年，海軍青年将校の一団が首相官邸に押し入り，満州国承認を渋る[**Ⓐ**　　　]首相を射殺した。これにより大正末以来8年で政党内閣は崩壊し，太平洋戦争後まで復活しなかった。

2 正しい。国際連盟臨時総会で，[**Ⓑ**　　　]報告書にもとづき，日本が満州国承認を撤回せよという勧告案が採択されると，松岡洋右ら全権団は総会から退場し，日本政府は正式に国際連盟からの脱退を通告した。

3 柳条湖事件と盧溝橋事件の区別。

1931年，[**Ⓒ**　　　]郊外で関東軍がおこした柳条湖事件をきっかけに満州事変が始まった。1937年，北京郊外で支那駐屯軍がおこした盧溝橋事件をきっかけに，日中全面戦争に発展した。

4 産業報国会は1938年に結成された組織。

近衛文麿を中心に一国一党の国民組織の結成をめざし新体制運動を進めた結果，当初めざした政党組織ではなく，官製の上意下達機関である[**Ⓓ**　　　]が結成された。

5 開戦前に，ソ連とは中立条約が成立している。

日本海軍の真珠湾攻撃，陸軍の英領[**Ⓔ**　　　]半島上陸に始まった戦争は，アジア諸民族への侵略と対米英戦争の二面性を持つことからアジア・太平洋戦争ともいわれる。

Point

- □ 挙国一致内閣である斎藤実内閣は，満州国承認・国際連盟脱退を行った。
- □ 日中戦争が始まると，国民党と共産党が再び提携し（第二次国共合作），抗日民族統一戦線を成立させた。
- □ 大政翼賛会の下部組織に，部落会・町内会・隣組がある。
- □ 1941年に中立友好や領土保全・不可侵を内容とする日ソ中立条約が成立した。

Ⓐ：犬養毅，Ⓑ：リットン，Ⓒ：北京，Ⓓ：大政翼賛会，Ⓔ：マレー

平安〜室町時代の文化

平安時代から室町時代にかけての我が国の文化に関する記述として最も妥当なのはどれか。

令和2年度
国家総合職

1 平安遷都から9世紀末頃まで，平安京において貴族を中心とした文化が発展した。宮廷では漢文学が発展し，また，天皇の国家統治の正当性を示すために，~~『日本書紀』~~な
『続日本紀』
どの国史の編纂が盛んに行われた。学問も重んじられ，有力な貴族は寄宿舎に当たる~~大学別曹~~を設け，一族の子弟が学ぶ便宜を図った。また，~~行基~~が創設した勧学院は，
藤原冬嗣　➡藤原氏の大学別曹
~~庶民に対しても教育の門戸を開いた。~~

2 遣唐使が停止された後，国風文化と呼ばれる日本独特の優雅で洗練された貴族文化が生まれた。かな文字が普及し，日常生活のみならず公式の場においても広く用いられるようになった。平安時代後期には，現世の不安から逃れようとする浄土教が流行し，~~一遍~~が全国に布教して民衆に教えを広めた。また，加持祈禱によって災いを避け，幸
空也　京
福追求のための修行を山中で行う修験道の信仰も広まった。
➡弘仁・貞観文化

3 鎌倉時代には，武士や庶民を中心とした素朴で質実な新しい文化が生まれた。~~鎌倉幕~~
後鳥羽上皇
~~府の第3代将軍源実朝~~の命により『新古今和歌集』が藤原定家らによって編纂されたほか，幕府の歴史を編年体で記した~~『大鏡』~~などの歴史書も著された。また，~~禅宗様~~
『吾妻鏡』　　　　　　　　　　　　大仏様（天竺様）
~~（唐様）~~の建築様式で建てられた東大寺南大門や，~~日本の和様に大陸伝来の新様式を~~
禅宗様（唐様）
~~取り入れた折衷様~~の建築様式で建てられた円覚寺舎利殿などがこの時代の代表的建築である。

4 室町幕府の第3代将軍足利義満は，京都の北山に山荘をつくり，金閣を建てた。この時期の文化は，禅の精神に基づく簡素さと，伝統文化の幽玄・侘びを精神的な基調と
➡東山文化の説明
し，~~金閣~~に代表される書院造風の建築様式は，近代の和風住宅の原型となった。日本
銀閣
の伝統文化を代表する茶道（茶の湯）や花道（生け花）の基礎もこの時代につくられた。

⑤ 応仁の乱により京都が荒廃すると，京都の公家たちが地方の大名を頼って地方に逃れ，地方の大名も積極的にこれを迎えた。日明貿易で栄えていた大内氏の城下町である山口では，多くの文化人が集まり，和歌などの古典の講義が行われ，仏典などの書籍の出版も行われた。こうした活動の結果，中央の文化が地方に普及することとなった。

1 『日本書紀』は 8 世紀に成立した官撰正史。

貴族は一族の子弟教育のために寄宿舎に当たる [**Ⓐ**　　　] を設けた。藤原氏の [**Ⓑ**　　　]，和気氏の弘文院などが知られている。

2 人物・歴史用語の時期設定がポイントとなる。

10 世紀半ばに [**Ⓒ**　　　] が京の市で念仏を説き，その後源信が『[**Ⓓ**　　　]』を著して念仏往生の教えを説くと，浄土教は貴族をはじめ庶民にも広まった。

3 鎌倉時代の建築様式と建造物の組合せを確認する。大陸的な雄大さ，豪放な力強さを特色とする大仏様は [**Ⓔ**　　　] が代表的遺構である。また細かな部材を組合せて，整然とした美しさを特色とする禅宗様は，[**Ⓕ**　　　] などの禅寺の建築に用いられた。

4 北山文化と東山文化の識別が重要。金閣に象徴される北山文化は伝統的な公家文化と新興の武家文化が融合し禅宗の影響を受けている。一方銀閣に象徴される東山文化は禅の精神に基づく「幽玄」「侘び」を基調としている。

5 正しい。日明貿易で繁栄した大内氏の城下町 [**Ⓖ**　　　] には，文化人が多く集まり，儒学や和歌などの古典の講義が行われ，書籍も出版された。

Point

☐ 『日本書紀』に始まる官撰正史の編纂事業は平安時代に引き継がれ，『続日本紀』などが編纂された。

☐ 浄土教は阿弥陀仏を信仰し，来世において極楽浄土に往生することを願う教えである。

☐ 『新古今和歌集』は 1205 年後鳥羽上皇の命により，藤原定家らが編纂した勅撰和歌集。

☐ 足利義満は北山山荘に金閣，足利義政は東山山荘に銀閣を建てた。

Ⓐ：大学別曹，Ⓑ：勧学院，Ⓒ：空也，Ⓓ：往生要集，Ⓔ：東大寺南大門，Ⓕ：円覚寺舎利殿，Ⓖ：山口

古代〜近世の文化

わが国の古代から近世の文化に関する記述として最も妥当なのはどれか。

平成24年度
国家一般職

1 ~~大化の改新から藤原京の時代までの国風文化では~~，『古今和歌集』が~~藤原公任~~
　　　　平安時代中期　　　　　　　　　　　　　　　　　　　　　　　紀貫之ら
によって編集され，この時期にうまれた仮名文字によって，紫式部の『源氏物
語』，紀貫之の~~『竹取物語』~~などの作品が書かれた。
　　　　　　　　『土佐日記』

2 鎌倉時代には仏教の新宗派が相次いで誕生し，法然や日蓮は，「南無阿弥陀仏」
　　　　　　　　　　　　　　　　　　　　　　　日蓮は「南無妙法蓮華経」(題目)を唱える
を唱えるだけでは足りず，~~造寺造仏や困難な修行が仏の願いにかなうと説いた。~~
　　　　　　　　　　　造寺造仏・困難な修行は否定
また，この時代に，~~『太平記』~~や北畠親房の『神皇正統記』などの作品が書かれ
　　　　　　　　　『吾妻鏡』　　　　　　　慈円の『愚管抄』
た。

3 15世紀後半の禅宗の影響を受けた東山文化では，『新撰菟玖波集』が宗祇によ
　　　　　　　　　　　　　　　　　　　　　　　　　　　　つくば
って編集され，水墨画の『四季山水図巻』が~~狩野永徳~~により描かれた。また，
　　　　　　　　　　　　　　　　　　　　雪舟
禅宗寺院や将軍・大名・武士の住宅に~~寝殿造~~が採用されるようになった。
　　　　　　　　　　　　　　　　　　書院造

4 織田信長・豊臣秀吉の時代の桃山文化では，~~『徒然草』『平家物語』『御伽草子』~~
　　　　　　　　　　　　　　　　　　　　　『徒然草』『平家物語』は鎌倉時代，『御伽草子』は室町時代
などの作品が書かれた。また，この時代は，~~絵巻物の黄金時代といわれ，『平~~
　　　　　　　　　　　　　　　　　　　　　　　鎌倉時代の説明
~~治物語絵巻』『蒙古襲来絵詞』~~などが描かれた。

5 江戸時代後期には町人文化が成熟し，絵画では浮世絵が最盛期を迎えて喜多川
歌麿や東洲斎写楽が「大首絵」の手法で美人画や役者絵を描いた。また，風景
画では，葛飾北斎が『冨嶽三十六景』を，歌川広重が『東海道五十三次』を描
いた。

解説 ×月○日　難易度 ★★　重要度 ★★

1 著作物と著者・編纂者の組合せがポイント。
905年，醍醐天皇の命により紀貫之らが最初の勅撰和歌集『[Ⓐ　　　　]』を編纂した。

2 南無阿弥陀仏は念仏，南無妙法蓮華経は題目。
法然は，[Ⓑ　　　　]を唱えて浄土宗を開き，日蓮は題目を唱えれば成仏できると説く日蓮宗を開いた。

3 寝殿造と書院造の区別。
水墨画は北山文化の時代に，明兆・如拙・周文が基礎を築き，東山文化の時代に [Ⓒ　　　　] が大成し，『四季山水図巻』などの作品を残した。

4 著作物や作品の時代の識別が大切。
鎌倉時代，絵と詞書を交互に連ねる [Ⓓ　　　　] が全盛期を迎え，『春日権現験記』『一遍上人絵伝』『蒙古襲来絵詞』などの作品が描かれた。

5 正しい。鈴木晴信が [Ⓔ　　　　] を創始して浮世絵の全盛期を迎え，美人画の喜多川歌麿，役者絵の東洲斎写楽，風景画の葛飾北斎や歌川広重らが活躍した。

🔑Point

☐ 10世紀から11世紀に栄えた国風文化では，宮廷に仕える女官による仮名文字を用いた国文学が発達した。

☐ 道理を基準に歴史を展開した慈円の『愚管抄』は鎌倉時代，南朝の正統性を主張した北畠親房の『神皇正統記』は南北朝時代の歴史書である。

☐ 寝殿造は国風文化，書院造は東山文化の建築様式。

☐ 鎌倉時代の随筆に鴨長明の『方丈記』や吉田兼好の『徒然草』がある。

☐ 御伽草子は戦国時代に流行した庶民的な短編物語で，『物ぐさ太郎』『一寸法師』『浦島太郎』などがある。

Ⓐ：古今和歌集，Ⓑ：専修念仏，Ⓒ：雪舟，Ⓓ：絵巻物，Ⓔ：錦絵

古代～近世の文化

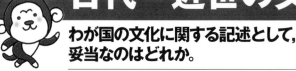

わが国の文化に関する記述として，妬当なのはどれか。

平成25年度
地方上級

1 ~~化政文化~~ は，京都や大坂などの上方の町人を担い手として開花した文化で，人
元禄文化
形浄瑠璃や歌舞伎では，近松門左衛門の 『仮名手本忠臣蔵』 や ~~鶴屋南北の 『東~~
『曽根崎心中』　　　 化政文化
~~海道四谷怪談』~~ などの作品が生まれて人気を博した。

2 国風文化は，唐の文化を日本の風土や日本人の感性に融合させた文化で， ~~田楽~~

~~と猿楽などをもととした能が大成し，なかでも観世座の観阿弥・世阿弥父子は，~~
北山文化
~~朝廷の保護を受け，芸術性の高い猿楽能を完成させた。~~
足利義満が保護

3 元禄文化は，~~江戸~~ を中心として開花した町人文化で，人形浄瑠璃では，竹本義
上方
太夫が ~~竹田出雲~~ の作品を語って人気を博し，歌舞伎では，坂田藤十郎らの名優
近松門左衛門
があらわれ，民衆演劇として発展した。

4 桃山文化は，新興の大名や豪商の気風を反映した豪壮で華麗な文化で，城郭に

は天守閣や，書院造の居館などが建てられ，また，民衆の間では，出雲の阿国

の歌舞伎踊りが人気をよび，のちの歌舞伎のはじまりとなった。

5 弘仁・貞観文化は，唐の文化の影響による洗練された貴族の文化で， ~~貴族の間~~

~~に流行した浄瑠璃は，琉球の三線を改良した三味線を伴奏楽器にして人形操り~~
桃山文化
~~をとり入れ，人形浄瑠璃へと発展した。~~

解　説

難易度 ★ ☆ ☆　　重要度 ★★ ☆

1 元禄文化と化政文化の識別がポイント。

歌舞伎や人形浄瑠璃の脚本として，元禄期に【**Ⓐ**　　　　】が『曽根崎心中』を，化政期に【**Ⓑ**　　　　】が『東海道四谷怪談』を書いて人気を博した。

2 観阿弥・世阿弥父子が能を大成した時期を考える。

大和観世座の観阿弥・世阿弥父子は【**Ⓒ**　　　　】の保護を受けて，洗練された美にもとづく芸術性の高い猿楽能を完成させた。

3 元禄文化は上方の豪商を主な担い手とする文化。

17 世紀後半に竹本義太夫が大坂道頓堀に竹本座を創設し，【**Ⓐ**　　　　】の作品を語って人気をえて，義太夫節という独立した音曲に成長させた。

4 正しい。新興の戦国大名と都市の豪商が権力と富を握り，彼らの気風を反映して，現実的で力強い華麗な文化が都市を中心に開花した。これを【**Ⓓ**　　　　】文化という。

5 人形浄瑠璃が成立した時期は桃山文化の時代。

室町時代に成立した浄瑠璃は，【**Ⓔ**　　　　】三線を改良した三味線を伴奏楽器にして人形遣いが人形を操る人形浄瑠璃に発展した。

Point

- □ 元禄文化は 17 世紀後半から 18 世紀初めにかけて上方の豪商を担い手とする多彩な文化。

- □ 10 世紀になると唐の文化を日本の風土や感情に適合させた，貴族を中心とする国風文化が開花した。

- □ 化政文化は文化・文政期を中心とする江戸の町人文化。

- □ 桃山文化の時代に，庶民の娯楽として出雲の阿国が始めたかぶき踊りや隆達節が流行した。

- □ 9 世紀の弘仁・貞観文化の時代には，遣唐使を通じて最新の唐文化が伝えられ，その摂取と消化が進んだ。

Ⓐ：近松門左衛門，**Ⓑ**：鶴屋南北，**Ⓒ**：足利義満，**Ⓓ**：桃山，**Ⓔ**：琉球

教育史

わが国の各時代における教育に関する記述として最も妥当なのはどれか。

平成17年度
国家Ⅱ種

1 奈良時代には，中央集権的な国家の実現をめざして，仏教的および儒教的教養を備え，国家に忠実に仕える人間が理想的な官僚とされた。~~天智天皇~~はそのような人材を養成
文武天皇
するため，唐の学制を模して，中央に~~国学~~，地方に~~大学~~を設置した。そこでは，中央
大学　　　　　　　　国学
の貴族や地方の豪族の子弟を対象に教育し，儒学と律令のほかに，公文書作成に必須
であった~~かな文字~~を学ばせた。
漢文

2 平安時代には，「文章は国を治める大業である」という意識が高まり，随筆や紀行文
学が盛んになった。また，藤原氏の~~綜芸種智院~~，橘氏の弘文院など，有力な貴族が~~藩~~
(しゅげいしゅちいん)　勧学院　　　　　　　　　　　　　　　　　　　　大学別曹
~~校~~を各地に設置した。そこでは，貴族の子弟のほかに~~庶民も対象に教育~~し，~~読み，書き，~~
空海の綜芸種智院
~~そろばんなどの実用的な学問を学ばせた。~~
江戸時代の寺子屋の説明

❸ 江戸時代には，封建的階層秩序を支えるための思想的基盤として儒学が採用され，学
問の中心となった。さらに，幕府は寛政異学の禁によって朱子学を正学として定め，
後に幕府直轄の昌平坂学問所を設けた。ここは，当初幕臣の子弟のために設けられた
ものであったが，後には，諸藩の家臣までも対象に教育が行われた。

4 明治時代には，文明開化の名の下に，欧米の文化や生活様式が盛んに取り入れられた。
明治政府は文部省を新設し，忠君愛国と儒教道徳を強調する教育勅語を発布した。~~初~~
1871年　　　　　　　　　　　　　　　　　　　　　　1890年
~~代文部大臣井上馨~~は国民皆学を理念とし，教育を国民の義務とする学制を公布したが，
初代文部大臣森有礼は1886年学校令公布　　　　　　　　　　　　　　1872年
そこでは，学問は個人の権利であるとする開明的な主張が見られた。

5 第二次世界大戦後には，教育の民主化が進められ，教育基本法や~~国民学校令~~が制定さ
学校教育法
れて，六・三・三・四制の新教育制度が発足した。その結果，~~戦前には認められなか~~
明治時代から設立
~~った~~私立学校の設立も認められ，子どもの個性や自発性を尊重する自由教育が実践さ
大正時代
れた。

国家総合職　**国家一般職**　国家専門職　裁判所　地方上級　市役所　警察官　消防官

解 説 難易度 ★★ 重要度 ★★★

1 仮名文字は平安時代に実用化されるが，公文書では仮名文字は用いられないことは推定できる。

官吏養成のための大学では，『論語』などの儒教の経典を学ぶ【**Ⓐ**　　　】，律令などの法律を学ぶ明法道があり，9世紀には漢詩文・歴史を学ぶ【**Ⓑ**　　　】が重視された。

2 綜芸種智院は空海が庶民教育のために開設。藩校は江戸時代である。

有力貴族は一族の子弟のために，大学に付属する寄宿舎にあたる【**Ⓒ**　　　】を設け，勉学の便宜を図った。和気氏の弘文院，藤原氏の【**Ⓓ**　　　】，在原氏の奨学院，橘氏の学館院などがある。

3 正しい。上野忍ヶ岡にあった林家の家塾を湯島に移し，大成殿を設け孔子を祀り，家塾は【**Ⓔ**　　　】として整備された。寛政異学の禁が出された後の1797年に幕府直轄の【**Ⓕ**　　　】となる。

4 近代の教育史の展開を考える。内閣制度発足後の初代文部大臣は森有礼である。

1886年，初代文部大臣森有礼は【**Ⓖ**　　　】を公布し，学校体系が整備され尋常小学校4年間を義務教育とした。さらに1890年【**Ⓗ**　　　】が発布され，忠君愛国が学校教育の基本であることが強調された。

5 国民学校は太平洋戦争中の小学校のこと。自由教育運動は大正時代。

戦後の教育改革は，アメリカ教育使節団の勧告により，1947年教育の機会均等や男女共学の原則をうたった【**Ⓘ**　　　】が制定された。同時に制定された【**Ⓙ**　　　】により，六・三・三・四制の新学制が発足した。

🔑 Point

☐ 大学では明経道が中心，平安時代になり紀伝道が重視された。

☐ 藤原氏の勧学院など有力貴族は一族の子弟のため大学別曹を設けた。

☐ 林家の家塾は湯島に移り聖堂学問所と称したが，1797年に昌平坂学問所と改称して幕府直轄となった。

☐ 初代文部大臣森有礼が学校令を公布し，教育政策は国家主義重視に改められ，1890年には教育理念を示した教育勅語がつくられた。

☐ 戦後の教育改革では1947年，教育基本法で教育の機会均等や男女共学の原則を定め，学校教育法で新学制を定めた。

Ⓐ：明経道，Ⓑ：紀伝道，Ⓒ：大学別曹，Ⓓ：勧学院，Ⓔ：聖堂学問所，Ⓕ：昌平坂学問所，Ⓖ：学校令，Ⓗ：教育勅語，Ⓘ：教育基本法，Ⓙ：学校教育法

仏教史

**古代から戦国時代の仏教に関する
次の記述のうち，妥当なものはどれか。**

平成15年度
地方上級

1 奈良時代には中国から仏教が伝来したが，仏教研究が~~行われず~~，独自の宗教が
6世紀　　　　　　　　　　　　　　　南都六宗を形成
~~創出~~された。
創出されていない

2 ~~空海と最澄~~がもたらした密教は山中での修行を必要としたため，貴族に~~受け入~~
受け入れられ
~~れられず~~，密教と貴族との結びつきは~~弱かった~~。
強かった

3 平安時代は浄土教が空也などによって広められ，末法思想が広まるとますます
受け入れられるようになった。

4 鎌倉時代には，~~題目~~を唱えるだけで救われるとする他力本願に基づく~~浄土宗~~，
念仏
~~浄土真宗~~が武士の間で信仰されたが，しばしば幕府側と~~戦いになった~~。
戦いになっていない

5 15世紀末，~~日蓮宗~~の教徒が各地で一揆を起こして自治を獲得した。
一向宗

国家総合職　国家一般職　国家専門職　裁判所　地方上級　市役所　警察官　消防官

解説 難易度 ★★★ 重要度 ★★★

1 奈良時代は国家仏教。

6世紀，[**A**   ]の聖明王が日本の[**B**   ]天皇に仏像・経典を伝えたことが仏教の伝来である。

2 密教は現世利益を期待した皇族・貴族に受け入れられた。

[**C**   ]によって開かれた真言宗，[**D**   ]によって開かれ，のちに密教化した天台宗は，国家・社会の安泰を祈ったが，加持祈禱によって災いを避け，幸福を追求する現世利益の面から皇族や貴族たちの支持を得た。

3 正しい。阿弥陀仏を信仰し，来世において極楽浄土に往生することを願う浄土教を10世紀半ばに[**E**   ]が京都で説いた。ついで[**F**   ]が『往生要集』を著して念仏往生の教えを説くと，貴族をはじめ庶民にも浄土教が広まった。

4 念仏は浄土宗や浄土真宗，題目は日蓮宗。

鎌倉時代，浄土宗の開祖である[**G**   ]は専修念仏の教えを説き，浄土真宗の開祖である[**H**   ]は悪人正機説を説いた。

5 加賀の一向一揆は一向宗門徒が自治を獲得した代表的な一揆である。

[**I**   ]の布教によって一向宗の勢力は近畿・北陸・東海地方に拡大し，農村の支配を強めつつあった大名権力と対立して，各地で一向一揆をおこし自治を獲得した。

Point

☐ 仏教は，6世紀に百済から伝わった。

☐ 空海の開いた真言宗や最澄の開いた天台宗は，現世利益を期待した皇族や貴族に受け入れられた。

☐ 10世紀，来世での極楽浄土に往生を願う浄土教は，空也や源信によって広められた。

☐ 念仏（南無阿弥陀仏）による他力本願に立つ浄土宗，浄土真宗は武士だけでなく庶民の間でも信仰された。

☐ 日蓮は題目（南無妙法蓮華経）を唱える重要性を説く日蓮宗を開いた。

☐ 15世紀後半，一向宗徒は守護大名や戦国大名に対抗して一向一揆をおこし自治を獲得した。

A：百済，**B**：欽明，**C**：空海，**D**：最澄，**E**：空也，**F**：源信，**G**：法然，**H**：親鸞，**I**：蓮如

終戦直後の占領政策

連合国軍最高司令官総司令部（GHQ）が
マッカーサー最高司令官の下で行った第二次
世界大戦終戦直後の日本に対する占領政策に
関する記述として，妥当なものはどれか。

平成22年度
警察官

1 GHQは，米英仏ソの4か国連合国軍の混成組織であり，内部の極東委員会で
　　　　　　　　最高司令部　　　　　　　　　　　　　　→ワシントンに設置
調整した占領政策を最高司令官が執行した。
決定　　　　　　　　　　　　　日本政府に指令・勧告した

2 GHQは，日本政府に対する指令・勧告を行い，それに基づいて日本政府が政
治を行うという間接統治の方法を採用した。

3 GHQは，国内治安維持のために，戦前の警察組織を忌避して，新たに占領軍
の指揮下で活動する警察予備隊を編成した。
　　　　→1950年　朝鮮戦争勃発時（米軍動員後の軍事的空白補填のため）

4 GHQは，戦争犯罪人，陸海軍軍人などの戦前の指導者を公職から追放すると
ともに，共産党員を排除する措置を採った。
　　　　→レッドパージのこと　1950年頃

5 GHQは，ポツダム勅令によって天皇の神格を明示的に否定した上で，新憲法
　　　　　天皇の人間宣言により自ら神格を否定
においてあらためて象徴天皇制を創設した。

1 GHQ は東京，極東委員会はワシントンに設置された。

占領政策の最高決定機関としてワシントンに極東委員会が置かれ，基本方針が【**Ⓐ**　　　　】政府を通じて連合国軍最高司令官総司令部（GHQ）に伝えられた。日本は連合国軍の占領下に置かれたが，事実上は【**Ⓐ**　　　　】の単独占領に等しかった。

2 正しい。占領軍は直接の軍政をしかず，GHQ の指令・勧告のもとに日本政府が実行する【**Ⓑ**　　　　】の方式がとられた。

3 民主化・非軍事化が占領方針であることがわかれば判断できる。

1950 年，朝鮮戦争が勃発すると，在日米軍が朝鮮に動員された後の軍事的空白を埋めるために，GHQ の指令で【**Ⓒ**　　　　】が新設され，再軍備の第一歩となった。

4 公職追放とレッドパージの区別がつけばよい。

【**Ⓓ**　　　　】の直前，共産党幹部の公職追放を指示し，開戦後には官公庁や企業から共産党員やその支持者の追放を行うレッドパージが始まった。

5 天皇は自ら神格を否定した。

1946 年，昭和天皇は【**Ⓔ**　　　　】を行って，現人神としての天皇の神格を自ら否定した。

Point

- □ 極東委員会は占領政策の最高決定機関でワシントンに置かれ，東京には GHQ の諮問機関である対日理事会が設置された。
- □ GHQ の指令・勧告に基づいて日本政府が政治を行う間接統治の方法がとられた。
- □ 朝鮮戦争をきっかけに警察予備隊が設置され再軍備の第一歩となった。
- □ 朝鮮戦争が勃発すると共産主義者の追放が始まり，マスコミから民間企業・官公庁と広がった。
- □ 天皇は人間宣言により神格を否定した。

Ⓐ：アメリカ，Ⓑ：間接統治，Ⓒ：警察予備隊，Ⓓ：朝鮮戦争，Ⓔ：人間宣言

GHQ の政策

GHQによる日本の統治に関する記述として，
最も妥当なのはどれか。

令和元年度
警察官

1 GHQは財閥の解体を指令したが，~~日本政府や財閥一族はこれに反発したため~~，
　　↳反発していない
解体が進んだのは独占禁止法などの法律が整備された~~1960年代に入ってから~~
　　　　　　　　　　　　　　　　　　　　　　　　　1940年代後半
であった。

2 戦前に発達した寄生地主制を排除するため，GHQは農地改革を指令し，地主
が持つ~~全ての~~貸付地が強制的に買収された。
　　　　1町歩を超える

3 GHQは労働組合の組織化を奨励し，労働者の団結権・団体交渉権・争議権を
保障する労働基準法や，8時間労働制などを規定した労働組合法が制定された。

❹ インフレを鎮静させ日本経済の自立と安定を図るため，1948年にGHQは経済
安定九原則の実行を指令し，翌年にはドッジが派遣され一連の施策を指導した。

5 GHQは教育制度を改革するため，義務教育を6年から9年に延長する学校教
育法や教育基本法を制定させて~~九・三・四~~の新しい学制を採用させた。
　　　　　　　　　　　　　　　　　　　　六・三・三・四制

解 説 MEMO

難易度 ★★☆　重要度 ★★★

1 財閥解体を行った時期を考える。

1946年に持株会社整理委員会を設置して株式の民主化を図り，翌年【**Ⓐ**　　　　】を制定し，持株会社・カルテル・トラストの結成を禁止した。さらに過度経済力集中排除法を制定し，巨大独占企業の分割を命じたが，冷戦が深まり，対日占領政策が転換されたことにより，財閥解体は不徹底に終わった。

2 第二次農地改革の内容を考える。

第一次農地改革が不徹底だったため，GHQの指令で第二次農地改革に着手し，不在地主の小作地を内地1町歩，北海道を4町歩までとし，限度を超えた農地は国家が買収して小作人に売り渡した。

3 労働三法の内容の識別がポイント。

1945年に労働三権を保障する【**Ⓑ**　　　　】，1947年に労働争議の調整を規定した労働関係調整法，1948年に労働条件の最低基準を定めた【**Ⓒ**　　　　】が制定された。

4 正しい。1949年，経済安定九原則を実施するために来日した【**Ⓓ**　　　】は，超均衡予算を実現し，1ドル360円の単一為替レートを設定した。

5 新学制の仕組みを想定する。

1947年，教育の機会均等・9ヶ年義務教育・男女共学の原則を定めた【**Ⓔ**　　　】，六・三・三・四制の新学制を定めた【**Ⓕ**　　　】が制定された。

🔑 Point

☐ 財閥系銀行は最初から解体が除外される。

☐ 第二次農地改革では自作農創設特別措置法を制定した。

☐ 労働組合法・労働関係調整法・労働基準法を労働三法という。

☐ GHQは経済安定九原則でインフレ収束策を示した。

☐ 戦前の教育理念である教育勅語は1948年に国会決議で失効した。

Ⓐ：独占禁止法，Ⓑ：労働組合法，Ⓒ：労働基準法，Ⓓ：ジョセフ＝ドッジ，Ⓔ：教育基本法，Ⓕ：学校教育法

戦後の日中関係

第二次世界大戦後のわが国と中華人民共和国（中国）の関係に関する次の記述のうち，妥当なものはどれか。

平成10年度
国税専門官

1 第二次世界大戦で敗北したわが国は，多額の損害賠償を中国に支払う義務を負ったが，サンフランシスコ講和会議で平和条約が調印された際に，~~同会議の主要国であった中国との間に協定が結ばれ，賠償は免除された。~~

会議に招かれていない

2 1950年代当初，中ソ友好同盟相互援助条約が締結されて以降，中国がソ連，イギリスなどから国際的に承認されたことにより，わが国も中国を正式な国家として認めたものの，当時は国交を回復するには至らなかった。

1972年　日中共同声明

3 1970年代に入ると，中国とソ連の対立を背景にアメリカが中国に接近した。それを受けてわが国も政策を転換し，中国との国交正常化に踏み切り台湾との外交関係を絶ち，1970年代後半に日中平和友好条約を結んだ。

4 1980年代後半にわが国は，中国との間に第3次円借款の契約を結んだが，天安門事件により西側諸国が中国に対する経済制裁を行うと，円借款契約を凍結した。~~凍結解除などの具体的な関係見直しはいまだ進められていない。~~

1990年再開

5 わが国と中国との間で領土問題となっていた尖閣諸島は，わが国が沖縄返還以来一貫して領有権を主張していたものの，排他的経済水域設定の問題を協議した際に，~~両国が同諸島を共同で管理することが決定された。~~

1895年

中国も領有権を主張したまま対立続く
→2012年国有化

国家総合職　国家一般職　**国家専門職**　裁判所　地方上級　市役所　警察官　消防官

難易度 ★★ 重要度 ★★

1 中国はサンフランシスコ講和会議に招請されていない。

サンフランシスコ講和会議に，交戦主要国である中国は招請されなかった。日本は主権を回復した 1952 年に台湾政府と [**Ⓐ**   ] を締結したが，1972 年，[**Ⓑ**   ] により失効した。

2 日中国交正常化は 1970 年代。

[**Ⓒ**   ] 首相は 1972 年に訪中して，両国間の不正常な状態の終結を宣言するとともに，日本は中華人民共和国を中国の唯一の合法政府と認め，国交正常化を実現した。

3 正しい。1972 年の [**Ⓑ**   ] 後，ソ連を刺激するおそれのある「覇権条項」を本文に入れる問題で交渉は難航したが，1978 年，[**Ⓓ**   ] 内閣は日中平和友好条約に調印した。

4 西側諸国の対中経済制裁解除の動きの中，円借款は再開されている。

1989 年の [**Ⓔ**   ] 直後は西側諸国が外交的制裁措置を相次いでとり，日本も対中新規援助の凍結や閣僚級の交流中止を決定した。やがて西側諸国の対中経済制裁解除の動きが活発化すると，1990 年に日本は円借款を再開した。

5 尖閣諸島の領有権は未解決。

尖閣諸島は無人島で 1895 年に日本領と確認されて行政上は石垣市に属する。しかし，同島周辺に海底油田の存在が明確になると，その帰属を巡り日本と中国で紛争が続いているが，2012 年に国有化している。

Point

- [ ] サンフランシスコ講和会議には，中華人民共和国・中華民国は招請されなかった。
- [ ] 1952 年，中華民国と日華平和条約を結ぶが，1972 年の日中国交正常化により失効する。
- [ ] 中華人民共和国とは 1972 年，田中角栄内閣が日中共同声明により国交正常化を実現，1978 年，福田赳夫内閣が日中平和友好条約に調印した。
- [ ] 中華人民共和国とは尖閣諸島問題，大韓民国とは竹島問題がある。

Ⓐ：日華平和条約，Ⓑ：日中共同声明，Ⓒ：田中角栄，Ⓓ：福田赳夫，Ⓔ：天安門事件

戦後の対外政策

**第二次世界大戦以降の日本の対外関係に
関する次の記述のうち,
誤っているものはどれか。**

平成11年度
地方上級

❶ 1950 年代, 日本は主権回復を果たして西側陣営の一員として行動することになった。ソ連との関係では, 北方領土返還問題を棚上げする「日ソ共同宣言」に終わったが, 抑留邦人の送還や日本の国連加盟に対するソ連の支持などの成果が見られた。

❷ 1960 年代, 安保反対闘争が展開される中で「日米安全保障条約」が改定された。新安保条約はアメリカの日本防衛援助義務と日本の軍事施設・区域の供与義務を基本とし, 事前協議制度が導入された。

❸ 1970 年代, 米中の接近を背景として「日中共同声明」が調印され, 次いで「日中平和友好条約」が締結された。このとき中ソの対立を背景にいわゆる「覇権」条項が国際的な波紋を呼び, 日ソ漁業交渉の停滞などを招いた。

❹ 1980 年代, 日本は経営黒字が続き, アメリカとの間に貿易摩擦が深刻化した。アメリカは日本の市場開放, 規制緩和, 内需拡大を強く要求するようになり, 自動車の対米輸出自主規制が行われ, また, 日米構造協議も持たれた。

❺ 1990 年代, 国力に応じた国際貢献への要請が強まり, 日本も積極的な国際貢献策として, 従来の資金援助に代えて, 湾岸戦争では自衛隊を派遣した。また
派遣していない
アジアの通貨・金融危機に際し, 韓国などへ IMF の支援融資額を上回る緊急援助を行った。

解説　難易度 ★★★　重要度 ★★

1 正しい。1956年鳩山一郎首相はモスクワを訪れ，日ソ共同宣言に調印して国交を正常化した。北方領土については日本は4島返還を要求したが，ソ連は【**Ａ**　・　】の帰属は解決済みの立場をとり，【**Ｂ**　・　】の日本への引渡しも平和条約締結後とした。

2 正しい。1960年【**Ｃ**　　】首相が訪米し，日米相互協力および安全保障条約に調印した。新条約にはアメリカの日本防衛義務が明文化され，在日米軍の軍事行動の【**Ｄ**　　】が定められた。

3 正しい。1971年に中華人民共和国が国連の代表権を獲得すると，翌年にはアメリカのニクソン大統領は訪中し，共同声明を発表して米中の敵対関係を終了させた。これを受けて田中角栄首相も訪中し，日中共同宣言を発表して国交を正常化させた。

4 正しい。1980年代，貿易赤字に苦しむアメリカと貿易黒字を続ける日本との間に貿易・経済摩擦が激しくなった。アメリカは日本に内需拡大，【**Ｅ**　　】・鉄鋼などの輸出規制，【**Ｆ**　　】を求めた。

5 湾岸戦争のときに国際貢献問題がおこり，宮沢喜一内閣の下でPKO協力法が成立する。
湾岸戦争をきっかけに国連への協力を巡る議論が高まり，1992年，宮沢喜一内閣はPKO協力法を成立させ，UNTACの要請を受けて【**Ｇ**　　】に自衛隊を派遣した。

Point

☐ 北方領土は，日本は4島返還を主張，ソ連は国後島・択捉島は解決済みの立場をとり，歯舞群島・色丹島の日本への引渡しは平和条約締結後とした。

☐ 日米新安全保障条約にはアメリカの日本防衛義務が明記され，在日米軍の軍事行動の事前協議制が規定されている。

☐ 1980年代に日米貿易摩擦が生じると，アメリカは内需拡大・輸出規制・市場拡大を日本に要求した。

☐ PKO協力法が成立すると，UNTACの要請を受けてカンボジアに自衛隊を派遣した。

Ａ：国後島・択捉島，**Ｂ**：歯舞諸島・色丹島，**Ｃ**：岸信介，**Ｄ**：事前協議制，**Ｅ**：自動車，
Ｆ：市場開放，**Ｇ**：カンボジア

戦後の日本

第二次世界大戦後の日本に関する次の記述のうち，最も妥当なのはどれか。

平成17年度
国税専門官

1 終戦後の経済的混乱の影響からインフレーションが進行したが，政府は金融緊急措置令を施行して通貨の流通量を減らしインフレを<del>抑制することに成功した</del>。また，特定
　　　　　　　　　　　　　　　　　　　　　　一時的に鈍らすに終わる
分野に資源・資金を集中する傾斜生産方式をとることにより，石炭・鉄鋼などの基幹産業の再建や生産拡大が達成され，<del>物価は安定した</del>。
　　　　　　　　　　　　　　　　　　インフレが進行

2 1950年に朝鮮戦争が開始されると，<del>米国は駐留米軍を増強するとともに</del>，日本の再軍備を目的とした<del>経済援助を開始し</del>，MSA協定が締結された。この協定を受けて発足
　　　　　　　　　　　　　　　　　　　　　　1954年
した警察予備隊は，戦争の経過に伴い朝鮮半島に投入された駐留米軍に代わり，日本
　　　1950年
の防衛・治安維持を担った。その後日本の独立回復に伴い，<del>自衛隊</del>が発足した。
　　　　　　　　　　　　　　　　　　　　　　　　　保安隊

3 西側諸国中心の講和をめざす吉田内閣が<del>昭和電工疑獄</del>を契機に退陣すると，次いで成
　　　　　　　　　　実現した　　　　　造船疑獄
立した鳩山内閣は，社会主義国との関係を深め，<del>日ソ平和条約</del>の締結に成功した。こ
　　　　　　　　　　　　　　　　　　日ソ共同宣言　　　　1956年
の締結により，<del>サンフランシスコ講和会議における全面講和</del>と日本の国際連合加盟へ
　　　　　　　1951年
の道が開かれた。

④ 1960年に成立した池田内閣は「所得倍増」をスローガンに経済成長を促進する政策をとった。技術革新や設備投資の活発化，国内の消費市場の拡大などにより，日本経済は高度成長を続けたが，工業地帯や大都市における大気汚染や水質汚濁が深刻な公害病を引き起こしたため，公害訴訟や住民運動が高まる中，佐藤内閣は公害対策基本法の制定と改正を行い，その後環境庁を設置した。

5 1973年の第4次中東戦争をきっかけに石油危機が発生すると，原油の大半を中東から輸入していたため，<del>銀行の倒産が相次ぎ，金融恐慌といわれる長期低迷期に入った</del>。
　　　　　　　　　　　　　　狂乱物価が起こり，低成長時代に入った
<del>経済低迷の責任を負って退陣した福田内閣</del>の後を受け成立した中曽根内閣では，行政
　　　　　　　　　　　　鈴木善幸内閣
改革・税制改革の推進が期待されたが，3公社（電電公社・専売公社・国鉄）の民営
化を<del>果たせず</del>，これらの改革は竹下内閣に引き継がれた。
　　実現した

解説　難易度 ★★★　重要度 ★★

1 戦後のインフレが終息するのはドッジ＝ラインの実施による。

幣原喜重郎内閣は，[**Ⓐ**　　　　　]を出し，新円切換と預金封鎖により貨幣流通量を減らそうとしたが効果は一時的であった。ついで第1次吉田茂内閣は[**Ⓑ**　　　　　]を採用して基幹産業への資金提供を開始し，生産再建の目途をつけたがインフレが進行した。

2 MSA 協定締結により自衛隊が発足する。

1954 年，MSA 協定が締結され日本の防衛力増強が義務づけられると，新設された[**Ⓒ**　　　　]のもとに陸海空の3隊からなる自衛隊を発足させた。

3 ソ連とは平和条約は締結していない。

第3次鳩山一郎内閣は防衛力増強のために[**Ⓓ**　　　　]を，憲法改正に備えて[**Ⓔ**　　　　]を設置した。その一方で「自主外交」をうたってソ連との国交回復交渉を推進し日ソ共同宣言に調印した。

4 正しい。岸信介内閣に代わった[**Ⓕ**　　　　]内閣は「寛容と忍耐」を唱えて革新勢力との対立を避けながら，「[**Ⓖ**　　　　]」を掲げ，高度成長を促進する経済政策を推進した。

5 金融恐慌は昭和初期であることは明確。

第1次 [**Ⓗ**　　　]は狂乱物価といわれる物価高騰を招き，1974 年日本経済は戦後初めてマイナス成長となり，高度成長の時代に終わりを告げた。

Point

□ インフレを抑えるため，幣原喜重郎内閣は金融緊急措置令を出し新円切換・預金封鎖を行ったが，効果は一時的にとどまった。

□ 第1次吉田茂内閣は石炭・鉄鋼などに資金・資材を集中させる傾斜生産方式を始め，基幹産業の再建の目途をつけたが，インフレが進行した。

□ 安保改定問題で退陣した岸信介内閣に続く池田勇人内閣は，「所得倍増」をスローガンに高度経済成長政策を進めた。

□ 第4次中東戦争をきっかけに第1次石油危機がおこると狂乱物価が発生，1974 年は戦後初めてマイナス成長となった。

Ⓐ：金融緊急措置令，Ⓑ：傾斜生産方式，Ⓒ：防衛庁，Ⓓ：国防会議，Ⓔ：憲法調査会，Ⓕ：池田勇人，
Ⓖ：所得倍増，Ⓗ：石油危機

明治～昭和前期の政治

明治時代から昭和時代前期までのわが国の歴史に関する記述として最も妥当なのはどれか。 平成23年度 国家Ⅰ種

1 戊辰戦争後，明治政府は西郷隆盛の構想を基に兵部省を設置した。1870年代
　　　　　　　　　　　大村益次郎
後半の西南戦争を最後に士族の反乱が終結すると，近代的軍隊の整備・強化を
　　　⤵1877年
めざした政府は，全国各地に鎮台を設置するとともに，徴兵令を発布し士族出
　　　　　　　　⤵1871年，東京・大阪・仙台・熊本に設置　⤵1873年
身者によって軍隊を組織することとした。
国民皆兵

2 明治憲法の発布に伴い，軍隊の最高指揮権である統帥権は天皇大権の一つとさ

れ，中将以上の地位にある陸海軍の現役武官には，閣議を経ることなく直接天
　　　　　　陸軍参謀総長・海軍軍令部長
皇に上奏する権限が与えられた。さらに，帝国議会の審議においても，軍が天

皇直属であることを理由に，軍事費については一切の議論が禁じられた聖域と
　　　　　　　　　　　　　　　　　　　　　　　　　議会で審議される
され，高額の費用を要する近代的軍艦などの建造が急速に進んだ。

3 1920年代には，普通選挙の実現をめざす政友会などの護憲三派によって山本
　　　　　　　　　　　　　　　⤵（憲政会が中心）　　　　　　加藤高明
権兵衛内閣が成立した。しかし，政府に強い反感を抱いていた軍部は，いわゆ

る大正政変を起こし，山本内閣を短期間のうちに退陣に追い込んだ。この政変
　　1913年　　　　　　　第3次桂太郎内閣退陣
により，当時懸案であった米英との間のロンドン海軍軍縮条約の調印は行われ
　　　　　　　　　　　　　　　　　1930年浜口雄幸内閣が調印
なかった。

④ 天皇親政による急進的な国家改造を唱える北一輝の影響を受けた皇道派の陸軍

将校らは，二・二六事件と呼ばれるクーデタを起こし，大蔵大臣や内大臣を殺

害するとともに首相官邸などを占拠して軍部独裁政権の樹立を図ったが，反乱

軍として鎮圧された。事件後，統制派が皇道派を排除し，陸軍の政治的発言力

は強まっていった。

5 各国との協調外交に努力した外務官僚出身の広田弘毅内閣が倒れた直後，軍部，
　　　　日米交渉　　　　　　　　　公家　　　　　第3次近衛文麿内閣
右翼勢力，重臣などの信任を集めた陸軍出身の東条英機内閣が成立した。東条

内閣は，あらゆる物資を戦争遂行のために動員することを目的として国家総動

員法を制定した。さらに天皇に直属する最高指揮機関として大本営と呼ばれる
1938年，第1次近衛内閣の時　　　　　　　　　　　⤵1894年，日清戦争
新たな組織を設置し，対米英戦に備えた。　　　　　　　の時に設置

1 西南戦争は徴兵制による政府軍が勝利をおさめた内戦。

1873 年に【**A**　　　　】を定めて，士族・平民を問わず満 20 歳に達した男子は 3 年間の兵役につくことを義務づけた。

2 初期議会で藩閥政府と民党が軍事予算をめぐって対立したことを想定すれば誤りとわかる。

天皇は軍隊を指揮する【**B**　　　　】をもったが，これを輔弼する機関として陸軍参謀本部・海軍軍令部が置かれた。

3 第一次護憲運動と第二次護憲運動の区別がポイント。

憲政会の加藤高明を首班とする護憲三派内閣は，【**C**　　　　】を成立させる一方で，共産主義を取り締まる【**D**　　　　】を制定した。

4 正しい。二・二六事件後，【**E**　　　　】が【**F**　　　　】を排除して陸軍内の主導権を確立し，岡田啓介内閣にかわって広田弘毅内閣が人選や軍備拡張などの軍の要求を受け入れて成立した。

5 国家総動員法の制定は日中戦争が勃発した翌年，第 1 次近衛文麿内閣の時代。

日米交渉妥結を希望する近衛文麿首相と，交渉打ち切り・開戦を主張する【**G**　　　　】陸相が対立すると第 3 次近衛文麿内閣が総辞職し，【**G**　　　　】内閣が誕生した。

🔑 Point

☐ 1873 年，徴兵令が公布され，満 20 歳に達した男子は 3 年間兵役に服する国民皆兵制度が確立した。

☐ 天皇は統治権の総攬者として官制の制定・文武官の任免・陸海軍の統帥権・宣戦や講和・議会の召集など強大な権限を有した。

☐ 憲政会総裁加藤高明を首班とする護憲三派内閣は普通選挙法・治安維持法を制定した。

☐ 二・二六事件後，陸軍内部で統制派が主導権を握ると，陸軍の政治的発言力は一層強まった。

A：徴兵令，**B**：統帥権，**C**：普通選挙法，**D**：治安維持法，**E**：統制派，**F**：皇道派，**G**：東条英機

明治〜昭和初期における政党

明治から昭和初期における政党に関する次のA〜Dの記述の正誤の組合せとして最も適当なものはどれか。

平成28年度
裁判所

A 初期議会において，民党と呼ばれた自由党は次第に政府と協調するようになり，これに反発した立憲改進党や国民協会などの残存民党は，~~平等条約の締結を要~~求して政府と激しく対立したので，政府は~~憲法を停止して議会を閉鎖した~~。
現行条約励行
議会解散

B 日清戦争後，日本で最初の政党内閣が誕生するなど政党は勢力を拡大してきたが，この頃から総理大臣経験者によって後継総理大臣を推薦する~~元老制度が定~~
→第一次大隈重信内閣
元老は天皇の最高顧問だが非公式の地位（明治国家創成の功労のあった元勲待遇者）
着して，以後，事実上の国家運営の最高機関として機能するようになった。
→桂園時代以降

C 第一次護憲運動に対して，総理大臣の桂太郎は新党（のちの立憲同志会）を組織して対抗しようとしたが議会の少数派にとどまった。その後，立憲同志会は憲政会を経て立憲民政党に発展し，大正末から昭和初期にかけて，立憲政友会と交代で政権を担当した。

D 総理大臣寺内正毅が米騒動の責任をとって辞職した後，立憲政友会総裁の原敬が総理大臣に任命された。原は平民宰相と呼ばれて国民の期待を集めたが，それは原が華族でも藩閥出身でもなく，衆議院に議席を持つ最初の総理大臣だからである。

	A	B	C	D
1	正	正	誤	誤
2	正	誤	正	正
3	誤	正	正	誤
4	誤	誤	正	正
5	誤	正	誤	誤

解 説

難易度 ★★ 　重要度 ★★★

A 初期議会の展開を考える。

第四議会で天皇の詔勅を利用し軍艦建造予算を成立させると，民党第１党の【**A**　　　　】が藩閥政府に接近した。【**B**　　　　】など残存民党は対外硬派を結成し，第五議会において条約改正問題で政府を追及した。

B 伊藤博文らが元老として影響力を行使し始めるのは桂園時代。

明治国家の創成に大きな功績のあった元勲待遇者やそれに準ずるものが元老と呼ばれた。元老は天皇の最高顧問であるが非公式の地位で，首相の推薦や重要政務に関与し，絶大の力を持った。

C 正しい。立憲国民党の【**C**　　　　】と立憲政友会の【**D**　　　　】を先頭に，野党勢力や新聞記者に都市実業家・民衆が加わり，「閥族打破・憲政擁護」を掲げた第一次護憲運動が全国に広がった。桂太郎首相は新党を結成し対抗しようとしたが，運動が強まり，在職わずか53日で退陣した（大正政変）。

D 正しい。米騒動で【**E**　　　　】内閣が総辞職すると，立憲政友会総裁で平民籍の衆議院議員であった【**F**　　　　】が首相に指名された。最初の本格的政党内閣である【**F**　　　　】内閣は積極財政を推進する一方で，普通選挙に反対する反動的な性格も有していた。

Point

☐ 第一議会から第四議会は軍事予算で，第五・第六議会は条約改正問題で藩閥政府と民党が対立した。

☐ 元老は当初の黒田清隆・伊藤博文・山県有朋・松方正義・井上馨・西郷従道・大山巌に桂太郎・西園寺公望が加わった。

☐ 政党政治が「憲政の常道」と呼ばれた時代は，立憲政友会と立憲民政党（憲会の後進）の二大政党の時代であった。

☐ 最初の政党内閣が明治期の第１次大隈重信内閣（憲政党），最初の本格的政党内閣が大正期の原敬内閣（立憲政友会）。

A：自由党，**B**：立憲改進党，**C**：犬養毅，**D**：尾崎行雄，**E**：寺内正毅，**F**：原敬

明治～昭和の外交

明治時代から昭和時代までの我が国の
外交に関する記述として最も妥当なの
はどれか。

平成30年度
国家総合職・改

1 1890年代，~~三・一独立運動~~をきっかけに日清戦争が開始された。日清講和会
　　　　　　甲午農民戦争
議で調印された下関条約では，遼東半島の割譲が含まれていたが，条約調印後

間もなく，ロシア・~~米国・英国~~三国干渉を受けたため，我が国は遼東半島を
　　　　　　　　　フランス　ドイツ
清国に返還する代わりに，~~台湾の割譲~~が認められた。
　　　　　　　　　　還付金 3000 万両

2 ~~1900年代~~，朝鮮において親露政権が成立すると，ロシアは，~~同地域~~における
　1890 年代　　　　　　　　　　　　　　　　　　　　　　旅順・大連
独占的権益を~~英国やドイツ~~に承認させた。そのため，我が国は対露強硬方針を
　　　　　　➡租借権　清国
採り，日露戦争が開始された。米国で開かれた講和会議においてポーツマス条

約が調印されたが，南樺太の割譲が~~認められなかった~~ため，我が国では日比谷
　　　　　　　　　　　　　　　認められた　　　　　➡賠償金がなかったため
焼打ち事件と呼ばれる暴動が起こった。

3 1920年代，太平洋及び極東問題を審議するためにワシントン会議が開催され，

我が国は，米国・英国・フランスと共に四か国条約を結んだ。他方，これらの

国々に~~ドイツ~~が加わり主力艦の保有比率について議論が行われたが，~~我が国は~~
　　　　イタリア
~~国内の不満に配慮して調印することができず~~，高橋是清内閣以降の内閣は，列
ワシントン海軍軍縮条約に調印
強との協調関係を~~築くことができなかった~~。
　　　　　　➡幣原外交

4 1940年代，ドイツの降伏後，ソ連が日ソ中立条約を侵犯して我が国に宣戦し，

満州・~~台湾~~などに侵攻を開始した。その後，米国は対日方針を~~ソ連~~に提案し，
　　　朝鮮　　　　　　　➡1945 年 8 月 9 日　　　　　　　　　　イギリス
米国・中国・~~ソ連~~の３か国の名で~~ポツダム宣言~~を発表したが，我が国は~~英国~~を
　　　　　　イギリス　　　　　　　➡1945 年 7 月 26 日　　　　　　ソ連
仲介とする和平の実現に期待をかけてポツダム宣言を黙殺した。

5 1960年代，大韓民国に対しては，佐藤栄作内閣が朴正熙政権との間で日韓基
本条約を結んで国交を樹立し，資金供与などを行った。一方，中華人民共和国

（中国）に対しては，1970年代，米国のニクソン大統領が中国を訪問し，米中

接近が始まると，我が国も田中角栄内閣が中国政府と共に日中共同声明を発表

し，日中国交正常化が実現された。

解説 ×月○日

難易度 ★★　重要度 ★★

1 三国干渉を行った国とその背景を考える。

下関条約の［**A**　　　］割譲は，東アジア進出をめざすロシアを刺激し，ロシアはフランス・ドイツを誘って，［**A**　　　］の返還を日本に要求した。

2 ポーツマス条約で日本は南樺太を獲得している。

1900年の［**B**　　　］でロシアは満州を占領。ロシアの南下に対抗して1902年日英同盟協約が成立すると，1904年に日露戦争が始まった。翌年，アメリカ大統領のセオドア＝ローズヴェルトの斡旋でポーツマス条約に調印し，戦争は終結した。

3 条約を締結した国名に着目する。

アメリカ・イギリス・日本・フランス・［**C**　　　］は，ワシントン海軍軍縮条約で主力艦の保有量を制限し，10年間の主力艦建造禁止を約束した。

4 ポツダム宣言はアメリカ・イギリス・中国の名で発表。

ポツダム宣言に対する日本政府の対応を拒絶と理解したアメリカは広島に原子爆弾を投下した。ソ連が中立条約を無視して参戦し，再び長崎に原子爆弾が投下されると，ポツダム宣言の受諾を決定し，ラジオ放送で天皇から国民に戦争終結が発表された。

5 正しい。1965年に［**D**　　　］内閣が朴正煕政権との間で日韓基本条約に調印し，国交を回復した。1972年には［**E**　　　］内閣が中国を訪問し，日中共同声明を発表し，国交正常化を実現した。

Point

☐ ポーツマス会議はアメリカ大統領の斡旋で開催。

☐ ワシントン海軍軍縮条約で日本の主力艦保有量は対英米６割となる。

☐ ポツダム宣言は米・英・中の名で発表。ソ連は対日参戦後に署名。

☐ 大韓民国は日韓基本条約，中国は日中共同声明で国交正常化。

A：遼東半島，**B**：北清事変，**C**：イタリア，**D**：佐藤栄作，**E**：田中角栄

20世紀前半の動向

我が国の20世紀前半の動きに関する記述として最も妥当なのはどれか。

平成29年度
国家一般職

1 1914年に始まった第一次世界大戦はヨーロッパが主戦場となったため，我が
国は~~参戦せず~~，辛亥革命で混乱している中国に干渉し，~~同大戦中に清朝最後の~~
　　　参戦し
~~皇帝溥儀を初代皇帝とする満州国を中国から分離・独立させた~~。
　　　　　　満州国建国は1932年（満州事変勃発後）

2 1917年，ロシア革命により~~アレクサンドル2世が亡命する~~と，ロマノフ王朝
　　　　　　　　　　　　　　ニコライ2世が殺害される
は崩壊し，世界で最初の社会主義国家が誕生した。その影響が国内に波及する
ことを恐れた我が国は，米国と石井・ランシング協定を結び，~~米国に代わって~~
　　　　　　　　　　→太平洋方面の安全確保のため締結　　　　米・英・仏などと
シベリアに出兵した。　　（米の理由）　　　　　　　　　　　　ともに

❸ 1918年，立憲政友会総裁の原敬は，陸・海軍大臣と外務大臣を除く全ての大
臣を立憲政友会党員で占める本格的な政党内閣を組織した。同内閣は，産業の
振興，軍備拡張，高等教育機関の拡充などの積極政策を行った。

4 1920年に設立された国際連盟において，我が国は~~米国と共に~~常任理事国とな
　　　　　　　　　　　　　　　　　　　　　　不参加　　　→英・日・仏・伊
った。1933年，国際連盟は~~リットン報告書に基づいて満州における中国の主
権を認め~~，~~日本の国際連盟からの除名を勧告したため~~，我が国は国際連盟を脱
　　　　　　日本軍の満鉄付属地内への撤兵
退した。

5 1930年，浜口雄幸内閣は金の輸出禁止を解除したが，ニューヨーク株式市場
の大暴落から始まった世界恐慌のため，我が国では猛烈な~~インフレ~~が生じ，労
　　　　　　　　　　　　　　　　　　　　　　　　　　　　　　デフレ
働争議が激化した。そのため，~~同内閣は治安維持法を成立させ~~，労働争議の沈
　　　　　　　　　　　　1925年第1次加藤高明内閣の時，成立
静化を図った。

解 説　難易度 ★★　重要度 ★★★

1 1つ1つの史実の時期を考える。

1914年，第一次世界大戦が勃発すると，【**Ⓐ**　　　】を理由にドイツに宣戦布告し参戦した。翌年には中国の袁世凱政権に21か条の要求をつきつけ，その大部分を受諾させた。

2 シベリア出兵は日・米・英・仏の共同出兵。

1917年，【**Ⓑ**　　　】がおこり，世界最初の社会主義国ソビエトが誕生すると，翌年ドイツ・オーストリアと単独講和をして大戦から離脱した。これに対して，連合国側は4カ国が共同でシベリアに出兵した。

3 正しい。最初の本格的政党内閣である【**Ⓒ**　　　】内閣は，高等教育機関の拡充や地方鉄道の建設など積極政策を推進した。しかし，普通選挙の実施には慎重で，選挙権の納税資格を3円以上に引き下げ，小選挙区制を採用する改正にとどまった。

4 提唱国のアメリカは議会の反対で加盟していない。

1933年国際連盟臨時総会で，【**Ⓓ**　　　】報告書に基づいて，満州国承認の撤回などを求めた対日勧告案が採択されると，日本政府は国際連盟からの脱退を通告した。

5 治安維持法を成立させた内閣を考える。

第2次護憲運動の結果成立した第1次【**Ⓔ**　　　】内閣（護憲三派内閣）のもとで，普通選挙法と治安維持法が成立した。

Point

□ 1932年清朝最後の皇帝溥儀を執政とする満州国が建国された。

□ 米英仏がシベリアから撤兵した後も日本は1922年まで継続した。

□ 原敬内閣は立憲政友会を基盤とする最初の本格的政党内閣である。

□ 国際連盟の常任理事国はイギリス・日本・フランス・イタリア。

□ 1930年浜口雄幸内閣は金解禁を断行するが，世界恐慌の影響と解禁による不況から昭和恐慌となる。

Ⓐ：日英同盟，**Ⓑ**：ロシア革命，**Ⓒ**：原敬，**Ⓓ**：リットン，**Ⓔ**：加藤高明

近代日本の経済

近代の日本の経済に関する次のA〜Dの記述の正誤の組合せとして最も適当なものはどれか。

平成27年度
裁判所

A 西南戦争期の緊縮政策の影響で，日本経済は激しいデフレ状態となったため，

（インフレ）

松方正義大蔵卿は，不換紙幣の発行で歳出を膨張させる政策を行った。その結

（不換紙幣の発行 → 整理）（抑制（軍事費除く））

果，物価が急騰したため農民生活は窮乏化し，土地を手放して小作農に転落す

（下落）

るものが続出した。

B 産業革命期の日本では，工場労働者の大半を男性労働者が占めており，彼らは

（女性）

劣悪な環境の下，安い賃金で長時間労働に従事していた。日本最初の労働者保

護法である工場法は，明治末になってようやく制定され，1日8時間労働制な

（→1911年）（→施行（1916年）12時間）

どが定められた。

C 1918年，シベリア出兵を当て込んだ投機的な米の買占めで米価が急騰すると，

富山県の女性たちの行動をきっかけに，米騒動が全国各地で発生した。これを

強硬策で鎮圧した寺内内閣は，世論の強い批判を浴びて総辞職した。

D 日中戦争期に国家総動員法が制定され，戦争に必要な労働力や物資を統制・運

用する権限が政府に与えられた。政府は，これに基づいて国民徴用令を制定し

て，一般国民を軍需工場に動員し，また価格等統制令を制定して，公定価格制

を導入した。

	A	B	C	D
1 ……	正	正	誤	誤
2 ……	正	誤	正	誤
3 ……	誤	正	正	誤
4 ……	誤	誤	正	正
5 ……	誤	正	誤	正

国家総合職　国家一般職　国家専門職　**裁判所**　地方上級　市役所　警察官　消防官

A 松方財政が緊縮財政であることがわかれば判断できる。

松方正義大蔵卿は【**A**　　　　】を除いて徹底した緊縮財政を実行し，歳出削減で生じた剰余金で不換紙幣の整理を行った。インフレはおさまったが，デフレとなり深刻な不況となった。

B 産業革命期の中心は紡績業や製糸業で，工場労働者の大半は貧農の出稼ぎによる女性。

1911年最初の労働者保護立法である【**B**　　　　】が制定され，12時間労働制などが規定されたが，資本家の反対があり施行が延期され，1916年に施行された。

C 正しい。1918年米価の異常高騰に対して富山県の漁村の主婦たちが蜂起したことをきっかけに日本各地で米価安売りを求める米騒動が起こった。【**C**　　　　】内閣は軍隊まで出動させて鎮圧し，混乱の責任をとり総辞職した。代わって本格的政党内閣である原敬内閣が成立した。

D 正しい。1938年【**D**　　　　】を制定し，政府は議会の承認なしに，人的物的資源の運用統制をする権限を得て，翌年，賃金統制令・国民徴用令・価格等統制令などを次々に発令した。

Point

- [ ] 松方財政の影響で，自作農が没落し，豪農が土地を集積して寄生地主に成長した。
- [ ] 製糸工場や紡績工場で働く工女たちは低賃金・長時間労働という劣悪な労働条件下にあった。
- [ ] 米騒動をきっかけに社会労働運動が活発化した。
- [ ] 原敬内閣は立憲政友会を基盤とする最初の本格的政党内閣である。
- [ ] 1939年業種ごとに初任給を公定する賃金統制令，国民を軍需工場に動員する国民徴用令，公定価格制を採用する価格等統制令が制定された。

A：軍事費，**B**：工場法，**C**：寺内正毅，**D**：国家総動員法

近現代史全般

近代以降のわが国に関する記述として最も妥当なのはどれか。

平成18年度
国家Ⅰ種

1 1886（明治19）年，国家の発展に役立つ人材育成を目的として小学校令，中学校令などの学校令が制定され，併せて義務教育制も定められた。しかし，引き続き小学校では授業料が必要であったため，~~義務教育就学率は明治後期から昭和前期までは6割程~~
義務教育期間の授業料廃止（1900年）
~~度で推移した。~~義務教育就学率が9割を超えたのは，~~第二次世界大戦後，学校教育法~~
~~制定の翌年の1948（昭和23）年~~である。
1902年

2 1918（大正7）年，原敬は総理大臣となったが，華族でも藩閥出身者でもなかったため平民宰相と呼ばれた。原敬内閣は軍部，外務をはじめ全閣僚を政友会の党員で構成した最初の本格的な政党内閣であり，翌1919（大正8）年に選挙法を改正し，~~納税資~~
~~格を撤廃して~~25歳以上の男子~~全員~~に選挙権を与えた。
直接国税3円以上の納入

❸ 1919（大正8）年，ヴェルサイユ条約が調印され，この条約により翌年には国際平和機構である国際連盟が発足し，わが国はイギリス，フランス，イタリアとともに常任理事国に選ばれた。国際連盟はアメリカ合衆国大統領ウィルソンにより提唱されたものであったが，アメリカ合衆国は議会の反対を受け，国際連盟に加盟しなかった。

4 1951（昭和26）年，日米安全保障条約が結ばれたが，わが国と東アジアの防衛のためアメリカ軍は~~条約調印後~~も引き続き駐留した。これは条約調印当時，わが国が独自の
主権回復
自衛力を持っていなかったことによるが，~~ベトナム戦争開戦直後~~には，アメリカ合衆
朝鮮
国から~~軍事経済援助~~を受けて警察予備隊が設置され，~~1962（昭和37）年~~，警察予備隊
要請　　　　　　　　　　　　　　　　　　　1954（昭和29）年
は規模が拡大されるとともに自衛隊と改称された。

5 1960年代後半から1970年代前半にかけての~~田中角栄内閣~~の下で，アメリカ合衆国と
佐藤栄作内閣
の協力関係の強化および~~中華人民共和国との国交正常化~~を重視する外交政策が行われ
1972年田中角栄内閣
た。1968（昭和43）年，沖縄返還協定が調印され，翌年，沖縄がわが国に返還された
のに続き，1971（昭和46）年には小笠原諸島がわが国に返還された。

解 説

難易度 ★★★　重要度 ★★

1 明治末には義務教育就学率は98%を越えている。

　1886年の小学校令で義務教育は尋常小学校 [**Ⓐ**　　　　] 年となり，1900年に義務教育期間の授業料が廃止され，就学率は1902年には90%を超えた。1907年に義務教育は [**Ⓑ**　　　　] 年に延長された。

2 原敬内閣は普通選挙には反対していたので，男子全員に選挙権を認めるわけがない。

　原敬内閣は1919年に選挙法を改正し，選挙権の納税資格を10円から3円に引き下げるとともに [**Ⓒ**　　　　] 制を採用した。

3 正しい。アメリカ大統領 [**Ⓓ**　　　　] の提唱により，国際紛争の平和的解決と国際協力の機関として [**Ⓔ**　　　　] が設立され，日本はイギリス・フランス・イタリアとともに常任理事国となるが，アメリカは議会の反対により加盟しなかった。

4 再軍備のきっかけになったのが朝鮮戦争である。

　朝鮮戦争が始まると，GHQの指令により [**Ⓕ**　　　　] が新設された。主権を回復した後，[**Ⓕ**　　　　] は [**Ⓖ**　　　　] と改称され，1954年のMSA協定により [**Ⓗ**　　　　] が発足した。

5 小笠原諸島・沖縄の返還は佐藤栄作内閣の時代。

　佐藤栄作内閣は1968年に [**Ⓘ**　　　　] の返還を実現し，1971年に [**Ⓙ**　　　　] を調印し，翌年祖国復帰を実現した。

🔑 Point

- [ ] 1886年の小学校令で規定された義務教育4年間は1907年に6年間に延長，1902年には就学率は90%を超える。

- [ ] アメリカ大統領ウィルソンの提唱で国際連盟が成立するが，アメリカは議会の反対で加盟していない。

- [ ] 朝鮮戦争勃発により警察予備隊が発足，主権回復後に保安隊となり，MSA協定締結後に自衛隊となる。

- [ ] 佐藤栄作内閣は1968年に小笠原諸島，1972年に沖縄の日本返還を実現した。

Ⓐ:4, Ⓑ:6, Ⓒ:小選挙区, Ⓓ:ウィルソン, Ⓔ:国際連盟, Ⓕ:警察予備隊, Ⓖ:保安隊, Ⓗ:自衛隊,
Ⓘ:小笠原諸島, Ⓙ:沖縄返還協定

近代以前の政治

近代以前の日本の政治に関する次の記述のうち，時代区分とその特徴の組合せとして妥当なものはどれか。

平成30年度
地方上級

1 奈良時代：律令体制が確立した。その体制の特質は豪族による~~間接統治~~で，朝
　　〔↪ヤマト政権の支配体制〕　　〔国家〕
廷は土地や人民を~~直接支配することはせず~~，~~豪族が土地や人民を私有し~~，税を
　　　　　　　〔直接支配（公地公民制）〕
~~支払った。~~
〔税は公民が負担〕

2 平安時代：天皇を退いた上皇が，天皇の政治を代行，あるいは補佐する摂政や
関白となって摂関政治を行い，後には，藤原氏が天皇の外戚として院政を行っ
た。

❸ 鎌倉時代：将軍と御家人の主従関係に基づく御家人制を基礎に政治が行われ
た。蒙古襲来以降は，多くの御家人が窮乏する一方で，勢力を増した北条氏一
門が専制を行い御家人らの反感を招いた。

4 室町時代：応仁の乱以前は，幕府の守護に対する統率が不十分で，守護たちは
それぞれの領国に住んだが，応仁の乱以降は幕府の守護に対する支配が確立し，
守護たちは在京し，幕府に出仕するようになった。

5 江戸時代：幕府と藩が全国の土地と人民を支配する幕藩体制が確立し，老中な
どの主要な役職には，~~加賀藩~~などの石高の大きい~~外様藩~~の大名が就いた。
　　　　　　　　〔白河藩〕　　　　　　　　　〔譜代大名〕

解 説　難易度 ★ ☆ ☆　重要度 ★★ ☆

1 律令国家の原則は公地公民制。

　【Ⓐ　　　】により口分田を班給された公民は，租・調・庸・雑徭などの税負担を負った。

2 摂関政治と院政の違いに着目。

　平安中期，【Ⓑ　　　】氏が天皇の外戚として摂政・関白を独占し，国政を左右する政治を摂関政治といい，平安後期，天皇を退いた上皇が天皇を後見する形で国政を主導する政治を院政という。

3 正しい。源頼朝は東国武士を御家人として組織し，先祖伝来の所領を保証する本領安堵や新たな所領を与える新恩給与などの【Ⓒ　　　】を与えた。これに対し御家人は，京都大番役・鎌倉番役・軍役などの【Ⓓ　　　】に努めた。

4 室町幕府の守護は，一部を除いて在京が原則。

　応仁の乱により，将軍の権威は失墜し，幕府は全国政権としての実質的権力を失った。在京の守護大名も力を失い，領国にいた守護代や国人が成長し，戦国大名になる者も出現した。

5 関ヶ原の戦い後に臣従した外様大名が老中に就くとは考えにくいので誤りと判断できる。江戸幕府の政務を統轄する常置の最高職である老中は，2万5000石以上の【Ⓔ　　　】大名から選任され，合議制・月番制がとられた。

🔑 Point

- ☐ 改新の詔で公地公民制などの律令国家の基本方針を示した。
- ☐ 摂政・関白を出す家柄を摂関家という。
- ☐ 鎌倉時代の御家人は，将軍の御恩に対し，奉公に努めた。
- ☐ 室町幕府は有力守護大名の連合政権の性格を有する。
- ☐ 江戸幕府の要職は譜代大名，その他は旗本を任命する。

Ⓐ：班田収授法，Ⓑ：藤原，Ⓒ：御恩，Ⓓ：奉公，Ⓔ：譜代

武士の歴史

武家政権の成立に至るまでの武士の歴史に
関する記述として最も妥当なのはどれか。

平成24年度
国家総合職

1 中央において藤原氏の北家の頼通が摂政・関白となって権勢を誇っていた10
　　　　　　　　　　　　　　　　　　　　　　　　　　　　　11世紀

世紀半ばに、東国と西国において平将門と藤原純友がほぼ同時に反乱を起こし
⇒朱雀天皇の時代（このころは忠平が摂政・関白）

た。これらの反乱は、中央の貴族に率いられた健児と呼ばれる軍団によって鎮
　　　　　　　　　　　　　こんでい
　　　　　　　　　　　　　　　　　　　　他の地方武士団を使って鎮圧

圧されたが、この後、地方豪族である武士の勢力が拡大した。

2 清和源氏は、11世紀に東北地方で起こった前九年の役や後三年の役において

源義家らが活躍するなどして、東国で勢力を拡大していった。一方、桓武平氏

では、平正盛が白河上皇に北面の武士として登用され中央政界進出への足がか

りをつくり、その子の忠盛が瀬戸内海の海賊鎮圧などに活躍して西国に平氏の

地盤を広めた。

3 12世紀半ば、後白河天皇と、藤原忠通を中心とする摂関家との間で対立が深
　　　　　　　　　　　皇室の内紛（崇徳上皇 vs 後白河天皇）、摂関家の内紛（頼長 vs 忠通）

まった。この対立は平治の乱と呼ばれる激しい争いに発展し、武士の勢力は、
　　　　　　　保元の乱

桓武平氏は天皇方、清和源氏は摂関家方をそれぞれ支持することで二分された。
平清盛・源義朝　　　平忠正・源為義　上皇方

この争いは天皇方の勝利に終わり、その中心であった平清盛の勢力が急速に拡

大した。

4 平清盛は、12世紀後半、武士として初めて太政大臣になるとともに、安徳天

皇の外祖父となり権力をふるった。また、全国に守護や地頭を配置して財政基
　　　　　　　　　　　　　　　　　　　　　源頼朝の時代に全国設置

盤を確保する一方、朝鮮半島沿岸で海賊行為を行っていた倭寇を厳しく取り締
⇒荘園・知行国　　　　　　　　　　　　倭寇は14世紀から

まり日宋貿易の安全を確保するなどした。

5 源頼朝は、権勢を誇った平氏一族を壇の浦で滅ぼした後、弟の義経を派遣して
　　　　　　　　　　　　　　　　　　　　⇒義経は藤原秀衡にかくまってもらう。のち泰衡に討たれる

奥州藤原氏も滅ぼし、12世紀末に鎌倉幕府を開いた。頼朝は、侍所などの中

央諸機関を設置するとともに有力御家人を評定衆に任命して合議による政務を
　　　　　　　　　　　　　　　　　　　　1225年　北条泰時の時代

行わせる一方、最初の本格的な武家法典である御成敗式目を制定した。
　　　　　　　　　　　　1232年　北条泰時の時代

1 承平・天慶の乱は 10 世紀半ば，藤原頼通の権勢は 11 世紀。

東国でおきた平将門の乱は同族の平貞盛や押領使[**Ⓐ**　　　　　]が，

西国でおきた藤原純友の乱は源経基や追捕使[**Ⓑ**　　　　　] が鎮圧した。

2 正しい。11 世紀の前九年合戦・後三年合戦によって源氏と東国武士の固い主従関係が築かれ，12 世紀には平氏が院と結びついて西国に勢力を伸ばした。

3 保元の乱と平治の乱の人物関係の区別がポイント。

皇室では崇徳上皇と後白河天皇が，摂関家では藤原頼長と藤原忠通が対立すると，上皇側は源為義・平忠正を，天皇側は[**Ⓒ**　　　　]・[**Ⓓ**　　　　] を招き，保元の乱で天皇側が勝利をおさめた。

4 壇の浦の戦いで平氏が滅亡した後に守護・地頭が設置される。

平氏政権の経済基盤には 30 余国の[**Ⓔ**　　　　] と 500 余荘の荘園，日宋貿易の利益がある。

5 源頼朝の時代は独裁が行われ，北条泰時の時代に合議制による執権政治が確立する。

源頼朝は平氏滅亡後，源義経をかくまった奥州藤原氏を滅ぼし，1192 年，征夷大将軍に任命され，鎌倉幕府が名実ともに成立した。

Point

- ☐ 関東に独立国を樹立しようとした平将門の乱，瀬戸内海の海賊を率いておこした藤原純友の乱をあわせて承平・天慶の乱という。
- ☐ 陸奥の豪族安倍頼時の反乱である前九年合戦を源頼義・義家父子が，清原氏の内紛である後三年合戦を源義家が鎮圧した。
- ☐ 保元の乱は皇族・貴族の内紛を武家の力で解決した事件で，武家の中央政界進出を強めた。
- ☐ 平清盛は大輪田泊を修築し，音戸の瀬戸を開いて日宋貿易を促進した。
- ☐ 北条泰時は連署・評定衆を設置して合議制による政治形態を確立し，御成敗式目を制定して裁判基準を明らかにした。

Ⓐ：藤原秀郷，Ⓑ：小野好古，Ⓒ：源義朝，Ⓓ：平清盛，Ⓔ：知行国

朝廷と武士の関係

鎌倉時代から江戸時代初期までの
朝廷と武家との関係に関する記述として
最も妥当なのはどれか。

平成28年度
国家専門職

1 源頼朝の死後，~~将軍の後継者をめぐる兄の頼家と弟の実朝との争いによって鎌~~
1199年頼家が家督を継ぐ→1203年修禅寺に幽閉（1204年暗殺），1203年
~~倉幕府が分裂すると~~，後鳥羽上皇は幕府打倒を目指し承久の乱を起こした。し
実朝3代将軍就任　　　　　　　　　　　　　→1221年
かし，執権の北条氏らは，乱を短期間のうちに鎮圧し，幕府はこの後，~~侍所，~~
~~問注所などの機関を設置し~~勢力基盤を強化していった。
侍所は1180年，問注所は1184年設置

2 後醍醐天皇は，公家と武家とを統一した新しい政治を目指して建武の新政を開
始し，京都に記録所などの諸機関を置くとともに地方には国司と守護を併置し
た。しかし，新政権の人事，恩賞の配分，所領紛争の裁定などにおいて公家偏
重の方針がとられたため多くの武士の不満を引き起こした。

3 室町時代の初期には，吉野の南朝と京都の北朝との間で~~天皇の地位~~をめぐる争
皇統の正統性
いが激化したため，~~幕府の調停によって南朝と北朝が交互に皇位に就くという，~~
両統迭立の提案は鎌倉幕府
~~いわゆる両統迭立の状況となった。~~その後，将軍~~足利義政~~は，南朝の後亀山天
足利義満
皇が北朝の後小松天皇に譲位する形で南北朝の合一を実現させた。
→1392年

4 天下統一を目指した織田信長は，足利義昭を追放して室町幕府を滅ぼした。一
方，自らの権威を確立するために朝廷に接近し関白や太政大臣に任ぜられると
→以下は豊臣秀吉の説明
ともに，後陽成天皇を招いて，配下の諸大名に天皇と~~信長~~に対して忠誠を誓わ
豊臣秀吉
せるなどした。

5 江戸時代の初期，徳川家康は朝廷を監視するため~~京都守護職~~を設置するととも
京都所司代
に，~~大名の中から~~武家伝奏を任命して朝廷と幕府の間の連絡役とした。さらに，
公家
~~家康~~は禁中並公家諸法度を制定して天皇の生活にまで規制を加えるとともに，
秀忠
朝廷の経済的基盤を弱体化させるために天皇の支配地である禁裏御料を~~没収す~~
~~る~~などした。
制限（家康の時1万石，秀忠1万石加増，綱吉1万石加増）

1 侍所・問注所を設置したのは源頼朝。

北条時政は，1203 年【**A**　　　　　】を亡ぼすと，2 代将軍頼家を廃し，弟の実朝を将軍に立てて幕府の実権を掌握した。修禅寺に幽閉された頼家は翌年暗殺された。実朝も 1219 年に甥の公暁に暗殺され，源氏の正統が途絶えた。

2 正しい。後醍醐天皇は中央に重要政務を扱う【**B**　　　　】や所領関係の裁判を担当する【**C**　　　　】などを設置し，諸国には国司・守護を併置した。

3 時期的な認識がポイント。両統迭立の提案は鎌倉幕府。

1392 年，3 代将軍【**D**　　　　】の斡旋により，南朝の【**E**　　　　】天皇が北朝の【**F**　　　　】天皇に譲位する形で南北朝の合一が実現した。

4 織田信長と豊臣秀吉の政策の区別がポイント。

太政大臣に就任した豊臣秀吉は，1588 年京都に建てた【**G**　　　　】に後陽成天皇を迎え，諸大名に天皇と秀吉への忠誠を誓約させた。

5 京都所司代と京都守護職の区別がポイント。

幕府は京都所司代らに朝廷を監視させ，公家 2 名を【**H**　　　　】に任命し，朝幕間の事務連絡にあたらせた。

Point

☐ 1180 年御家人統制機関の侍所，1184 年一般政務機関の公文所，訴訟裁判事務を扱う問注所を設置した。

☐ 後醍醐天皇は天皇親政の復活をめざして建武の新政を行うが，武士や公家などの不満を招き，3 年足らずで崩壊した。

☐ 持明院統と大覚寺統と皇統が分裂対立すると，鎌倉幕府は両統が交代で皇位につく両統迭立を提案した。

☐ 幕末に京都の治安維持のために京都所司代の上に京都守護職を設置した。

A：比企能員，**B**：記録所，**C**：雑訴決断所，**D**：足利義満，**E**：後亀山，**F**：後小松，**G**：聚楽第，**H**：武家伝奏

政変の歴史

わが国の歴史における政変に関する記述として最も妥当なのはどれか。

平成23年度
国家Ⅱ種

1 大和王権下の豪族であった蘇我氏は，6世紀末に仏教の受容に賛成する物部氏
反対
を滅ぼして政治を独占した。その後，蘇我蝦夷・入鹿父子は，~~親戚関係にあっ~~
➡推古朝の政治のあと専権をふるう
~~た厩戸皇子（聖徳太子）を天皇に即位させようとしたが~~，645年，天皇中心の
➡622年死去
国政改革をめざす中大兄皇子と中臣鎌足によって滅ぼされた。

2 藤原氏は，藤原良房が天皇の外祖父として摂政となるなどして次第に勢力を強
めていった。これに対し，宇多天皇は関白を置かず親政を推し進め，~~次に即位~~
醍醐天皇
~~した村上天皇は~~，醍醐天皇の皇子の菅原道真を登用し藤原氏に対抗させた。し
醍醐・村上天皇の間に朱雀天皇がいる　　　　源高明（967年左大臣となる＝村上天皇崩御後）
かし，密告により~~菅原道真~~は失脚し，969年，大宰府に左遷された。
源高明

③ 源頼朝の没後，子の頼家が将軍となったが，1203年，北条時政は，頼家を修
禅寺に幽閉して頼家の弟の実朝を将軍にたて，みずからは政所別当に就任した。
ついで時政の子の義時は，政所別当のほか侍所別当の職も獲得して幕政の実権
を握った。こうして北条氏は政治的地位を執権として確立し，以後，北条氏の
間で世襲された。

4 足利義満のあとを継いだ子の~~義持~~は，権力を確立させるため，側近の武士，公
義持　　　　　　　　　弟　　義教
家，守護に対して強圧的な態度で臨み，多数の者を処罰したが，これに恐怖を
抱いた赤松満祐により，1441年に暗殺された。この後将軍となった~~義教~~は，
義勝
~~以前の義満と同様，有力守護との合議によって政治を行った。~~
将軍（幕府）の権威は失墜した

5 大老となった井伊直弼は，~~一橋慶喜~~を将軍の後継ぎに決定するとともに，日米
徳川慶福
修好通商条約に調印したが，これらの決定に対して激しい幕府非難が起こった。
直弼は継嗣問題に破れた~~南紀派~~や条約調印に反対する攘夷派の志士を厳しく弾
一橋派
圧したが，これに反発した~~彦根藩浪士~~らによって，1860年，江戸城の桜田門
水戸藩
外で暗殺された。

1 仏教の受容に賛成したのは蘇我氏，反対したのは物部氏である。

蘇我馬子のあとを継いだ蘇我蝦夷・入鹿父子の権勢が強大となると，645 年，【**Ⓐ**　　　　　】と中臣鎌足は蝦夷・入鹿を滅ぼして政治改革を開始した。

2 昌泰の変と安和の変の区別がポイント。

969 年，醍醐天皇の皇子で左大臣の【**Ⓑ**　　　　】が大宰府に左遷されたことで，藤原氏の他氏排斥が終わり，摂政・関白もほぼ常置されるようになった。

3 正しい。北条義時は，1213 年に和田義盛を滅ぼすと，政所の別当に加えて侍所の別当を兼任し【**Ⓒ**　　　　】としての地位を固めた。

4 室町将軍と事件・争乱の関係を考える。

将軍権力の強化をはかり専制的な政治を行った 6 代将軍足利義教は，1441 年播磨の守護【**Ⓓ**　　　　】により殺害された。

5 井伊直弼は南紀派の中心人物なので，一橋派の一橋慶喜を将軍後継にするはずがない。

将軍継嗣問題がおこると，越前藩主松平慶永や薩摩藩主島津斉彬ら一橋派は一橋慶喜を推し，紀伊藩主【**Ⓔ**　　　　】を推す彦根藩主井伊直弼らの南紀派と対立した。

Point

- ☐ 仏教が伝来すると，崇仏派の蘇我稲目と排仏派の物部尾輿が対立した（崇仏論争）。
- ☐ 901 年に菅原道真が昌泰の変で，969 年に源高明が安和の変で大宰府に左遷された。
- ☐ 執権とは政所と侍所の別当を兼任する職である。
- ☐ 嘉吉の乱で 6 代将軍足利義教が暗殺され，将軍の権威は失墜した。
- ☐ 桜田門外の変で井伊直弼が暗殺されて幕府独裁が終わった。

Ⓐ：中大兄皇子，Ⓑ：源高明，Ⓒ：執権，Ⓓ：赤松満祐，Ⓔ：徳川慶福

争乱史

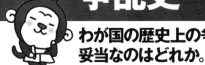

わが国の歴史上の争乱に関する記述として，妥当なのはどれか。

平成24年度
地方上級

1 保元の乱とは，天皇家や摂関家の内部対立が表面化して起きた武力衝突であり，藤原忠通と結んで源義朝・平清盛を味方につけた後白河天皇側が，藤原頼長と結んで源為義・平忠正を味方につけた崇徳上皇側に勝利した。

2 承久の乱とは，~~北条政子の死~~をきっかけに，後鳥羽上皇が鎌倉幕府打倒のため
　　　　　　　　　源実朝
に起こした兵乱であり，北条義時は，北条泰時・北条時房を将として京都を攻撃し，上皇方を破り，この後，幕府の朝廷に対する優位が確立した。

3 観応の擾乱とは，鎌倉幕府以来の秩序を重んじる足利尊氏の執事高師直を支持する勢力と，急進的な改革をのぞむ尊氏の弟足利直義を中心とする勢力との争いであり，一方が一時的に南朝方につくなどして，長期化した。

4 島原の乱とは，~~ポルトガル船の来航禁止をきっかけに~~，苛酷な年貢を課す領主
　　　　　　　　　島原の乱のあとポルトガル船来航禁止
とキリスト教徒を弾圧する幕府に対し，農民らが天草四郎時貞を大将として起こした一揆であり，幕府は，九州の諸大名の兵力を動員し，これを鎮圧した。

5 西南戦争とは，鹿児島の私学校生を中心とした士族が西郷隆盛を擁して起こした反乱であり，この反乱は，激戦の末，徴兵制による政府軍によって鎮圧されたが，これ以降，~~各地で士族の反乱があいついで起こった。~~
　　　　　　　　　武力抗争が終わり，自由民権運動に加わる

国家総合職　国家一般職　国家専門職　裁判所　**地方上級**　市役所　警察官　消防官

解説　難易度 ★★　重要度 ★★

1 正しい。関白藤原忠通と結び源義朝・平清盛を招いた[**Ⓐ**　　　　]天皇が，左大臣藤原頼長と結び源為義・平忠正を招いた[**Ⓑ**　　　　]上皇を破る保元の乱がおこった。

2 承久の乱に際し，尼将軍の北条政子は御家人の結束を図っている。後鳥羽上皇の[**Ⓒ**　　　　]追討の院宣をきっかけに承久の乱がおこると，北条泰時・時房を総大将とする幕府軍が京都を攻め，幕府側の勝利に終わった。

3 事件・争乱は人物関係に注意する。
室町幕府が成立すると足利尊氏が軍事指揮を，弟の直義が行政司法を担当する二頭政治が行われたが，やがて政治の方針をめぐって兄弟が対立，これに執事高師直が加わり直義と争う[**Ⓓ**　　　　]がおこった。

4 島原の乱後にポルトガル船の来航禁止が命じられている。
領主の過酷な年貢の取り立てと厳しいキリシタン弾圧に対して，農民たちが[**Ⓔ**　　　　]を首領として原城跡にたてこもる島原の乱がおこった。

5 西南戦争の歴史的意義を考える。
1877年，鹿児島県の私学校生らが[**Ⓕ**　　　　]を擁立して挙兵すると，九州各地の士族も加わり激しい戦闘となり，半年以上内戦が続いたが，徴兵制による政府軍に鎮圧された。

🔑 Point

☐ 承久の乱は，公家側優位の公武二元支配から武家側優位の公武二元支配に転換するきっかけとなる。

☐ 急進的改革をめざす尊氏の執事高師直と従来の秩序の維持を図る尊氏の弟直義が対立し，1350年，観応の擾乱がおこった。

☐ 島原の乱に驚いた幕府は1639年，ポルトガル船の来航を禁止し，1641年，オランダ商館を出島に移し鎖国を完成させた。

☐ 西南政争の結果，不平士族の武力反抗が終わり，言論反抗である自由民権運動に参加したことから運動が本格化した。

Ⓐ：後白河，**Ⓑ**：崇徳，**Ⓒ**：北条義時，**Ⓓ**：観応の擾乱，**Ⓔ**：天草四郎時貞，**Ⓕ**：西郷隆盛

租税史

古代から近代の日本の租税制度に関する
次の記述のうち，妥当なものはどれか。

令和2年度
地方上級・改

1 奈良時代は，律令制度の下で<u>班田収授法</u>が実施され，<del>身分に関係なく平等に</del>口
〇対象は6歳以上　　　　　　　男女・良賤の区別がある
分田が班給された。班給を受けた者は，国家に対して，<u>租・庸・調・出挙・雑</u>
<u>徭・兵役</u>等々の負担を負わなければならなかった。

2 鎌倉時代は，荘園ごとに<del>守護</del>が設置され，年貢の徴収や土地の管理，荘園内の
地頭
治安の維持管理などを行った。

3 室町時代は幕府の財政基盤が弱く，金融業者である土倉や酒屋を保護する代わ
りに徴収した<u>土倉役</u>や<u>酒屋役</u>が，幕府財政の中で大きな比率を占めていた。

4 江戸時代になると，年貢納入などを行う<u>五人組</u>の制度が<del>廃止され</del>，<u>検地帳に耕</u>
<u>作者として記載された者にその土地を保持する権利を保障するかわりに，年貢</u>
〇太閤検地により確立
<u>納入の責任を負わせた。</u>

5 明治時代の初め，新政府は財政収入の安定のために<u>地租改正</u>を行い，課税対象
を<u>地価</u>から<u>収穫高</u>に，納税者を<u>土地所有者</u>から<u>耕作者</u>へと改めた。

1 口分田の具体的班給額を想定する。

[**Ⓐ**　　]に基づいて6年ごとに班給される口分田は，良民男性に2段，良民女性はその3分の2，私有の賤民は良民の3分の1であった。

2 守護・地頭の識別がポイント。

守護は各国に1人，東国の有力御家人が任命され，大番催促・謀叛人や殺害人の逮捕を内容とする[**Ⓑ**　　]を職務とした。

3 正しい。室町幕府の主要な財源は，京都で高利貸を営む土倉や酒屋に課した土倉役・酒屋役，通行税としての[**Ⓒ**　　]・津料，日明貿易の利益などがある。

4 連帯責任制度である五人組の目的を考える。

江戸時代は村全体の責任で年貢・課役を納入する[**Ⓓ**　　]がとられていた。農民は5人組に編成され，年貢納入や治安維持などで連帯責任を負わせた。

5 収穫高に課税して財政は安定するか否かを判断する。

地租改正条例で，土地所有者が地価の[**Ⓔ**　　]％を地租として現金で納入することが規定され，政府は安定した税収入を確保することになった。

Point

- [ ] 租は土地税で男女に課税，庸・調・雑徭は主に正丁（成人男性）に課税された。
- [ ] 荘園・公領に設置された地頭は，年貢の徴収や納入・土地の管理・治安維持を任務とした。
- [ ] 本百姓は検地帳に登録された高請地をもち，年貢負担・課役につとめ，村政に参加できる村の構成員である。
- [ ] 地価は従来の年貢収入を減らさない方針で決定されたので農民負担は江戸時代と変わらなかった。

Ⓐ：戸籍，Ⓑ：大犯三カ条，Ⓒ：関銭，Ⓓ：村請制，Ⓔ：3

荘園の発達

荘園の発達に関する記述として，
最も妥当なのはどれか。

平成26年度
警察官

1 開発領主とは，大規模な土地の開発を行い私領とした，大名田堵や地方豪族な

どのことである。

2 寄進地系荘園とは，領家とよばれる荘官が，本家とよばれる貴族や寺社などに
　　　　　　　　　開発領主(→荘官となる)　　領家
寄進した土地のことである。

3 荘園のうち，太政官符や民部省符によって官物や臨時雑役の免除を認められた

荘園を国免荘と呼んだ。
　　官省符荘

4 荘園領主のなかには，国衙から派遣される検田使の立ち入りを拒否する不輸の
　　　　　　　　　　　　　　　　　　　　　　　　　　　　不入の特権
特権を得る者もあった。

5 醍醐天皇は 1069 年に延久の荘園整理令を出し，記録荘園券契所を設けて，基
　　後三条天皇
準に合わない荘園を停止した。

解説

難易度 ★☆☆ 重要度 ★★☆

1 正しい。10 世紀以降，請作をする有力農民である [**A**　　　　]
や地方豪族のなかから，開発を進め大規模な経営を行う開発領主が
現れた。

2 寄進地系荘園の構造を考える。
開発領主は私領を貴族や寺社に寄進し荘官として現地の実質的な支
配を進めた。寄進を受けた貴族や寺社を [**B**　　　　] といい，
その地位の安定のためにさらに上級の貴族らに寄進した。この上級
の貴族らを [**C**　　　　] という。

3 官省符荘と国免荘の違いがポイント。
10 世紀以降，租税免除の特権 (不輸の権) を太政官符や民部省符に
よって得た [**D**　　　　] や，国司から租税免除の特権を獲得し
た [**E**　　　　] が増加した。

4 不輸の権は租税免除の特権である。
徴税や検田のため国司が派遣した検田使の立ち入りを拒否する
[**F**　　　　] の権を獲得する荘園もあらわれた。

5 延久という年号を定めた天皇は誰か。
1069 年，後三条天皇は延久の荘園整理令を出し，証拠文書の審査を
行うために [**G**　　　　] を設置して，基準に合わない荘園を停
止した。

Point

- □ 請作する有力農民を田堵，その規模の大きい者を大名田堵という。
- □ 最初に寄進を受けた者を領家，再寄進を受けた者を本家といい，両者
  のうち荘園の実質的支配権を行使する者を本所という。
- □ 太政官符や民部省符が不輸の権を認めた荘園を官省符荘，国司が不輸
  の権を認めた荘園を国免荘という。
- □ 租税免除の特権を不輸の権，徴税拒否の特権を不入の権という
- □ 902 年に醍醐天皇が延喜の荘園整理令を，1069 年に後三条天皇が
  延久の荘園整理令を発令した。

A：田堵，**B**：領家，**C**：本家，**D**：官省符荘，**E**：国免荘，**F**：不入，**G**：記録荘園券契所

日本史098 民衆の一揆・抵抗

我が国における一揆に関する記述として最も妥当なのはどれか。

令和2年度
国家専門職

1 15世紀前半，将軍の空位という政治的混乱に乗じて，~~下総の民衆が~~正長の徳
政一揆（土一揆）を起こした。~~民衆の代表者であった佐倉惣五郎は~~，民衆の要
➡17世紀
求を幕府に直訴し，借金の帳消しを~~平和的に認めさせた~~。
幕府は徳政要求拒否

2 15世紀後半，山城南部の国人らが，~~領地争いを続ける源氏・平氏双方~~の国外
家督争いを続ける畠山政長・畠山義就
退去を求めて国一揆を起こした。しかし，~~両氏は要求を拒否し，一揆を結ぶ国~~
人らを味方にしようとする動きを活発化させたため，~~国人らは足軽となって分~~
両畠山軍を国外に退去させ，8年間にわたり一揆の自治的支配を実現した
~~裂し，翌年に一揆は崩壊した~~。

3 15世紀後半，加賀国で勢力を伸ばした一向宗の門徒が国人らと結んで一向一
揆を起こし，加賀国の守護大名を倒した。これ以降，加賀国では，織田信長に
➡富樫政親
制圧されるまでの間，一向宗の門徒が国を治めた。

4 17世紀前半，キリスト教を~~黙認~~する領主に反対する島原・天草地方の農民た
抑制
ちが，宣教師の国外追放を訴えて一揆を起こした。~~大塩平八郎~~を首領とした農
天草四郎時貞 ➡3万人余り
民たちは，~~大砲などで武装したが~~，幕府の軍勢に~~半日で鎮圧された~~。
原城跡に立てこもる 翌年，鎮圧

5 明治維新直後には，不安定な政治情勢や物価の高騰を背景に，民衆が「ええじ
ゃないか」と連呼しながら金融業者や米商人などを襲う世直し一揆が多発し
➡1867年民衆乱舞（東海・畿内一帯）
た。また，政治の地租改正事業に反発する農民が血税一揆を起こした。
徴兵令

解説 | 難易度 ★★ | 重要度 ★★★

1 佐倉惣五郎は江戸時代に義民と称された。

近江坂本の［**A**　　　］の蜂起を契機とする1428年の正長の徳政一揆は，京都の土倉・酒屋などを襲い，借金の証文を破り捨てるなどの私徳政を実施した。

2 山城の国一揆の原因を考える。

南山城地方で両派に分かれ争っていた［**B**　　　］氏の軍を国外に退去させた山城の国一揆は，8年間にわたり一揆の自治支配を実現した。

3 正しい。

1488年，加賀国の門徒と国人が手を結んで，守護の［**C**　　　］を滅ぼして，約100年間の自治支配を実現した。

4 天草・島原の一揆（島原の乱）の原因は領主の厳しいキリシタン弾圧と苛酷な年貢の取り立てにある。1637年におこった島原の乱は，［**D**　　　］を首領として3万余りの一揆勢が原城跡に立てこもると，幕府は九州の大名を動員して，翌年ようやく鎮圧した。

5 血税一揆は徴兵令に反対する一揆。

1867年，東海・近畿一帯で，伊勢神宮の御札が降ってきたことをきっかけに，多くの民衆を巻き込んだ熱狂的な［**E**　　　］の集団乱舞が発生した。

Point

☐ 正長の徳政一揆では，幕府は徳政令を発布していない。

☐ 17世紀後半，村役人が領主に直訴する代表越訴型一揆が増加する。

☐ 畠山政長・義就の家督争いは応仁の乱後も続く。

☐ 蓮如の布教により近畿・東海・北陸に浄土真宗本願寺派の勢力が広まる。

☐ 島原の乱後，絵踏を強化し，寺請制度を設けて宗門改を実施した。

☐ 幕末・維新期に世直しの実行を求める百姓一揆が頻発した。

A：馬借，**B**：畠山，**C**：富樫政親，**D**：益田（天草四郎）時貞，**E**：ええじゃないか

交通の歴史

わが国における交通の歴史に関する記述として最も妥当なのはどれか。

平成25年度
国家専門職

1 平安時代には，律令体制が整い，全国が畿内・七道という広域の行政区画に区
奈良時代
分された。七道は京から地方に通ずる官道の名称でもあり，駅家を設けて官吏
の往来などに利用された。官道の整備に伴い，諸国に国分寺や国分尼寺が建立
され，門前町が形成された。
中世以降

2 鎌倉時代には，荘園領主や大寺社が存在する京や武士が集まる鎌倉に諸物資が
集中した。そのため，道路網の整備が進んだが，当時は造船技術が未熟であっ
たため，海上交通や河川交通はほとんど用いられていなかった。
遠隔地を結ぶ商業取引が盛ん（海上・大河川利用）

3 室町時代には，明との盛んな交易に触発され全国的な交通網が発展し，地方で
も港町や宿場町が繁栄した。しかし応仁の乱の後，各地に登場した戦国大名は，
関所を設けたり座と呼ばれる同業組合を結成させたりして交通や物流の統制を
廃止　　　　　　　　　　　　　　　　　否定　　　　　　　　　円滑化を図る
強化したため，博多や堺などの港町は衰退した。
自治都市として繁栄

4 江戸時代には，江戸の日本橋を起点とする，東海道や中山道などの五街道を中
心とした交通路が整備された。大量の物資の輸送には水上交通が利用され，江
戸と大坂を結ぶ航路には菱垣廻船や樽廻船が就航した。また，河村瑞賢によっ
て東廻り航路と西廻り航路が整備された。

5 明治時代には，政府によって交通機関の整備が進められ，明治5年に大阪と京
新橋（東京）と横浜
都の間にわが国で初めての鉄道が開通した。その後,官営鉄道として東海道線,
山陽線，東北線などの建設が進められたが，後に官営工場の払下げが本格化し
民営鉄道　　　　　　　　　　　　　　　　1906年　鉄道国有法により民営鉄
た際に，これらの路線は民営化された。
道17社を買収

解 説　ⁿ月ⁿ日

難易度 ★★　重要度 ★★

1 701 年大宝律令の制定で律令制度が確立する。

都を中心に道路が整備され，約 16Km ごとに【Ⓐ　　　　】を設ける駅制がしかれ，官人が公用で使用する馬を提供した。

2 港湾には年貢米の保管や輸送を業務とする問丸が活動している。

瀬戸内海をはじめ各地で梶取が年貢を運び，港湾には問丸がいて年貢の保管・輸送にあたった。遠隔地取引の安全のために【Ⓑ　　　　】を組むこともはじまり，【Ⓒ　　　　】という金融業者も出現した。

3 堺は会合衆，博多は年行司を中心に自治が行われた。

戦国大名は城下町に家臣を移住させるとともに，商工業者を集め，【Ⓓ　　　　】の制を実施して自由な商取引を保障し，領国経済の振興を図った。

4 正しい。江戸日本橋を起点とする東海道・【Ⓔ　　　　】・甲州道中・日光道中・奥州道中の五街道と，それにつながる脇街道を整備し，一里塚をおき，道中奉行が管理した。

5 1872 年新橋（東京）－横浜間に最初の鉄道を敷設。

1881 年設立の日本鉄道会社が東日本の鉄道建設を進めると，山陽鉄道や九州鉄道などの民間鉄道会社が設立され，1889 年に全通した【Ⓕ　　　　】などの官営鉄道とあわせて，1900 年代半ばには幹線鉄道網が整備された。

🔑Point

□ 律令体制下では全国を国・郡・里に区分，さらに国をいくつか集めて畿内・七道の広域な行政区画とした。

□ 堺・平野・博多は都市の独立を保ち，それぞれ会合衆・年寄・年行司を選出して，町衆による自治を行った。

□ 江戸と大坂を結ぶ南海路には菱垣廻船・樽廻船が就航，河村瑞賢は東廻り海運・西廻り海運を整備した。

□ 経営の一元化による輸送の効率化と軍事輸送の強化のため，1906 年の鉄道国有法で民営幹線鉄道を国有化し国有鉄道網が成立した。

Ⓐ：駅家，Ⓑ：為替，Ⓒ：借上，Ⓓ：楽市楽座，Ⓔ：中山道，Ⓕ：東海道線

貨幣史

わが国の通貨に関する記述として最も妥当なのはどれか。

平成26年度
国家総合職

1 奈良時代になると，唐に倣って和同開珎等の貨幣が発行された。平城京の官人
→京・畿内以外の地域は稲・布を使用したため流通せず
に労働の代金として支給したり，蓄銭量に応じて位階を授けることを定めた蓄
銭叙位令を発したりするなど，広く流通を図ったことにより，~~貨幣経済が発展し~~，
　　　　　　　　　　　　　　　　　　　貨幣経済が成立するのは鎌倉時代
それまで布や稲で納めていた税を，~~銭で納めるのが全国的に一般化した~~。
　　　　　　　　　　　　　　銭納は鎌倉時代から

2 鎌倉時代になると，貨幣の流通が盛んになり，貨幣の取引や貸付けを専門に行
う借上という高利貸業者が現れた。度重なる飢饉のため，農民たちは借上に頼
らざるを得ず，大きな負債を抱え込むこととなった。~~事態を重く見た幕府は~~，
　　　　　　　　　　　　　　　　　　　　永仁の徳政令の対象は御家人
~~いわゆる永仁の徳政令を発し，農民たちが借上から借りた金の返済を免除した~~
~~が，借上たちの反発を招く結果となり，金融面での混乱が生じた~~。

3 室町時代初期から始まった日明貿易により，~~延喜通宝~~に代表される明銭が大量
　　　　　　　　　　　　　　　　　　　永楽通宝
に輸入され，国内に普及したが，粗悪な私鋳銭が混用されたことから，貨幣経
済が次第に不安定となった。そのため，室町幕府や戦国大名，織田政権は，悪
貨の駆逐を図って，~~銭の質・種類によって受取を拒否し，他の銭での支払を求~~
　　　　　　　　　　　良銭の基準，悪貨との交換率を定める
~~めることを許可する~~撰銭令を発令し，~~撰銭を奨励した~~。
　　　　　　　　　　　　　　　　　制限

4 江戸時代では，金・銀・銭の三貨が全国で使用されたが，東日本では金貨（金
遣い），西日本では銀貨（銀遣い）が中心であった。また，商品経済の発展に
伴う貨幣需要の増大で，幕府発行の三貨の流通量が不足すると，それを補うた
め，幕府の許可を得て，自己の領内でのみ通用する藩札を発行する藩もあった。

5 明治政府は，維新直後の通貨の混乱を収め，政府発行の貨幣に一元化するため，
~~日本銀行を設立し~~，円・銭・厘を単位とする新通貨を発行した。~~同時に貨幣法~~
日本銀行設立は1882年　→1871年新貨条例　　　　　　　　　→1897年
を発し，諸外国に倣い，金貨を本位貨幣とする金本位制を確立させた。この際，
　　　　　　　　　　　　　　　　　　→日清戦争の賠償金を準備金とする
~~旧士族の資産が金準備のために没収され~~，生じた不平不満は~~西南戦争等の士族~~
　　　　　　　　　　　　　　　　　　　　　　　西南戦争は1877年
~~反乱へとつながった~~。

1 古代から貨幣経済が成立・発展していたか考える。

708 年,元明天皇は唐の開元通宝に倣って【**A**　　　　　】を鋳造し,711 年,【**B**　　　　　】を出してその流通を図ったが,京・畿内以外の地域では稲や布などの現物取引が行われていた。

2 永仁の徳政令は式目追加の一つなので対象は御家人。

1297 年,窮乏する御家人を救済するために,執権【**C**　　　　　】は永仁の徳政令を発布し,これまで質入れ・売却した御家人所領の無償返却を命じたが,効果はあがらなかった。

3 延喜という年号は 10 世紀。

室町時代,勘合貿易で輸入した洪武通宝・【**D**　　　　　】・宣徳通宝などの明銭が流通したが,貨幣需要の増加により,中国銭を模倣した私鋳銭が国内で造られ出回るようになった。

4 正しい。江戸時代,金貨は小判・一分金などの計数貨幣,銀貨は丁銀・豆板銀などの【**E**　　　　　】,銭貨は少額貨幣として流通した。

5 金本位制の確立の時期は日清戦争後の 1897 年。

1871 年【**F**　　　　　】を制定し,円・銭・厘を単位とする十進法を採用して金本位制の確立をめざしたが,実際は金銀複本位制にとどまった。

Point

- [ ] 元明天皇の和同開珎の鋳造から,村上天皇の乾元大宝鋳造まで 12 種の銭貨を鋳造した（皇朝十二銭）。

- [ ] 元寇後,十分な恩賞を得られなかった御家人は貨幣経済の浸透もあり窮乏した。

- [ ] 撰銭に対し,幕府や戦国大名は良貨と悪貨の交換比率などを定めた撰銭令を発布した。

- [ ] 江戸時代,東日本は金貨（金遣い）,西日本は銀貨（銀遣い）を中心に流通した。

- [ ] 1897 年,貨幣法を制定し金本位制が確立した。

A：和同開珎, **B**：蓄銭叙位令, **C**：北条貞時, **D**：永楽通宝, **E**：秤量 貨幣, **F**：新貨条例

思想,
文学・芸術

101 → 115

神道

神道に関する記述として，最も妥当なのはどれか。

平成30年度
警察官

1 古代の日本では人間の力を超えたあらゆる不可思議な自然現象や存在物はカミ（神）と呼ばれ，山や巨木，蛇などは霊力を備えたものとして信仰の対象とされた。このような信仰形態を~~シャーマニズム~~という。
アニミズム

2 神道においては太陽神である天照大神（アマテラスオオミカミ）を，~~ユダヤ教やキリスト教などにみられるような，造物主としての唯一神として信仰している。~~
多種多様な形で存在する神の1人で，高天原の主神

3 古代の日本人は自然の恵みに生きる日常を「ハレ」と呼び，「~~ハレ~~」が枯れた
　　　　　　　　　　　　　　　　　　　　　　　　　ケ
状態である「ケガレ」に陥らないように，「ケ」という~~特別な祭祀の日を設けた。~~
生命力を維持していくために必要なものが「ケ」（気）で，気が枯れてくる状態が「ケガレ」とした

4 清き明き心とは，うそ偽りなく，何も包み隠さず，つくろい飾ることのない心のことであり，のちに正直や誠の心として日本人の伝統的倫理観を形成するもととなった。

5 古代の日本人は公共秩序の破壊や，病気・自然災害などを罪や穢れ（けが）と捉え，これらを祓（はら）うことが必要であるとした。特に~~火をくべて穢れた物を焼却する行為を禊（みそぎ）と呼んだ。~~
➡「禊」は川や海の水で洗い清めること

解説

難易度 ★★☆　重要度 ★☆☆

1 シャーマニズムは外在する霊的存在を人間の中に引き込む能力を備えた者，すなわちシャーマンの活動やその信仰のことである。山や蛇など万物を霊的存在とみなす信仰は【**Ⓐ**　　　】である。

2 日本の神々は【**Ⓑ**　　　】といわれ，多種多様な神々と共存してきた。天照大神の神名は「太陽のような，すばらしい神」という意味で，神々の世界である高天原を支配する神とされている。

3 「ケ」は人間が生命力を維持していくのに必要なもののことである。ケガレ（気枯れ）から立ち直り，元気や体力を回復させるためには，一定の期間，精神や肉体を休養させることが必要で，それが「イミ（斎み）」や「コモリ（籠り）」の本義とされている。

4 正しい。神道においては，「清く正しく生きること」が理想とされ，心身が【**Ⓒ**　　　】な状態であれば，行為も正しくなり，姿も美しく見えてくる。

5 「禊」は神事の前などに身の穢れを落とすため，川や海などの水で，身を洗い清めること。これは，黄泉の国から戻った伊邪那岐命が穢れをはらうために海で禊を行ったという日本神話に由来する。

Point

☐ 日本の神々は多種多様な形で存在し，共生の観念に基づいている。

☐ 天照大神は皇室の祖神で高天原を支配するとされている。

☐ 神道の理想は「明き清きまこと」で，それはうそや偽りのない真実。

☐ 罪を犯した者は身に穢れや罰を受け，あがないを必要とする。

Ⓐ：アニミズム，Ⓑ：八百万の神，Ⓒ：清浄

江戸時代の学問の発達

江戸時代の学問の発達に関する次の
A～Cの記述の正誤の組合せとして
最も妥当なものはどれか。

令和元年度
裁判所

A 幕藩体制の安定した時代に合う<u>忠孝・礼儀を尊重</u>する考え方が好まれて, <u>儒学</u>が重んじられ, さまざまな学派が生まれた。

B 医学や農学, <u>和算</u>などの実用的な学問や国文学などが発達して, 多くの書籍が
➲17世紀後半から私塾が多く開かれた
刊行された。

C 文芸を中心とした国家の隆盛が図られて, 中国の歴史・文学などが大学でさかんに学ばれ, 寄宿舎にあたる<u>大学別曹</u>も設けられた。

	A	B	C
1 ……	正	正	誤
2 ……	誤	正	正
3 ……	正	誤	正
4 ……	誤	正	誤
5 ……	誤	誤	正

解説 難易度 ★☆☆ 重要度 ★★☆

A 正しい。鎖国とキリスト教の禁止という前提で体制の安定を維持するのに〔**Ⓐ**　〕の思想が歓迎された。徳川家康に登用された林羅山以降，林家は幕府の文教政策の中心を担い，諸藩も藩校を開き，学派が多用な形で発展する。南学からは山崎闇斎や野中兼山らが現われ，後の尊王論につながり，陽明学の影響は中江藤樹や熊沢蕃山らにおよんだ。その革新性に批判的な山鹿素行，伊藤仁斎，荻生徂徠らは古典への回帰を指向し，確実な資料に基づいた歴史学も発展した。

B 正しい。教育の普及は，私塾や寺子屋の急増で促された。和算は計算や測量の学としての域を超えて関孝和が高度化させ，後に〔**Ⓑ**　〕による精度の高い地図の作成につながっていく。蘭学が生まれると緒方洪庵らがすぐれた人材の育成に尽力し，合理的な思考が人々の間に広まった。

C 誤り。大学別曹は，有力な氏族が一族の子弟を教育するために設けた。記述は平安時代初期に関するもの。9世紀末に遣唐使が中止されるまで，中国の文化を積極的に受け入れていた。

以上から，正，正，誤を組み合わせた**1**が正しい。

Point

□ 民間の塾からは朱子学で新井白石，室鳩巣，雨森芳洲，水戸藩からは徳川光圀の始めた『大日本史』の編纂事業から水戸学が誕生した。垂加神道から尊王思想が派生し，頼山陽，平田篤胤らの思想が幕末の政治に多大な影響を及ぼした。

□ 本草学の貝原益軒，宮崎安貞などの著作は，二宮尊徳らの農村復興に役立ち，独特の町人道徳を主張した石田梅岩の心学も全国的に広まった。18世紀の出版の盛行で我が国の識字率は飛躍的に高まり，封建制社会に対する批判も強まった。

□ 大学別曹の中には，空海が開いた綜芸種智院のように，庶民に門戸を開いたものもあった。

Ⓐ：朱子学，**Ⓑ**：伊能忠敬

江戸時代の思想家

江戸時代の思想家に関する記述として，妥当なのはどれか。

1 ~~伊藤仁斎~~は，古文辞学を唱え，「六経」に中国古代の聖王が定めた「先王の道」
　荻生徂徠
を見いだし，道とは朱子学が説くように天地自然に備わっていたものではなく，

天下を安んじるために人為的につくった「安天下の道」であると説いた。

2 ~~荻生徂徠~~は，朱子学を批判して，「論語」こそ「宇宙第一の書」であると確信し，
　伊藤仁斎
後世の解釈を退けて，「論語」や「孟子」のもともとの意味を究明しようとす

る古義学を提唱した。

3 本居宣長は，儒教道徳を批判し，「万葉集」の歌風を男性的でおおらかな「ま
　　　　　賀茂真淵
すらをぶり」ととらえ，そこに，素朴で力強い「高く直き心」という理想的精

神を見いだした。

4 石田梅岩は，「商人の買利は士の禄に同じ」と述べ，商いによる利益の追求を

正当な行為として肯定し，町人が守るべき道徳として「正直」と「倹約」を説

いた。

5 安藤昌益は，「農は万業の大本」と唱え，疲弊した農村の復興につとめ，農業
　　　　　二宮尊徳
は自然の営みである「天道」とそれに働きかける「人道」とがあいまって成り

立つと説いた。

1 荻生徂徠は，『論語』以前に著された「六経」にさかのぼって研究する［**A**　　　　］を創始した。また，江戸に蘐園塾を開き，8代将軍徳川吉宗の政治顧問を務めて『政談』を著した。

2 ［**B**　　　　］は，『論語』や『孟子』の元来の意味を読み解く古義学を創始し，「仁愛」や「誠」を重視した。また，京都の堀川に私塾の古義堂（堀川塾）を開いた。

3 荷田春満に学んだ［**C**　　　　］は，『万葉考』を著し，万葉の世界の素朴で力強い精神を「高く直き心」と呼んだ。真淵の研究により，日本古来の精神を明らかにしようとする国学が確立された。

4 正しい。石田梅岩は，石門心学と呼ばれる独自の学問を確立し，「正直」と「［**D**　　　　］」に基づいて，商人が利益を得ることの正当性を唱え，多くの町人の支持を得た。

5 二宮尊徳は，「天道」と「［**E**　　　　］」の二つが合わさることで農業が成り立つと説いた。また，天地・君主・親などから受けた徳に対して，徳をもって報いるべきだとする報徳の実践を唱えた。

Point

☐ 荻生徂徠は古文辞学を創始して，江戸に蘐園塾を開いた。

☐ 伊藤仁斎は古義学を創始して，京都に古義堂（堀川塾）を開いた。

☐ 賀茂真淵は『万葉考』を著して，国学を確立した。

☐ 石田梅岩は石門心学を創始して，多くの町人の支持を得た。

☐ 二宮尊徳は「天道・人道」に基づく農業のあり方や，報徳思想を説いた。

A：古文辞学，**B**：伊藤仁斎，**C**：賀茂真淵，**D**：倹約，**E**：人道

次の言葉と人物の組合せとして，最も妥当なのはどれか。

平成29年度
警察官

1 報徳思想 ― 鈴木大拙
　　　　　　　二宮尊徳

2 元始，女性は実に太陽であった ― 津田梅子
　　　　　　　　　　　　　　　　　　平塚らいてう

3 東洋道徳，西洋芸術 ― 森鷗外
　　　　　　　　　　　　佐久間象山

4 人間普通日用に近き実学 ― 福沢諭吉

5 武士道に接木されたるキリスト教 ― 新島襄
　　　　　　　　　　　　　　　　　　　内村鑑三

解説

難易度 ★ ☆ ☆　重要度 ★★ ☆

1 報徳思想は【**A**　　　】のもので,「我が道は至誠と実行のみ」という言葉を残した。「至誠」とは天道に従うこと。実践によって得た収穫を分配する割合を決めるのが「分度」であり,よろしき程を自然に譲る行為が「推譲」である。鈴木大拙は仏教学者で禅の思想の研究で有名。

2「元始,女性は実に太陽であった」は平塚らいてう(雷鳥)が雑誌『【**B**　　　】』の発刊の辞として述べたもので,女性の自我の覚醒を訴えた。らいてうは後に母性保護の必要を熱心に訴えた。津田梅子は我が国の女子英語教育の先駆者である。

3「東洋の道徳と西洋の芸術(技術)」は佐久間象山の言葉で,力点は「東洋の道徳」のほうにあり,中国古代の理想化された社会の【**C**　　　】を指している。象山は一橋慶喜のブレーンであった。

4 正しい。「実学」を重んじた福沢諭吉の言葉である。諭吉の根本思想は西洋にあって,東洋にない2つの原理である「有形において数理学と,無形において独立心」を日本の土壌に移植するというものであった。

5「武士道に接木されたるキリスト教」は内村鑑三の言葉であり,彼は『代表的日本人』の中で【**D**　　　】・上杉鷹山・二宮尊徳・中江藤樹・日蓮の5人を取り上げ,彼らの中に旧約の預言者をみていた。新島襄は同志社英学校を創設した教育家で,教会組織におけるリベラルな平民主義を厳密に守るべきだとして「自由教会」を主張した。

Point

☐ 報徳思想の根本には「勤労,分度,推譲」の原理がある。

☐ 平塚らいてうは日本の女性運動の草分け。

☐ 佐久間象山が重視したのは「東洋の道徳」。

☐ 内村鑑三は日本的伝統という旧約のうえに新約のキリスト教を接ぎ木した。

A:二宮尊徳, **B**:青鞜, **C**:封建制, **D**:西郷隆盛

近代の思想家

我が国の思想家等に関する記述として最も妥当なのはどれか。

令和2年度
国家専門職・改

1 新渡戸稲造は，キリスト教に基づく人格主義的な教育を実践する中で，~~イエス~~
（内村鑑三の言葉）
~~と日本という「二つのJ」~~のために生涯を捧げると誓った。また，『武士道』
において，個人の内的信仰を重視し，~~教会の制度や形式的な儀礼にとらわれな~~
（内村鑑三の主張）
~~い無教会主義~~を説いた。

2 幸徳秋水は，社会主義思想の理論的支柱としての役割を果たし，~~「東洋のルソー」~~
（中江兆民のこと）
~~と呼ばれた~~。また，~~森有礼らとともに明六社を創設し~~，欧米視察の経験などか
（福沢諭吉）
ら西洋の知識を広く紹介するとともに，封建意識の打破と我が国の近代化を目
指した。

3 与謝野晶子は，雑誌『青鞜』において，~~「元始，女性は実に太陽であった。」~~と
（平塚らいてうの言葉）
述べ，女性の人間としての解放を宣言した。また，~~平塚らいてうとの間で繰り~~
広げられた母性保護論争においては，~~女性は母になることによって社会的存在~~
（平塚らいてうの主張）
~~になると主張~~した。

4 西田幾太郎は，~~独自の国文学研究に基づき，沖縄の習俗調査を行った~~。それに
より，我が国には海の彼方の常世から神が訪れるとする~~来訪神信仰が息づいて~~
~~いることを発見し~~，神の原像を村落の外部からやってくる存在，~~すなわち「ま~~
~~れびと」であると考え，『遠野物語』~~にまとめた。

5 和辻哲郎は，人間とは，人と人との関係において存在する「間柄的存在」であ
ると考え，倫理学とはそうした「人間」についての学であると主張した。また，
自然環境と人間との関係を考察し，それを『風土』にまとめた。

解　説

難易度 ★★　　重要度 ★★★

1 新渡戸稲造は『武士道』という著作によって日本人の倫理観を西洋諸国に紹介し，日本と世界の架け橋に尽力した。「二つのＪ」に生涯を捧げ，無教会主義を貫いたのは【**Ａ**　　】である。

2 幸徳秋水は「東洋のルソー」と呼ばれた中江兆民の書生となって自由民権運動に加わり，新聞社に勤務している時に社会主義者となった。明六社を創設したのは福沢諭吉である。秋水は足尾銅山鉱毒事件で【**Ｂ**　　】が明治天皇に宛てた直訴文の代筆者であった。

3 『青鞜』で「元始，女性は実に太陽であった」と述べたのは平塚らいてうであり，【**Ｃ**　　】や山川菊栄らと母性保護論争を行って，女性が母になることで社会的存在になるのだからと母性保護を主張したのもらいてうである。

4 国文学研究で沖縄の習俗調査を行い，来訪神信仰を唱えたのは折口信夫であり，彼とともに日本の民俗学を確立したのが『遠野物語』の作者柳田國男である。西田幾多郎は【**Ｄ**　　】によって大道を明らかにするという決意で主観と客観を対立させる西洋近代思想を批判し，独自の哲学を築いた。

5 正しい。和辻哲郎は人間が孤立した個人ではなく，個人であると同時に社会的存在であることを弁証法的に分析し，人と人との間柄の秩序，すなわち【**Ｅ**　　】としての倫理学を確立した。

🔑 Point

- [ ] 新渡戸稲造と内村鑑三は札幌農学校でクラーク博士の薫陶を受けてキリスト教徒になった。

- [ ] 幸徳秋水は堺利彦らと「平民新聞」を発行し，マルクスの「共産党宣言」の訳文を載せて新聞紙条例違反の弾圧を受けた。

- [ ] 与謝野晶子は日露戦争に反対し「君死にたまふことなかれ」という作品を発表している。

- [ ] 民間伝承に着目して「まれびと」信仰を主張する折口信夫と，日本列島内の歴史的多文化性を明らかにした柳田國男は仲違いしてしまい，それぞれ独自の民俗学を発展させた。

- [ ] 和辻哲郎の『古寺巡礼』は文化史研究として有名である。

Ａ：内村鑑三，**Ｂ**：田中正造，**Ｃ**：与謝野晶子，**Ｄ**：座禅，**Ｅ**：人間の学

近代の思想家

近代の思想家に関する記述として最も適当なものはどれか。

平成29年度
裁判所

1 ~~美濃部達吉~~によって唱えられた大正デモクラシーの指導的理論を民本主義とい
吉野作造
う。彼の主著である『憲政の本義を説いて其の有終の美を済すの途を論ず』は，
憲政擁護運動の隆盛に大きく貢献した。

2 和辻哲郎が自らの倫理学に名付けた「人間の学」とは，~~自己の本領に立って個~~
人と人との間柄においてのみ人間たりうると主張
~~性を発揮し~~，同時に他者の個性や生き方を認め尊重するという，エゴイズムを
超える倫理の追求のことを指す。

3 西田幾多郎が自己の哲学の根本とした純粋経験における「主客未分」とは，
~~人間は常に人と人との間柄においてのみ人間たりうるのであり，孤立した個人~~
➡和辻哲郎の「人間の学」
的な存在ではないという考えのことである。

4 柳宗悦は，大正・昭和期の民芸運動の創始者である。彼は，それまで美の対象
とされていなかった民衆の日用品や，無名の職人たちの作品に固有の優れた美
を見出し，その概念を「民芸」と名付けた。
➡正反対にあるのが「美芸」

5 柳田国男は，日本民俗学の創始者で，民間伝承を保持している階層の無名の人々
を，英語のfolkの訳語として~~まれびと~~と名付けた。現在の岩手県遠野市の
「常民」
周辺に伝わる民間伝承を筆録した『遠野物語』のほか，日本人の祖霊信仰につ
いてまとめた~~『死者の書』~~で知られる。
『先祖の話』

1 大正デモクラシーの指導的理論として民本主義を唱えたのは【Ⓐ　　　】であり，『憲政の本義を説いて其の有終の美を済すの途を論ず』は大正５年の『中央公論』に掲載された。それによると民本主義は憲法の理論と区別された「憲政の理論」であり，「政策の手段についての原則」とされている。憲法の理論を論じたのが美濃部達吉であり，国家法人説の立場から天皇は国家の機関と主張した。

2 和辻哲郎の「人間の学」は，倫理を人と人との【Ⓑ　　　】の理法としてとらえている。人間は「個別人」として社会と異なるが，「『世の中』であるとともに，その世の中における『人』である」から「社会であって，孤立的な人ではない」と主張している。

3 西田幾多郎が主張する純粋経験における「主客未分」とは，「主観・客観とは１つの事実を考察するみかたの相違である」にすぎないという意味であり，そこから「【Ⓒ　　　】的自己同一」の西田哲学が確立する。

4 正しい。柳宗悦は「身の回りの安価な雑器であるが故に，わざわざそれを観ようとはしない」物が持つ美を【Ⓓ　　　】と呼んだ。逆に「麗々しい署名を持ち，もったいぶった手つきで珍重される高価な」工芸品を「美芸」と呼び「誤れる工芸」とみなした。

5 柳田国男は英語のfolkにあたる庶民を【Ⓔ　　　】と位置付けていた。柳田や折口信夫が「まれびと」といったのは「来訪する神」である。柳田が太平洋戦争末期に「家」や「霊魂の観念」について書いたのは『先祖の話』という本であった。

🔑 Point

- [ ] 美濃部達吉の国家法人説は立憲学派の通説として認められ，官吏採用試験問題になっていたが，国粋主義が強まるなかで政治問題になった。
- [ ] 和辻哲郎は風土に注目した文化史的研究で有名である。
- [ ] 西田幾多郎の「純粋経験」は哲学者ウィリアム・ジェームズの影響と禅の体験から生まれたといわれている。
- [ ] 柳田国男は「古の雅なる事ども，古人の大らかなる心ばえを詳らかにする」のが学問と主張した本居宣長と同じ道を歩きたかった。

Ⓐ：吉野作造，Ⓑ：間柄，Ⓒ：絶対矛盾，Ⓓ：民芸，Ⓔ：常民

近代の思想家

近代日本の思想家に関する記述として，
妥当なのはどれか。

1 ~~福沢諭吉~~は，高崎藩の武士の子として生まれ，イエスと日本の「二つのＪ」に
内村鑑三
仕えることを念願し，「われは日本のため，日本は世界のため，世界はキリス
トのため，すべては神のため」を自らの信条とした。

2 ~~内村鑑三~~は，中津藩の武士の子として生まれ，国民の一人ひとりが独立自尊の
福沢諭吉
精神を持つべきであると説き，「一身独立して一国独立す」という言葉で，自
主独立の精神によって日本の独立が保たれることをあらわした。

3 中江兆民は，自由民権運動の理論的指導者として活躍し，民権には為政者が上
から人民に恵みを与える恩賜的民権と人民自らの手で獲得した恢復的民権の2
種類があると説き，「社会契約論」を翻訳して東洋のルソーとよばれた。

4 ~~幸徳秋水~~は，近代西洋哲学に特徴的な主観と客観とを対立的にとらえる考え方
西田幾多郎
を否定し，自己と世界がわかれる前の主客未分の，渾然一体となった根源的な
経験を純粋経験とよんだ。

5 ~~西田幾多郎~~は，近代文明が影にもつ窮乏などの矛盾の解決には社会主義の確立
幸徳秋水
が必要であると論じ，社会民主党を結成したが，大逆事件といわれる明治天皇
の暗殺計画に関与したとの理由で逮捕され，処刑された。

解 説 　難易度 ★★ 　重要度 ★★★

1 内村鑑三は，武士的・愛国的キリスト者。愛国心と信仰心から「[**Ⓐ**　　　]」に生涯をささげることを誓ったほか，外国の教派主義の弊害から，聖書の言葉を重んじる[**Ⓑ**　　　]を唱えた。

2 福沢諭吉は，『学問のすゝめ』初編で「天は人の上に人を造らず，人の下に人を造らず」の言葉で知られる[**Ⓒ**　　　]や，個人が何かに依存することなく自主独立して生きなければ国家の独立はないという[**Ⓓ**　　　]の精神を主張した。

3 正しい。中江兆民は，当時の日本の実情から，為政者から与えられた[**Ⓔ**　　　]を守り発展させることで，恢復的民権をめざすことを唱えた。

4 西田幾多郎は，西洋哲学を取り入れながら禅の影響を受け，小さな自己を否定して主客未分の[**Ⓕ**　　　]と一体になり，真・善・美の世界を創造することで「真の自己」が確立されると説いた。

5 幸徳秋水は，中江兆民に師事し，片山潜らとともに日本で最初の社会主義政党である[**Ⓖ**　　　]を結成した。帝国主義を批判し，日露戦争に反対するなど盛んに活動したが，次第に無政府主義に転じ，大逆事件の首謀者に仕立てられた。

🔑 Point

☐ 内村鑑三は愛国心と信仰心による信念を「二つのJ」と表現した。

☐ 福沢諭吉は「一身独立，一国独立」の独立自尊の精神を説いた。

☐ 中江兆民は恩賜的民権と恢復的民権を区別した。

☐ 西田幾多郎は主客未分の根本的な経験を純粋経験と呼んだ。

☐ 幸徳秋水は社会民主党を結成した社会主義者である。

Ⓐ：二つのJ，Ⓑ：無教会主義，Ⓒ：天賦人権論，Ⓓ：独立自尊，Ⓔ：恩賜的民権，

Ⓕ：純粋経験，Ⓖ：社会民主党

近代の思想

次は，我が国の近代思想に関する記述であるが，A～Dに当てはまるものの組合わせとして最も妥当なのはどれか。

平成28年度
国家一般職

A 明治期の思想家である　　A　　は，ルソーの『社会契約論』を翻訳し，『民

中江兆民

約訳解』として出版した。そこに示された主権在民の原理や抵抗権の思想は，

自由民権運動に新たな理論的基礎を与える役割を果たした。

B 夏目漱石は，「日本の現代の開化は外発的である」と述べ，西洋のまねを捨て

自力で自己の文学を確立しようと決意した。晩年には，自我の確立とエゴイズム

の克服という矛盾に苦闘し，　　B　　の境地に到達したといわれている。

則天去私

C 西田幾多郎は，　　C　　において，主観（認識主体）と客観（認識対象）

『善の研究』

との二元的対立から始まる西洋近代哲学を批判し，主観と客観とが分かれてい

ない主客未分の経験を純粋経験と呼んだ。

D 大正期には大正デモクラシーと呼ばれる自由主義・民主主義的運動が展開さ

れた。　　D　　は，民本主義を主張し，主権が天皇にあるのか国民にあ

吉野作造

るのかを問わず，主権者は主権を運用するに際し，国民の意向を尊重し，国民

の利益と幸福を目的としなければならないとした。

	A	B	C	D
1	中江兆民	則天去私	『善の研究』	吉野作造
2	中江兆民	諦念	『善の研究』	美濃部達吉
3	中江兆民	諦念	『倫理学』	吉野作造
4	内村鑑三	則天去私	『倫理学』	美濃部達吉
5	内村鑑三	諦念	『善の研究』	吉野作造

解説 難易度 ★★ 重要度 ★★

A 中江兆民が当てはまる。彼はフランス留学後，ルソーの『[**Ⓐ**　　　　]』を翻訳するなどして自由民権思想の普及に努め，為政者が人民に対して与える恩賜的民権に対して，人民が自らの手で獲得する恢復的民権が理想であると主張した。

B 則天去私が当てはまる。『吾輩は猫である』『坊っちゃん』など多くの小説を発表した[**Ⓑ**　　　　]は，晩年，自我の確立とエゴイズムとの葛藤の解消を求めて，天の命じることに従って自我を捨て去る[**Ⓒ**　　　　]と呼ばれる境地に到達したとされる。

C 『善の研究』が当てはまる。西田幾多郎はその著作の中で，主観と客観が分かれる以前の，主客未分の[**Ⓓ**　　　　]と呼ばれる状態において，真の自己が現れると説いた。

D 吉野作造が当てはまる。政治学者の吉野は，大正デモクラシーを理論的に指導し，国家の主権の所在は問わないが，その運用に際しては国民の意向を尊重し，国民の利益と幸福を目的とすべきだとする[**Ⓔ**　　　　]を唱えた。

🔑 Point

- □ 中江兆民はルソーの『社会契約論』を翻訳し，自由民権思想の普及に努めた。
- □ 夏目漱石は多くの文学作品を残す一方，晩年には，則天去私と呼ばれる境地に到達したとされる。
- □ 西田幾多郎は『善の研究』で，主観と客観が分かれる以前の状態を純粋経験と呼んだ。
- □ 吉野作造は大正デモクラシーを理論的に指導し，民本主義を主張して，国民の意向を尊重した主権の運用の必要性を説いた。

Ⓐ：社会契約論，Ⓑ：夏目漱石，Ⓒ：則天去私，Ⓓ：純粋経験，Ⓔ：民本主義

中世の日本文学

中世の日本文学に関する以下の記述のうち，最も妥当なのはどれか。

平成30年度
警察官

1 枕草子は鴨長明による随筆で，作者の体験したさまざまな天変地異と日野山に
方丈記
おける静かな暮らしについてつづっている。

2 徒然草は吉田兼好による随筆で，作品全体に仏教的無常観と，古き良き時代へ
の懐旧の情が色濃く流れている。

3 源氏物語は源氏一門の興亡の過程を描いた軍記物語で，全編を通じて盛者必衰，
平家物語　平氏
諸行無常の思想が流れている。

4 太平記は室町時代末期から安土桃山時代にわたる戦国の騒乱を描いた軍記物語
鎌倉　　　　室町時代初期
で，その優れた文章は近世に入って「太平記読み」により人々に親しまれた。

5 宇治拾遺物語は藤原道綱母が著したとされる説話集であり，仏教的色彩を強く
➡作者未詳　　　　　　　　　　　　　　　　民話などを多く
とりいれながら，当時の人々の生活や人間性の真実が生き生きと描かれている。

解説　難易度 ★★ ☆　重要度 ★★ ☆

1 鴨長明の『[Ⓐ 　　　]』の前半は天災の様子と無常観についての記述が多く，後半は日野山の閑居の暮らしを述べている。

2 正しい。吉田兼好は古典に明るく，[Ⓑ 　　　]にも詳しく，それに関する話も多く収められている。

3 『平家物語』は軍記物語の傑作であり，[Ⓒ 　　　]によって語り広められてきたので，異本も多い。全体に因果応報の仏教思想と無常観が現れている。

4 『太平記』は後醍醐天皇から後村上天皇までの50年間を扱い，文章は華麗な[Ⓓ 　　　]で，「太平記読み」の講釈は現在の講談に引き継がれている。

5 『宇治拾遺物語』には『今昔物語』と同じ話も多く収められ，仏教説話もいくつかあるが，文体もさまざまで，法師の滑稽談や民話などが多い。

🔑 **Point**

- □ 『方丈記』や『徒然草』は仏教的無常観を特徴とする草庵文学である。
- □ 軍記物語は中世文学の特色の一つであり，『平家物語』は合戦の勇壮さと王朝的な「あはれ」の両方をとりいれている。
- □ 『太平記』には儒教的な倫理観と武士道，勤皇の精神などが随所に含まれている。
- □ 中世の説話は僧侶などによって作られ，庶民に広められた。

Ⓐ：方丈記，Ⓑ：有職故実，Ⓒ：琵琶法師，Ⓓ：和漢混交文

日本の作家

**日本の作家に関する記述として,
妥当なのはどれか。**

1 武者小路実篤は, ~~耽美派~~ の作家の一人であり, 彼の代表的な作品には, ~~「その妹」~~
白樺派
や ~~「和解」~~ がある。
「友情」

2 谷崎潤一郎は, 耽美派の作家の一人であり, 彼の代表的な作品には, 「刺青」
➡唯美主義と同じ
や 「痴人の愛」 がある。

3 芥川龍之介は, ~~白樺派~~ の作家の一人であり, 彼の代表的な作品には, ~~「山月記」~~
新思潮派　　　　　　　　　　　　　　　　　　　　　　　　「羅生門」
や ~~「李陵」~~ がある。
「杜子春」

4 志賀直哉は, ~~新思潮派~~ の作家の一人であり, 彼の代表的な作品には, ~~「人間万歳」~~
白樺派　　　　　　　　　　　　　　　　　　　　　　　　「小僧の神様」
や 「暗夜行路」 がある。

5 川端康成は, 新感覚派の作家の一人であり, 彼の代表的な作品には, ~~「日輪」~~
➡プロレタリア文学に対抗　　　　　　　　　　　　　　　「伊豆の踊子」
や ~~「旅愁」~~ がある。
「雪国」

解説　難易度 ★★　重要度 ★★

1 武者小路実篤は白樺派の中心的な作家で，理想主義的な人道主義に基づいて自我の尊厳を主張し，[**A**　　]に心酔して宮崎県に「新しき村」を設立した。「その妹」は彼の作品（戯曲）だが，「和解」は志賀直哉の作品である。

2 正しい。谷崎潤一郎は女性美の官能に陶酔した作風で有名になったが，関西で暮らすようになってからは純日本的なものを追求するようになった。

3 雑誌「[**B**　　]」を活動の場としていた芥川龍之介や久米正雄たちは，日常生活に即して現実を観察した態度から新現実主義者と評されることもある。「山月記」と「李陵」は中島敦の作品である。

4 志賀直哉は[**C**　　]といわれる心境小説の作家で，短編小説を中心としていたが，「暗夜行路」は完成までに16年余りを費やした長編小説である。「人間万歳」は武者小路実篤の作品。

5 新感覚派はプロレタリア文学への対抗意識から生まれたもので，短命に終わった。川端康成は[**D**　　]らとともに反マルクス主義の立場の新興芸術派に分類されることもある。「日輪」や「旅愁」は同じ新感覚派の横光利一の作品である。

🔑 Point

☐ 白樺派は学習院関係の貴族階級出身者たちが創刊した同人雑誌「白樺」で活躍した作家たちを指す。

☐ 耽美派の作家としては永井荷風も有名。

☐ 芥川龍之介の小説はすべて短編で，文の主語・述語がきちんと整った文体で書かれている。

☐ 川端康成の「雪国」は近代叙情文学の古典とも称され，日本的な美の世界を描いた一連の作品により，ノーベル文学賞を授与された。

A：トルストイ，**B**：新思潮，**C**：私小説，**D**：井伏鱒二

ノーベル賞

**ノーベル賞に関する記述として,
妥当なのはどれか。**

平成30年度
地方上級

1 ノーベル賞の受賞者を選考する組織は部門ごとに決まっており, ~~文学賞~~はノル
平和賞
ウェーの~~ノーベル賞委員会~~が, ~~平和賞~~はスウェーデン・アカデミーが, それぞ
文学賞
れ選考を行っている。

2 ノーベル賞は, 文学賞, 平和賞など~~7~~部門から構成されているが, 全ての部門
5
において, 受賞者は個人のみが対象となっており, ~~団体又は組織は対象となっ~~
➡団体も対象
~~ていない。~~

3 2017年のノーベル文学賞はカズオ・イシグロ氏が受賞したが, これで~~日本出~~
~~身の作家としては, 川端康成氏に次いで2人目の受賞~~となった。

4 2017年のノーベル文学賞の授賞理由は, ~~「私たちの時代の人々の困難や勇気を~~
~~聞き書きを通じて多層的に描き出した」~~であった。
人と世界のつながりという幻想の下に口を開けた暗い深淵を,
感情豊かに訴える作品群で暴いてきた

5 2017年のノーベル文学賞を受賞したカズオ・イシグロ氏の代表作には, 英国
の王立文学協会賞を受賞した『遠い山なみの光』や英国のブッカー賞を受賞し
た『日の名残り』がある。

国家総合職　国家一般職　国家専門職　裁判所　地方上級　市役所　警察官　消防官

難易度 ★★　重要度 ★

1 ノーベル賞の受賞者を選考する組織はノーベルの遺言で指定され，文学賞はスウェーデン・アカデミーが，平和賞は【**Ⓐ**　　　】のノーベル賞委員会が選考し，物理学賞と化学賞はスウェーデン科学アカデミーが，生理学・医学賞はカロリンスカ研究所の特別委員会がそれぞれ選考している。

2 平和賞は団体や組織に送られることも多く，【**Ⓑ**　　　】は３度，国連難民高等弁務官事務所は２度受賞している。2017年度は非政府組織の「核兵器廃絶国際キャンペーン（ICAN）」に授与された。ノーベル経済学賞はスウェーデン銀行創立300周年を記念して設けられたもので，ノーベル賞とは別のものである。

3 日本人２人目のノーベル文学賞受賞者は，1994年に受賞した【**Ⓒ**　　　】であり，「私は戦後民主主義者」と述べて，受賞年に打診された文化勲章を辞退した。

4 カズオ・イシグロの作風はジェイン・オースティンとフランツ・【**Ⓓ**　　　】を混ぜ，「そこにマルセル・プルーストを少し加え」たもの（スウェーデン・アカデミー事務局長）といわれている。

5 正しい。イシグロ氏は家族の事情で５歳からイギリスで生活し，1982年に英国籍を取得した。英国で最も権威のあるブッカー賞を受賞したのは1989年だった。

🔑**Point**

- [ ] ノーベル賞が始まった1901年，ノルウェーとスウェーデンは同君連合（国王が共通でノルウェーの独立は1905年）。

- [ ] 日本人最初のノーベル文学賞作家である川端康成は，日本の美意識を評価された。

- [ ] 大江健三郎のノーベル賞受賞記念講演のテーマは「あいまいな日本の私」。

Ⓐ：ノルウェー，Ⓑ：赤十字国際委員会，Ⓒ：大江健三郎，Ⓓ：カフカ

日本の伝統芸能

次のア〜エは，日本の伝統芸能である能，狂言，文楽，歌舞伎についてそれぞれ説明したものである。その組合せとして妥当なものはどれか。

平成28年度
地方上級

ア 長唄が伴奏音楽として重要な役割を果たす。演技では，物語が重要な展開をするときや登場人物の気持ちが高まる場面で，いったん動きを止めて「見得を切る」演技が行われることがある。

歌舞伎

イ 大夫による語りと三味線による音楽が一体となって展開する人形劇である。人形の多くは，3人の人形遣いによって操られる。

文楽

ウ 主役のシテと相手役のワキが中心となり，謡を担当する地謡と音楽を担当する囃子方によって進行する。その美的規範は幽玄で，神や幽霊が多く登場する。

能

エ 対話を中心としたせりふ劇である。題材は中世の庶民の生活からとられることが多く，人間の習性や本質が滑稽に描かれる。

狂言

	ア	イ	ウ	エ
1	歌舞伎	狂言	能	文楽
2	歌舞伎	文楽	狂言	能
3	歌舞伎	文楽	能	狂言
4	文楽	狂言	能	歌舞伎
5	文楽	狂言	歌舞伎	能

解 説 難易度 ★★☆ 重要度 ★★☆

ア 歌舞伎の説明。18世紀の享保時代に【**Ⓐ**　　　】の人気演目が歌舞伎に移入されてレパートリーが増えた。この頃に三味線も普及し，舞踊も華やかになった。芝居はすべて柝（拍子木）の合図で進行し，「見得を切る」際には「ツケ」というツケ板2本の柝で叩いて見物客の注意をひく。

イ 文楽の説明。17世紀末に浄瑠璃作家の【**Ⓑ**　　　】と竹本義太夫が提携したことで飛躍的に発展した。専門劇場が大坂の文楽座であったことから，人形浄瑠璃と文楽が同義に扱われるようになった。

ウ 能の説明。室町時代に観阿弥・【**Ⓒ**　　　】父子によって大成された。能は主役シテ（為手）1人の演戯を見せることを建前としており，ワキは「脇にいて見る人」を意味する。シテは神や鬼畜に扮したりするが，ワキはどこまでも人間であり続ける。能の幽玄は「物真似」と対立し，「物真似」を支配する。

エ 狂言の説明。狂言が形成されたのは下剋上の時代であるから，演じていたのも観客も「下」の身分であり，「上」の身分を笑いの対象としていた。狂言は【**Ⓓ**　　　】と同一の舞台で交互に演じられるのが原則だった。

🔑 Point

☐ 歌舞伎で音楽を担当する囃子方がいるところを下座という。

☐ 文楽は大夫，三味線，人形の3役で演じられ，演出家がいない点に特徴があり，郷土芸能化した人形劇は文楽と呼ばれない。

☐ 能で重要なのは「花」であり，「秘スレバ花ナリ，秘セズバ花ナルベカラズ」という世阿弥の言葉が有名。

☐ 狂言の3流派のうち大蔵と鷺は幕府のお抱えで，和泉は尾張徳川藩の召し抱えだった。

Ⓐ：人形浄瑠璃，**Ⓑ**：近松門左衛門，**Ⓒ**：世阿弥，**Ⓓ**：能

絵画および画家

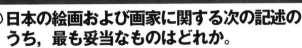

日本の絵画および画家に関する次の記述の
うち，最も妥当なものはどれか。

平成15年度
国税専門官

1 平安時代後期には，詞書きと絵を織りまぜて物語を進行させる蒔絵の手法が現
　　　　　　　　　　　　　　　　　　　　　　　　　　　　　　　　絵巻物
れた。鳥羽僧正は，「鳥獣戯画」や「伴大納言絵詞」などの蒔絵の作品を多様な
　　　　　　　　　　　　➡常盤光長の作とされる　絵巻物
色彩を用いて描き，平安貴族の華麗な宮廷生活を表現した。
墨一色で　　　　　　擬人化した動物によって社会を風刺

2 室町時代には，禅宗の影響が絵画まで及び墨の濃淡で自然や人間を表現する水

墨画が盛んとなった。雪舟は，四季折々の風景に人々の生活の営みを織りまぜ

た作品である「山水長巻」を描くなどして水墨画を大成させた。

3 安土桃山時代には，城郭建築の中の襖や屏風に絵画を描くことが流行した。な

かでも，豊臣秀吉の庇護を受けた狩野永徳・山楽は大和絵の絢爛さに写実性を

加えた似絵と呼ばれる手法を創始し，「風神雷神図屏風」などの大作を残した。
　　　➡平安末〜鎌倉時代に流　　　➡俵屋宗達の作
　　　　行した大和絵様式の肖
　　　　像画のこと

4 江戸時代前期には，町人文化が発達する中で，尾形光琳は大和絵の伝統を用い
　　　　　　　　　　　　　　　　　　　　　　菱川師宣
て風俗や美人・役者を描く浮世絵の手法を創始し，「見返り美人図」などの作品

を描いた。また，俵屋宗達が浮世絵を版画にして出版する方法を発案したため，
　　　　　　菱川師宣
庶民の間にも浮世絵が急速に広まった。

5 江戸時代中期には，葛飾北斎や俳人としても著名な与謝蕪村らが中国や西洋の
　　　　　　　　　　池大雅
画風をとり入れた写生画の様式を確立した。さらに喜多川歌麿や東洲斎写楽は，
　　　　　　　　　　　　　　　　　　　　　　葛飾北斎や安藤（歌川）広重
写生画の様式に改良を加え，「十便十宜図」，「東海道五十三次」などの多くの風
　　　　➡池大雅と与謝蕪村の合作
景画を世に残した。

難易度 ★★★　重要度 ★★★

1「伴大納言絵詞」は常盤光長の作とされている。また，詞書きと絵を織り交ぜて物語を進行するのは，蒔絵ではなく【Ⓐ　　　　　】である。蒔絵は漆芸の技法で，器物の表面に漆で絵や文様を描き，その上に金粉や銀粉を蒔いて絵や文様を浮かび上がらせる技法である。

2 正しい。鎌倉時代初期に日本に伝えられた【Ⓑ　　　　　】の興隆とともに宋や元の文化がもたらされた。水墨画もその１つで，雪舟の描いた水墨画は日本の水墨画を独自のものに発展させる契機となった。

3 安土桃山時代の襖絵や屏風絵は濃絵と呼ばれる。狩野永徳の代表作は「洛中洛外図屏風」「唐獅子図屏風」などで，「風神雷神図屏風」は江戸時代初期の画家【Ⓒ　　　　　】の作品である。

4 尾形光琳，俵屋宗達は浮世絵師ではない。「見返り美人図」を描いて浮世絵を確立したのは【Ⓓ　　　　　】である。

5 池大雅と与謝蕪村は文人画（南画）の大成者。「十便十宜図」は池大雅と与謝蕪村の合作である。喜多川歌麿は女性の美を追求した【Ⓔ　　　　　】の大家とされる。東洲斎写楽は役者絵で知られる。また，葛飾北斎は「富嶽三十六景」など，安藤（歌川）広重は「東海道五十三次」などの優れた風景画を多く残した。

🔑 Point

- [ ] 絵巻物「鳥獣戯画」の作者は鳥羽僧正とされている。
- [ ] 雪舟は水墨画様式を確立させ，「山水長巻」などを描いた。
- [ ] 安土桃山時代に活躍した狩野派の画家狩野永徳は，「洛中洛外図屏風」「唐獅子図屏風」などの作品が有名である。
- [ ] 菱川師宣は「見返り美人図」などの作品で浮世絵を確立した。
- [ ] 喜多川歌麿は美人画，東洲斎写楽は役者絵を多く描いた。

Ⓐ：絵巻物，Ⓑ：禅宗，Ⓒ：俵屋宗達，Ⓓ：菱川師宣，Ⓔ：美人画　.

江戸時代の芸術家

次のア〜ウは，江戸時代の芸術家に関する
記述であるが，文中の空所A〜Cに該当する
芸術家の組合せとして，妥当なのはどれか。

平成24年度
地方上級

ア ┃ **A** ┃ は，肥前有田の陶工で，上絵付けの技法による赤絵の技法を完成させた。
酒井田柿右衛門
作品に「色絵花鳥文深鉢」がある。

イ ┃ **B** ┃ は，浮世絵において，錦絵と呼ばれる多色刷の木版画をはじめた。作品
鈴木春信
に「弾琴美人」がある。

ウ 狩野派に学んだ ┃ **C** ┃ は，洋画の遠近法を用いて立体感のある写生画を描いた。
円山応挙
びょうぶ
作品に「保津川図屏風」や「雪松図屏風」がある。●円山派

	A	B	C
1	酒井田柿右衛門	鈴木春信	円山応挙
2	酒井田柿右衛門	喜多川歌麿	伊藤若冲
3	酒井田柿右衛門	喜多川歌麿	円山応挙
4	野々村仁清	喜多川歌麿	円山応挙
5	野々村仁清	鈴木春信	伊藤若冲

ア 酒井田柿右衛門が当てはまる。彼は江戸初期の陶工で，以後，代々柿右衛門を名乗り，作品群も柿右衛門という。初代の酒井田柿右衛門は，中国の上絵付の技法を学び，【**A**　　　　　　】を開発したことで伊万里焼の進歩に貢献した。作品は，花鳥をモチーフにした大和絵風の様式が特徴である。

イ 鈴木春信が当てはまる。彼は江戸中期の浮世絵師で，【**B**　　　　　　】の創始者である。江戸に流行した暦絵の木版多色刷の技術を浮世絵に用いることで完成した。独自の優美な美人画を確立し，日常生活の情景を古典和歌に通わせた見立の趣向を凝らした作品を描いた。

ウ 円山応挙が当てはまる。彼は江戸中期の画家である。狩野派に絵を学ぶが，西洋の透視遠近法と写実的な陰影法や，中国の院体画や清朝画による【**C**　　　　　　】画法の影響を受けて新しい画法を完成させ，日本画の近代化の基盤となった。

Point

☐ 酒井田柿右衛門は日本で初めて赤絵を成功させた，江戸初期の陶工である。

☐ 鈴木春信は江戸中期の浮世絵師で，錦絵の創始者である。

☐ 円山応挙は日本画に西洋画の遠近法を取り入れた，江戸中期の画家である。

☐ 喜多川歌麿は江戸後期の浮世絵師で，大首絵という美人画の様式を確立した。

☐ 野々村仁清は江戸中期の京焼の陶工で，主に優雅な色絵陶器を手がけた。

☐ 伊藤若冲は江戸中期の画家で，琳派や中国の花鳥画を研究し，写実的な装飾画体の花鳥画を創造した。

A：赤絵，**B**：錦絵，**C**：写生

日本の作曲家

日本の作曲家に関する次の記述と，それぞれに該当する人物名との組合せとして最も妥当なのはどれか。

令和2年度
地方上級

A 明治12年に東京で生まれ，西洋音楽の様式を日本で最も早い時期に取り入れた作曲家である。「花」，「荒城の月」，「箱根八里」などの代表作があり，22歳でドイツの音楽院への入学を果たすも，病気のためわずか23歳で生涯を閉じた。

B 明治11年に鳥取で生まれ，キリスト教系の学校で音楽の基礎を学び，文部省唱歌の作曲委員を務めた。「春の小川」，「朧月夜」，「ふるさと」など，作詞家高野辰之との作品を多く残したとされている。

C 大正13年に東京で生まれ，戦後の日本で，オペラから童謡にいたるまで様々なジャンルの音楽を作曲した。オペラ「夕鶴」や，ラジオ歌謡「花の街」，童謡
（→木下順二）
「ぞうさん」など幅広い世代に親しまれる楽曲を残した。

	A	B	C
1 ……	瀧廉太郎	成田為三	團伊玖磨
2 ……	瀧廉太郎	成田為三	中田喜直
③ ……	瀧廉太郎	岡野貞一	團伊玖磨
4 ……	山田耕筰	成田為三	中田喜直
	（→童謡）		
5 ……	山田耕筰	岡野貞一	團伊玖磨

解説　難易度 ★★★　重要度 ★★★

A 瀧廉太郎に関する記述。ピアニスト・作曲家として才能を発揮し，[**Ⓐ**]や「花」「箱根八里」などの歌曲を残した。山田耕筰は東京音楽学校声楽科を卒業してドイツで作曲を学び，帰国後は我が国最初の交響楽団である東京フィルハーモニー管弦楽団を組織した。教育者として数々の音楽家を育成するとともに[**Ⓑ**]らと童謡の創作運動を始めた。

B 岡野貞一に関する記述。文部省嘱託の教科書編纂委員として『尋常小学校唱歌』の編纂に携わり，自らも「朧月夜」などの唱歌を作曲した。成田為三は東京音楽学校で山田耕筰に師事し，雑誌[**Ⓒ**]に「浜辺の歌」や「かなりや」などの童謡を発表した。

C 團伊玖磨に関する記述。西洋音楽の伝統的なスタイルによるオーケストラ作品とオペラが創作の中心で，[**Ⓓ**]の台本による「夕鶴」は上演回数が600回を超える代表作となった。中田喜直は「新声会」の同人で，1950年代から60年代にかけてピアノ曲や歌曲，童謡，合唱曲を多く作曲した。代表作として「雪の降るまちを」「ちいさい秋みつけた」「めだかの学校」などがある。

以上を正しく組み合わせているのは **3** である。

🔑 **Point**

☐ 瀧廉太郎は唱歌「鳩ぽっぽ」の作曲者であり，学校唱歌を批判して作られたのが童謡である。

☐ 唱歌の普及に熱心であった岡野貞一とは反対に，成田為三は師の山田耕筰らとともに「童心童語の歌」の創作を目指した。

☐ 「わらべ歌」は子供たちの間で口頭伝承されたものであり，童謡とは区別される。

☐ 團伊玖磨は黛敏郎，芥川也寸志とともに「3人の会」を結成して管弦楽作品を次々と発表した。

Ⓐ：荒城の月，Ⓑ：北原白秋，Ⓒ：赤い鳥，Ⓓ：木下順二

●本書の内容に関するお問合せについて

本書の内容に誤りと思われるところがありましたら，まずは小社ブックスサイト（jitsumu.hondana.jp）中の本書ページ内にある正誤表・訂正表をご確認ください。正誤表・訂正表がない場合や，正誤表・訂正表に該当箇所が掲載されていない場合は，書名，発行年月日，お客様のお名前・連絡先，該当箇所のページ番号と具体的な誤りの内容・理由等をご記入のうえ，郵便，FAX，メールにてお問合せください。

〒163-8671　東京都新宿区新宿 1-1-12　実務教育出版　第二編集部問合せ窓口
FAX：03-5369-2237　　　E-mail：jitsumu_2hen@jitsumu.co.jp

【ご注意】

※電話でのお問合せは，一切受け付けておりません。

※内容の正誤以外のお問合せ（詳しい解説・受験指導のご要望等）には対応できません。

編集協力	群企画／エディポック
カバーデザイン	サイクルデザイン
本文デザイン	サイクルデザイン
イラスト	アキワシンヤ

上・中級公務員試験

過去問ダイレクトナビ 日本史

2021年12月10日　初版第1刷発行

編者●資格試験研究会
発行者●小山隆之
発行所●株式会社 実務教育出版
〒163-8671　東京都新宿区新宿1-1-12
TEL●03-3355-1812（編集）03-3355-1951（販売）
振替●00160-0-78270

組版●群企画／エディポック　印刷●文化カラー印刷　製本●ブックアート

[公務員受験BOOKS]

実務教育出版では、公務員試験の基礎固めから実戦演習にまで役に立つさまざまな入門書や問題集をご用意しています。過去問を徹底分析して出題ポイントをピックアップし、すばやく正確に解くテクニックを伝授します。あなたの学習計画に適した書籍を、ぜひご活用ください。

なお、各書籍の詳細については、弊社のブックスサイトをご覧ください。

https://www.jitsumu.co.jp

人気試験の入門書

何から始めたらよいのかわからない人でも、どんな試験が行われるのか、どんな問題が出るのか、どんな学習が有効なのかが1冊でわかる入門ガイドです。「過去問模試」は実際に出題された過去問でつくられているので、時間を計って解けば公務員試験をリアルに体験できます。

★「公務員試験早わかりブック」シリーズ [年度版]※ ●資格試験研究会編

地方上級試験 早わかりブック

市役所試験 早わかりブック

警察官試験 早わかりブック

消防官試験 早わかりブック

社会人 が受けられる**公務員試験** 早わかりブック

高校卒で受けられる**公務員試験** 早わかりブック
[国家一般職（高卒）・地方初級・市役所初級等]

社会人基礎試験 早わかり問題集

市役所新教養試験 Light & Logical 早わかり問題集

公務員試験で出る **SPI・SCOA** 早わかり問題集
※本書のみ非年度版 ●定価1430円

過去問正文化問題集

問題にダイレクトに書き込みを加え、誤りの部分を赤字で直して正しい文にする「正文化」という勉強法をサポートする問題集です。完全な見開き展開で書き込みスペースも豊富なので、学習の能率アップが図れます。さらに赤字が消えるセルシートを使えば、問題演習もバッチリ！

★上・中級公務員試験「過去問ダイレクトナビ」シリーズ [年度版] ●資格試験研究会編

過去問ダイレクトナビ **政治・経済**

過去問ダイレクトナビ **日本史**

過去問ダイレクトナビ **世界史**

過去問ダイレクトナビ **地理**

過去問ダイレクトナビ **物理・化学**

過去問ダイレクトナビ **生物・地学**

一般知能分野を学ぶ

一般知能分野の問題は一見複雑に見えますが、実際にはいくつかの出題パターンがあり、それに対する解法パターンが存在しています。基礎から学べるテキスト、解説が詳しい初学者向けの問題集、実戦的なテクニック集などで、さまざまな問題に取り組んでみましょう。

標準 判断推理 [改訂版]
田辺 勉著●定価2310円

標準 数的推理 [改訂版]
田辺 勉著●定価2200円

判断推理がみるみるわかる**解法の玉手箱** [改訂第2版]
資格試験研究会編●定価1540円

数的推理がみるみるわかる**解法の玉手箱** [改訂第2版]
資格試験研究会編●定価1540円

判断推理 必殺の解法パターン [改訂第2版]
鈴木清士著●定価1320円

数的推理 光速の解法テクニック [改訂版]
鈴木清士著●定価1175円

空間把握 伝説の解法プログラム
鈴木清士著●定価1210円

資料解釈 天空の解法パラダイム
鈴木清士著●定価1760円

文章理解 すぐ解ける〈直感ルール〉ブック [改訂版]
瀧口雅仁著●定価1980円

公務員試験 **無敵の文章理解メソッド**
鈴木鋭智著●定価1540円

年度版の書籍については、当社ホームページで価格をご確認ください。https://www.jitsumu.co.jp/

はじめて学ぶ 政治学
加藤秀治郎著●定価1175円

はじめて学ぶ 国際関係 [改訂版]
高瀬淳一著●定価1320円

はじめて学ぶ ミクロ経済学 [第2版]
幸村千佳良著●定価1430円

はじめて学ぶ マクロ経済学 [第2版]
幸村千佳良著●定価1540円

経済学ベーシックゼミナール
西村和雄・八木尚志共著●定価3080円

経済学ゼミナール 上級編
西村和雄・友田康信共著●定価3520円

新プロゼミ行政法
石川敏行著●定価2970円

最初でつまずかない経済学 [ミクロ編]
村尾英俊著●定価1980円

最初でつまずかない経済学 [マクロ編]
村尾英俊著●定価1980円

最初でつまずかない民法 I [総則／物権 担保物権]
鶴田秀樹著●定価1870円

最初でつまずかない民法 II [債権総論・各論 家族法]
鶴田秀樹著●定価1870円

最初でつまずかない行政法
吉田としひろ著●定価1870円

最初でつまずかない数的推理
佐々木 淳著●定価1870円

重要科目の基本書

★公務員試験「スピード解説」シリーズ 資格試験研究会編●定価1650円

スピード解説 判断推理
資格試験研究会編 結城順平執筆

スピード解説 数的推理
資格試験研究会編 永野龍彦執筆

スピード解説 図形・空間把握
資格試験研究会編 永野龍彦執筆

スピード解説 資料解釈
資格試験研究会編 結城順平執筆

スピード解説 文章理解
資格試験研究会編 饗庭 悟執筆

スピード解説 憲法
資格試験研究会編 鶴田秀樹執筆

スピード解説 行政法
資格試験研究会編 吉田としひろ執筆

スピード解説 民法 I [総則／物権 担保物権] [改訂版]
資格試験研究会編 鶴田秀樹執筆

スピード解説 民法 II [債権総論・各論 家族法] [改訂版]
資格試験研究会編 鶴田秀樹執筆

スピード解説 政治学・行政学
資格試験研究会編 近 裕一執筆

スピード解説 国際関係
資格試験研究会編 高瀬淳一執筆

スピード解説 ミクロ経済学
資格試験研究会編 村尾英俊執筆

スピード解説 マクロ経済学
資格試験研究会編 村尾英俊執筆

一問一答 スピード攻略 社会科学
資格試験研究会編●定価1430円

一問一答 スピード攻略 人文科学
資格試験研究会編●定価1430円

基本問題中心の過去問演習書

地方上級／国家総合職・一般職・専門職試験に対応した過去問演習書の決定版が、さらにパワーアップ！　最新の出題傾向に沿った問題を多数収録し、選択肢の一つひとつまで検証して正誤のポイントを解説。強化したい科目に合わせて徹底的に演習できる問題集シリーズです。

★公務員試験「新スーパー過去問ゼミ6」シリーズ
◎教養分野
資格試験研究会編●定価1980円

新スーパー過去問ゼミ6 **社会科学**［政治／経済／社会］	新スーパー過去問ゼミ6 **人文科学**［日本史／世界史／地理／思想／文学・芸術］
新スーパー過去問ゼミ6 **自然科学**［物理／化学／生物／地学／数学］	新スーパー過去問ゼミ6 **判断推理**
新スーパー過去問ゼミ6 **数的推理**	新スーパー過去問ゼミ6 **文章理解・資料解釈**

◎専門分野
資格試験研究会編●定価1980円

新スーパー過去問ゼミ6 **憲法**	新スーパー過去問ゼミ6 **行政法**
新スーパー過去問ゼミ6 **民法Ⅰ**［総則／物権／担保物権］	新スーパー過去問ゼミ6 **民法Ⅱ**［債権総論・各論／家族法］
新スーパー過去問ゼミ6 **刑法**	新スーパー過去問ゼミ6 **労働法**
新スーパー過去問ゼミ6 **政治学**	新スーパー過去問ゼミ6 **行政学**
新スーパー過去問ゼミ6 **社会学**	新スーパー過去問ゼミ6 **国際関係**
新スーパー過去問ゼミ6 **ミクロ経済学**	新スーパー過去問ゼミ6 **マクロ経済学**
新スーパー過去問ゼミ6 **財政学**［改訂版］	新スーパー過去問ゼミ6 **経営学**
新スーパー過去問ゼミ6 **会計学**［択一式／記述式］	新スーパー過去問ゼミ6 **教育学・心理学**

受験生の定番「新スーパー過去問ゼミ」シリーズの警察官・消防官（消防士）試験版です。大学卒業程度の警察官・消防官試験と問題のレベルが近い市役所（上級）・地方中級試験対策としても役に立ちます。

★大卒程度「警察官・消防官新スーパー過去問ゼミ」シリーズ
資格試験研究会編●定価1430円

警察官・消防官新スーパー過去問ゼミ **社会科学**［改訂第2版］［政治／経済／社会・時事］	警察官・消防官新スーパー過去問ゼミ **人文科学**［改訂第2版］［日本史／世界史／地理／思想／文学・芸術／国語］
警察官・消防官新スーパー過去問ゼミ **自然科学**［改訂第2版］［数学／物理／化学／生物／地学］	警察官・消防官新スーパー過去問ゼミ **判断推理**［改訂第2版］
警察官・消防官新スーパー過去問ゼミ **数的推理**［改訂第2版］	警察官・消防官新スーパー過去問ゼミ **文章理解・資料解釈**［改訂第2版］

一般知識分野の要点整理集のシリーズです。覚えるべき項目は、付録の「暗記用赤シート」で隠すことができるので、効率よく学習できます。「新スーパー過去問ゼミ」シリーズに準拠したテーマ構成になっているので、「スー過去」との相性もバッチリです。

★上・中級公務員試験「新・光速マスター」シリーズ
資格試験研究会編●定価1320円

新・光速マスター **社会科学**［改訂版］［政治／経済／社会］	新・光速マスター **人文科学**［改訂版］［日本史／世界史／地理／思想／文学・芸術］
新・光速マスター **自然科学**［改訂版］［物理／化学／生物／地学／数学］	

過去問演習を通して実戦力を養成

要点整理＋理解度チェック

［受験ジャーナル］

「受験ジャーナル」は、日本で唯一の公務員試験情報誌です。各試験の分析や最新の採用情報、合格体験記、実力を試す基礎力チェック問題など、合格に不可欠な情報をお届けします。令和4年度の採用試験に向けては、定期号6冊、特別企画5冊、別冊1冊を刊行する予定です（令和3年5月現在）。